国家出版基金项目
教育部人文社科重大委托项目
世界女子高等教育及大学女校长研究

世界大学女校长◆女子大学丛书

世 界 大 学 女 校 长 ◆ 女 子 大 学 丛 书
Series on World Women University Presidents & Women's Universities

国家出版基金项目
NATIONAL PUBLICATION FOUNDATION

# 世界女子大学

Women's Colleges around the World

张艳秋 等著

中国传媒大学出版社
Communication University of China Press

# 总 序

百年大计，教育为本。世界各国的经验表明，强国梦必须有科教梦做支撑。科教兴国，是中国的基本国策，是从教育大国到教育强国、从人口大国到人力资源强国的必由之路。高等教育处于教育体系的顶端，是联结科技与教育的重要桥梁。衡量一个国家科技和教育水平的高低，在很大程度上要看这个国家高等教育的水平。

回顾大学的发展历史，我们不难发现，一所大学办学质量的高低，往往取决于校长的水平。世界著名大学发展的每个重要阶段，都铭刻着大学校长的办学理念和思想，正如艾略特之于哈佛大学，蔡元培之于北京大学，梅贻琦之于清华大学。研究大学校长的办学理念和思想，是管窥一所大学兴衰成败的途径，而专门研究大学女校长，则独辟蹊径，别开生面。

中国现代教育史上，大学校长虽以男性居多，然而成就卓著的女校长也不乏其人。她们推动了大学的变革，丰富了大学的精神内涵，如金陵女子大学老校长吴贻芳，复旦大学前校长谢希德，东南大学前校长韦钰，同济大学前校长吴启迪，等等。女校长人数虽然屈指可数，但其业绩丝毫不逊于男性同行。大学女校长为高等教育的发展注入了活力，做出了贡献。大学女校长的治校理念、办学风格乃至传奇的职业生涯，确实值得深入研究和细致品味。

女子大学是高等院校序列中的一种特有形式，为世界高等教育的发展做出了重要贡献。著名的女子大学，如韦尔斯利学院、史密斯学院、淑明女子大学、日本女子大学、御茶之水女子大学，以及中国历史上的金陵女子大学、北京女子师范大学、华南女子大学等，都写下了光辉的篇章，是世界高等教育的重要组成部分。研究世界各国女子大学，总结提炼女子高等教育的办学经验和人才培养模式，探索现代女性接受高等教育的多样化形式，对于寻求符合女性特质的教育理念和教育方法，应该说是一种有益的尝试。

由中国传媒大学承担的教育部重大委托项目——“完善中国现代大学制度视域中世界女子高等教育及大学女校长群体研究”课题，对以上两个领域进行了系统深入的研究。“世界大学女校长·女子大学”丛书，就是这一课题的主要成果。这套丛书分为四个系列：女子高等教育系列，考察全球女子高等教育的发展轨迹，呈现其办学传统和教育特色；中外大学女校长个案研究系列，以人物传记的形式深度追踪大学女校长的人生经历，剖析她们的成长历程、心智历练、办学理念和治校方略；女校长群体研究系列，群像式描绘某一国家或地区的大学女校长群体，彰显女校长个性的同时，探寻她们的共性；“世界大学女校长论坛”图文集锦系列，汇集展示了大学女校长在历届论坛上的真知灼见和绚丽风采。四个系列，四十余本，蔚为大观。

“世界大学女校长·女子大学”丛书，也是“世界大学女校长论坛”历时十三年深入研究高等教育及女性培养结出的硕果，是深化论坛主旨、促进女性事业和教育事业发展的学术行动。丛书的写作，依托“论坛”这一平台，深度访谈和研究了参加历届论坛的大学女校长，系统整理了多年积累的学术成果，可以说，“论坛”既是女校长们交流合作的舞台，也是本套丛书得以出版的重要基础。

自1995年北京第四届世界妇女大会召开以来，世界妇女运动取得了长足的进展，性别平等的高端主题——女性领导力，也已经是全球关注的议题，与女性学相关的课程在中国高校已经四处开花。今天，有识之士都深刻认识到，女性在社会各个领域的创造力和领导力，是推动社会全面发展的动力之一，也是人类文明进步的重要标尺。“世界大学女校长·女子大学”丛书，对于提升女性领导力，具有重要的参考价值，对于知识女性的成长具有积极的引导意义。

大学女校长是高等教育、女性、领导力的集结点，是知识女性的杰出代表，是自尊、自信、自立、自强的典型，她们不但为高等教育的发展做出了应有的贡献，更以自己坚韧顽强、宽厚包容、无私奉献的品质与情怀，阐释了女性领导力的独特内涵。对于广大女性来说，她们是教育典范和女性楷模，具有榜样的力量和示范的价值，定能引领青年女性沿着正确的道路勇敢前行。

女性的发展，既需要社会各方面的支持，更需要女性自身具备积极进取的意志和宽广博大的胸怀。希望丛书的研究成果能产生广泛和深远的影响，为女性高等教育提供宝贵借鉴，为精英女性的成长与成功给予智力支持；促进全社会更加重视女性平等的教育接受权和职业发展权；激励正在为打破“玻璃天花板”而奋斗的新一代女性，为女性领导力的培育与提高奠定坚实基础。

是为序。

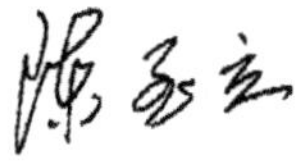

2014年7月

# 前　言

我在中国传媒大学工作近五十年，其中有三十多年在学校领导岗位上任职。这些经历让我有更多的机会体悟、思考女性接受高等教育的重要、女性走向领导岗位的不易。

早在1996年，我即萌生组织世界各国为数不多的大学女校长进行交流合作的想法，但当时忙于学校的学科建设和转型，这一想法被搁置下来。直到2001年，在诸多同事的帮助下，我才将这一构想变成现实，召开了大学女校长“新世纪高等教育发展战略国际论坛”。此后论坛每隔两至三年举办一次。2006年，论坛挂靠中国教育国际交流协会,组建了世界大学女校长论坛组委会，负责论坛的筹划、组织工作；2009年，在江苏有关部门的关心和支持下，成立了江苏中外大学女校长教育发展基金会，为论坛筹集资金。迄今，世界大学女校长论坛已在中国北京、南京、厦门举办五届，并在新西兰、日本、美国、土耳其、津巴布韦和墨西哥等地召开六次分论坛，吸引了79个国家的800余人次大学女校长。

十年来，在与各国大学女校长的交流互动中，我深刻地感受到，女性在高等教育领域作为决策者和领军者可谓凤毛麟角,其人生历练和办学实践值得浓墨重书。翻阅每位女校长的简历、细读她们给论坛提交的论文，总能激起我发自内心的共鸣，赞佩她们的治校理念、管理智慧和人格魅力。每一位女校长都拥有鲜为人知的心路历程、卓尔不凡的领导能力与永载史册的辉煌业绩。

我的一位好友、著名女性传记作家赵凤翔教授曾说："女人要写女人。"这给了我很大启发——女校长要研究女校长。追溯大学女校长成长、成才、成功的道路，总结女性领导力的形成规律和独特优势，开展大学女校长及女性领导力研究，出版相关研究成果，就成为"世界大学女校长论坛"活动的自然延伸。

2010年，我们筹划设立了"完善中国现代大学制度视域中世界女子高等教育及大学女校长研究"课题，组织来自中国传媒大学等单位80余人的研究团队，选定34个国家80余位大学女校长，进行个案研究和群像描绘；对23个国家的女子大学进行历史梳理与全面考察。2011年，这一课题获得教育部人文社科重大委托项目立项；2013年，由该课题主要研究成果结集而成的"世界大学女校长·女子大学"丛书，获得国家出版基金资助。

这套丛书由四个系列组成，具有三个鲜明特点。四个系列：女子高等教育系列、中外大学女校长个案研究系列、女校长群体研究系列和"世界大学女校长论坛"图文集锦系列。三个特点：一是全景式描述。丛书对世界范围内大学女校长及女子高等教育，首次进行比较全面的观照和挖掘。女校长研究既有共性的揭示与比较，又有个性的剖析与呈现；女子高等教育研究既有全球视野的巡礼，又有具体国别的探究。二是人物传记式的写作方法。丛书以访谈当事人、发掘第一手资料为基础，研究和写作的过程力求再现传主的人生轨迹、突出其办学理念和治校业绩。三是可读性强。传主的真知和作者的匠心历历可见，读者能够在图文并茂中感受到智慧和灵感的融会。

这套丛书是对女性通过教育追求真善美、通过自身努力彰显智仁勇的真实颂扬。著名女作家冰心曾说：这个世界如果没有女人，就会失去十分之五的真、十分之六的善、十分之七的美。女性不仅是真善美的化身，也应是智仁勇的写照。阅读这套丛书，我们可以了解到，女性如何通过交流互鉴，凝聚智慧、取得共识；体认困境，直面现实、自立自强；付诸行动，同心同力、坚持不懈。

这套丛书是对“女性是改造世界的温柔力量”的生动诠释。置身于男性居主导地位的社会管理体系中，女性要取得成功，需要充分展现女性特质，发挥女性优势，要以女性特有的视角观察、思考、解决问题。阅读这套丛书，我们可以看到女校长们如何在战略决策上，高瞻远瞩，运筹帷幄，引领未来；在具体工作中，体贴入微、心系师生，用愿景激励师生，用行动示范师生，用厚德包容之心协理校务；在领导风格上，追求完美和精致，重视以人为本，在管理中实现个人的发展与事业发展的契合。

这套丛书是对高等教育及大学女校长社会价值的全面展示。众所周知，高等教育是形塑社会结构及价值体系的重要载体，大学校长是具有社会象征、示范和引导意义的特殊群体。女性接受高等教育、女性担任大学校长，在改变高等教育生态的同时，也在潜移默化地影响着社会结构变迁、家庭角色分工、社会责任担当、时代价值导向。阅读这套丛书，我们可以看到女子高等教育和大学女校长的发展历程，正是社会不断进步、两性趋于平等的见证，而她们成长的艰辛和不易，也呼吁现代社会迈向更加平等、公正、和谐的完善之路。

丛书已然油墨飘香，感激的话语也充溢心头。感谢江苏中外大学女校长教育发展基金会为项目提供启动经费，感谢教育部将此课题列为人文社科重大委托项目，感谢国家新闻出版广电总局提供国家出版基金资助。特别感谢十一届全国人大常委会副委员长、第十届全国妇联主席陈至立女士担任项目和丛书的总顾问，并欣然作序。

感谢这套丛书的传主、作者和编审们。他们在繁忙的本职工作之余见缝插针，千方百计，保证了任务圆满完成。传主们倾力支持、积极配合；作者们夜以继日，数易其稿；编审们孜孜不倦，精益求精。这种认真负责的精神，令人感叹。课题跨越四载，屡遭挫折，历尽艰辛，常常使我们困扰于“山重水复疑无路”，而殚精竭虑之后的新意迭出，又使我们惊喜于“柳暗花明又一村”。我相信，不久的将来，作者之中定会有著名的传记作家、女性研究专家脱颖而出。

感谢中国传媒大学文科科研处、出版社，为项目的完成和丛书的出版提供了有力保障。丛书煌煌五十本，从策划、组织、申报、撰写到编辑、装帧，学校教师及出版社职工都是主力军，都是可靠、堪用、高效的突击队。如今项目和丛书按期完成、保质保量出版，我要向他们衷心致谢！

任何一项事业，都是“一人启其端，百人扬其华”。我只是一个组织者、牵线者，项目得以完结、丛书得以问世，应归功于各位热心的支持者、参与者。让每一位年轻的女性都能自由地筑梦、勇敢地追梦、幸福地圆梦，是我最乐意为之奔忙的事业。我们期待，有更多的有识之士能参与到这一有意义的工作中来。

刘继南

2014年7月于北京

国内首次对全球范围内五大洲女子大学/学院展开的一次综合性研究。以不同国别、语言地区、文化及宗教背景下的女子院校发展特色及经验研究为重点，挖掘女子院校的办学理念、教育宗旨、历史沿革、办学规模、专业设置、杰出校友、办学经验、现实挑战及未来发展路径，并力求给予综述性的反思。旨在对世界女子教育的发展形成一个兼具全球视野的认知广度及地域文化解读深度的全景式透析。

It is the first comprehensive study and overview on the world-wide women' s universities or colleges in Chinese academia. The book examines and presents the educational concepts and principles, history and development, vision and mission, disciplinary constructions and administration, changes and challenges of women' s universities and colleges in 18 countries based on different nationalities, languages, cultures and religions backgrounds. It not only shows the global landscape of women' s universities and colleges but also leads to further discussion and reflection on the approaches and values of women education in the future.

# 目 录

# 第一章　英国女子大学教育：传统长河中的现代意识之波

在世界高等教育发展史上，女子学院为不能进入传统大学学习的妇女提供了接受高等教育的机会。作为一种专门提供给妇女的男女分校式的高等教育，女子学院的特点非常鲜明。回溯早期女子学院的创办和发展，英国的女子大学有着悠久的传统与突出的特点，且与名校素有渊源。在英国，创办并发展至今的女校，一直饱受各种争议；但让世人无法否认的是，女子学院的创立和实践不但改变了整个高等教育的结构，更书写了妇女接受高等教育的历史。本章从女子高等教育的内容、形式和教育平等权等方面入手，探寻英国女子教育的变化轨迹和历史意义。

## 一、背景与历史概述：百年长河中的汩汩浪潮

### 1. 历史概览

19世纪中叶以前，英国传统的“女子教育”，特指有阶层的女子所接受的专门教育，通常是在家中或私立女子学校里进行，除一般的启蒙课程外，学生主要学习一些简单的才艺，其主要目的是培养女性成为理想的妻子和母亲。当时，强调女性的“美德”及其职能成为主流话

语："创造舒适的家庭是妇女对社会的最大贡献"，"女性应该是温顺贤良、无懈可击的，女人的任务就是取悦丈夫，优雅地去忍受男人的热情和暴躁，了解并接受他的品位。"

19 世纪中期之后，英国社会掀起了倡导女子教育的浪潮。伴随着势不可挡的中产阶级的诞生，被中产阶级内部认同的妇女观逐渐成为社会的主导性别观，中产阶级的妇女观由此也对社会各个阶层产生了重要的影响，该时期女子教育的状况可以被认为是这种妇女观的直接反映。这一时期经历着社会变迁，诸多的"现代化"改革在此期间完成。工业化、民主化所引起的广泛的社会变革，使身处这一时代的英国妇女不可避免地受到冲击。然而，尽管女子教育已经相当普及，类别也在不断增多，但当时依然缺乏成熟的女子教育体系，教育理念也仍停留在以培养贤妻良母为目的的层面之上。

西方女性正式进入高等教育领域发生在近代以后。妇女们为了进入大学学习，经历了不懈的努力和斗争。大学在其创立之初的目的是培养为教会和国家服务的人才，而妇女在社会上的地位决定了她们无法进人传统的大学领域。此外，人们也习惯性地认为女性在各方面都弱于男性。具体来说，首先，妇女被认为在智力上先天弱于男子，因而不适合接受高等教育；其次，妇女天生体力过弱而无法承受高层次智力活动带来的压力。因此，尽管女子接受更高层次教育的需求和努力没有停止过，但却始终被阻隔在传统的高等教育机构之外。然而，随着英国社会风气开始趋于开放、高等教育功能不断拓展、基础教育逐渐普及以及社会经济的发展对劳动力需求日益显著，女子进入高等教育领域的客观条件已经形成。同时，女性主义运动推进了妇女争取获得包括教育权在内的各种平等权利的斗争，使妇女在主观上要求接受高层次教育，即高等教育。总之，以上看似不可调和的两难局面，却为早期女子学院的建立提供了前提。

西方早期女子学院的创立为不能进入传统大学学习的女性提供了接受高等教育的机会。然而这一时期的女子学院是一种专门提供给妇女的男女分校式的高等教育机构，与面向男子的大学相比，女子教育还存在着种种矛盾和不平等现象。

### 2. 传统理念禁锢中的女子教育

由于受到传统因素的影响，尤其是英国传统的社会、家庭性别意识根深蒂固，早期英国女子教育在许多方面存在着性别不平等的现象。

首先，在教育权利方面，男性主导了全日制初等教育领域。尽管女子享有一定的受教育的权利，但在现实生活中，社会和父母更看重男孩子的教育。并且，与男生相比，女生要承担繁重的家务劳动，入学的女生也不能拥有男生那样的在校学习时间。长期以来，高等教育就是男性的特权，直到19 世纪后期才有妇女进入大学学院学习，而作为英国高等教育最高学府的牛津大学、剑桥大学直到20世纪才同意授予女子学位。在奖学金制度上，男孩子也比女孩子拥有更多的机会。1892 年，斯美塞特郡（Country of Somerrset）议会通过为男孩子建立66 项郡奖学金的议案，但女生却一项也没有。①

从教育目标而言，亚当·斯密在《国富论》中指出，女子所学的一切，无不明显地具有一定的目的：增进她肉体上自然的风姿，形成她内心的谨慎、谦逊、贞洁及节俭等美德；教以妇道，使她将来不愧为家庭主妇，等等。②所以无论是政府还是社会都坚持女子教育目标要适应女性作为“贤妻良母”的社会角色。

从教育内容上讲，虽然19 世纪英国女子教育中增加了历史、地理、文学、现代语言和自然科学等课程，但是她们还是把主要精力集中在学习音乐、跳舞和绘画等一些提高女性气质的课程上。③通常女生所上的课程都是把知识教育和家务工作联系起来。总体看来，女子的文化水平仍然普遍低于男子。

由此可知，在男权传统的影响下，英国早期女子教育体系无论从教育权利、教学目标和内容上看，还是从女教师职业地位上看，都体现出性别的不平等，在很大程度上这也代表了早期英国女子教育的传统性。

---

① Jane Purvis, *A History of Women's Education in England*.Open University Press, 1991, p27, 100, 37.

② 〔美〕艾莱恩·肖瓦尔特著：《妇女·疯狂·英国文化》，兰州大学出版社1998年版，第42页。

③ 马缨：《工业革命与英国妇女》，上海社会科学院出版社1993年版，第 60页。

3. 女性教育地位的早期突破

由于19世纪前，英国中产阶级妇女没有经济地位，必须依赖父亲、丈夫、兄弟和儿子而生活，因此中产阶级女孩从小就要为进入婚姻市场做准备。为达到这一目的，大部分中产阶级女孩都在家里接受家庭女教师的教育。不过，家庭女教师本身的水平也相当低，且未经专门训练。另外有些女孩在一些寄宿学校就读，这些学校的办学目标不是培养女生的知识能力，而是将她们培养成秀而不实的“待价而沽”的“高雅”人群。她们学习的内容有礼节、跳舞、唱歌、绘画等才艺；同时也学点外语、历史、阅读、写作、语法、《圣经》知识等，学业要求并不高，所涉及的课程只要具备常识即可；另外，家政教育也必不可少，诸如女红、检查家庭收支、支配佣人、指导孩子学习，等等。

这些以婚姻为目的的才艺教育，使得女子根本无法在实际的工作中应付自如，职业的选择变得极其狭窄。而且这种教育也对她们的价值观产生影响，使她们中的绝大多数心甘情愿地满足于家庭领域中的摆设角色，一味地去满足男性的心理需求。

19 世纪下半叶，一些不愿再俯首贴耳、心甘情愿听从命运摆布的妇女，率先勇敢地冲破家庭的樊篱，开始追求自由、平等、独立的生活，积极参与改革运动，争取妇女受平等教育的机会和就业机会，而争取支配自己财产的权利以及争取参与政权等一系列活动是其具体反映。其中，女子教育改革成为中产阶级妇女最先关注并付诸努力的领域。

早在1792 年，著名的女作家、女权主义者玛丽·沃斯通克拉夫特就呼吁要给予妇女享受平等教育的权利，把教育作为女性获取独立和谋生的手段，她认为“妇女解开枷锁的关键是教育”。但她个人的呼声过于微弱，没有得到社会应有的反响。直到19 世纪50 年代以后，玛丽·沃斯通克拉夫特的思想才引起社会有识之士的重视和共鸣，中产阶级妇女把它作为旗帜，呼吁给予妇女更多的受教育和就业机会。

工业革命的深化是改革的根本促进因素，生产力的巨大发展，进一步扩大了对妇女劳动力的需求，从而对女子接受教育提出了更为迫切的要求。同时这也与当时妇女的发展状况密不可分。首先，一部分走上社会的中产阶级妇女从自身的经历中深深感到，要想在社会上立足，首先要掌握一定的谋生知识和技能，而这正是英国女子教育所缺乏的。①

随着英国女子单身比例的提高和财产继承情况的变更，越来越多的中产阶级妇女意识到不能把希望完全寄托在依靠父母、依靠未来的丈夫和孩子身上，她们迫切希望找到一份工作来养活自己。然而中产阶级妇女的教育现状使她们的愿望难以实现，因此教育问题被提到前沿，一些有志于教育改革的中产阶级妇女，开始对传统的女子教育进行改革。

早期的女子教育改革从改变教育者的素质入手，目的是加强对家庭教师的培训。1847 年，英国创立的"家庭教师福利会"希望通过培训使家庭教师能够更富积极性，并获得较高收入，同时使那些离职后的家庭教师老有所养。1848 年，"家庭教师福利会"创办了女王学院，它最初的目的只是培训家庭教师，之后与福利会脱钩，发展成为师范学校。其课程设置也有了明显变化，除基本"才艺"课外，还增加了科学、语言学等基础课。类似的学院还有1849 年成立的贝尔德学院，与女王学院相比，它更少了一些正统，办学目标更具雄心。它们遇到的共同障碍是缺乏受过专业训练的教师。②

女王学院的成立具有开拓意义，它不仅改变了过去中产阶级妇女的教育模式，而且培养了一批优秀的学生，这些人后来成为英国妇女运动领域的佼佼者。其中多萝西娅·比尔和弗朗西斯·玛丽·巴斯则堪称女王学院毕业生中的翘楚。在改善女子中等教育方面，埃米莉·戴维斯作了极有成效的努力，她把大量的精力投入到为女子争取获得高等教育机会的斗争中。

另一位中产阶级妇女安娜·杰迈玛·克拉夫，于1874 年建立了纽纳姆学院，这所学院直接设在剑桥的中心，学生被允许旁听该校的课程，由此，格顿学院要求参加听课、纽纳姆学院要求参加考试的目标

---

① 贺鹭：《十九世纪英国女子教育的保守与革新》，《西昌学院学报·社会科学版》2010 年第3期。

② 王赳：《维多利亚时期英国女子教育的变化轨迹》，《浙江师范大学学报·社会科学版》2 002年第1期。

得以实现，两所学院也由此受益，最终并入剑桥大学，成为剑桥大学的两所女子学院。[①]

19世纪70年代，牛津大学的地方考试也向妇女开放。1879年，牛津大学效仿剑桥大学的做法，开设了多所女子学院，其中包括1879年开设的玛格丽特夫人学院（Lady Margarett Hall）以及萨默维尔学院（Sommerville College）。

英国早期成立的女子学院在教育理念和办学特色上经历了一个不断探索，并寻求个性发展的过程。以下通过个案解读的方式，让我们一一领略其特色风采与历史价值。

## 二、发展模式与理念：同一领域，竞放风采

### 1. 校园形式与文化的独特性

英国女子院校的校园文化总是具有一定的独特性。由于女子学院的学生均为女生，甚至有些女校连教职员工也一律为女性，这决定了女子学院的校园文化充满着浓厚的女性气息，整个校园文化是以女性为主角，按照女性的视角去构建，充满着女性价值观，彰显的是自然，也是女性文化。

培养优秀的女性人才也使女子学院的教育理念有别于普通高校。女子学院强调对女性自身的研究，为女性的发展提供理论指导，同时强调性别意识在教育中的作用。女子学院旨在通过自身的努力，消除性别歧视，实现两性的和谐发展。女子学院的文化由于具有女性特色和独特的内容及表现形式，在女性的成长中发挥着重要的功能，有利于培养女生的女性意识；有利于提高女生的思想素质，培养女生独有的人文素质情怀，能够为女生提供表现自我的舞台；有利于培养女生的综合能力、审美情趣和艺术修养；有利于培养女生健康的心理。这些特殊的功能是女子学院校园文化独特的价值所在。

---

① F·H.欣斯利：《新编剑桥世界现代史》第11卷，中国社会科学文献出版社1999年版，第265页。

英国女子高等教育的一个重要组织形式是女子学院隶属于综合性大学。虽然隶属于综合性大学，但实际上，从管理和经费而言，都是独立的办学机构。而且，多数学院的教学楼也不在隶属大学的校园内。当然也有部分女子学院与其隶属大学有着密切的关联，尤其是在课程教学方面得到隶属大学的支持。这些女子学院的创办和发展实际上意味着综合性大学开始公平地向妇女提供高等教育。随着学院学生、教师、校舍以及办学理念的不断更新，女子学院成为了女子高等教育发展的一条重要途径。

19世纪初，英国已经有一些私人团体为妇女提供带有一定高等教育特色的教育。但是，女子高等教育的真正开端始自剑桥大学，并且以隶属于综合大学的女子学院为重要形式。剑桥大学最先开设了两所隶属性质的女子学院，即格顿学院（Girton College）及纽纳姆学院（Newnham College）。在英国，女子高等教育课程和教学方法的很多革命性观念都首先在这两所学院中产生和实践。剑桥大学的地方考试按同等条件有限地向妇女开放，并进行了为期三年的试验。随后，剑桥大学开始每年正式招收女生。这些都为女子高等教育在英国的开端和发展创造了条件。而1871年创办的纽纳姆女子寄宿学院于1880年并入了剑桥大学，进入纽纳姆学院的女生须年满18岁。该校设有数学、历史、现代语、自然科学、物理、化学、地质、矿物学等课程。同时女生也可以到剑桥大学其他的学院听课，并在研究所和陈列馆等场所接受自然科学、物理、地质学及矿物学等操作性课程教育。值得一提的是，格顿学院和纽纳姆学院在建立之初，就已经形成了最大限度地利用现有师资为学生提供个性化教学的特色，而这种做法直到19世纪90年代后才在男校中推广。

1879年，牛津大学开设的玛格丽特夫人学院（Lady Margarett Hall）是专门为信奉英国国教的妇女接受高等教育而建立的，该学院还开设了大学升学考试准备班。同年开设的萨默维尔学院（Sommerville College）以著名的女天文物理学家萨默维尔（Mary Sommerville）的名字命名。1886年，另一所为英国国教信奉者开设的女子学院圣休学院（St.Hugh's Hall）在牛津大学创办，而1893年牛津大学又创办了圣希尔达学院（St.Hilda's Hall）。随着这些隶属性质的女子学院的建立，牛津大学校方意识到了加强对这些学院管理的重要性。于是，在1878年牛津大学成立了牛津妇女教育委员会，将上述四所女子学院纳入该委员会管理之下，具体管理女子学院的教学内容及对学生进行监督。

建校初期，女校一般实行完全封闭的管理模式，严禁一切所谓放纵、自由的言行，设置诸多校纪，有的几近苛刻。女子学校这种完全封闭的管理方式将女生与社会相对隔离，虽然她们的生活从家庭转移到了学校，但几乎没有参与任何社会活动的时间和空间。随着社会风气的开化和理念的转变，男女平等、社交公开等观念逐渐深入人心，教会女学的管理较前有所宽松。女子学校开始举办多种课外活动，如各类社交、学术和文体活动等，女校文化生活日益丰富多彩。

2. 英国著名女校

历史上，英国著名的女子学院层出不穷，各领风骚。其中，格顿学院（Girton College）建于1869年，是第一个女生住院的学院；纽纳姆学院（Newnham College）建于1871年，是第二个女生住院的学院，现仍旧只入住女本科生和研究生，但以本科生为主，是剑桥大学本科女生最多的学院，1991年在校女本科生有420人；塞尔文学院（Selwyn College）建于1882年；建于1954年的新大厅学堂（Hughes Hall）是剑桥史上第三所女生学院，目前仍只招女本科生和研究生；丘吉尔学院（Churchill College）建于1960年；露西·卡文迪许学院（Lucy Cavendish College, Combridge）建于1964年，也是一所只招女本科生和女研究生的学院，是剑桥大学最小的一所学院，1991年在院学生人数还不到80人。迄今，剑桥大学的一些传统女校已经为男生敞开大门，目前仅有三所学院只收女生：纽纳姆学院、露西·卡文迪许学院、新大厅学院（后更名为莫里·爱德华兹学院，Murray Edwards）。

（1）剑桥大学纽纳姆学院

纽纳姆学院（Newnham College）是剑桥大学下属的女子专属学院，也是当今唯一一所所有成员均为女性的大学。全院约有400名在读本科生，150位硕博士研究生和大约70位工作人员。

纽纳姆学院建校初始，是剑桥供年轻女生学习住宿的院校，学校只有一栋校舍，坐落于剑桥Regent 街区，仅5位学生。早在1810年，学校出现了仅为女生设置的课程，由于有些学生无法每天在学校和住所来回奔波，女子课程的管理者之一，哲学家亨利·西奇威克（Henry Sidgwick）冒着风险租了一栋校舍，专供女生学习和住宿。

图1-1 纽纳姆学院校徽

剑桥大学一直坚持“造就绅士、淑女”的教育理念，强调对人的理性训练和人格的塑造，认为教育的唯一和最高目的是获取知识和发展智慧；倡导原创性研究，提倡厚积而薄发，反对急功近利的教育功利主义。大学奉行“大学因培养学生而存在”的宗旨，鼓励学生主动探求未知的领域，对学生关怀备至，给予学生足够的学习自由和学习空间，为学生成长营造优良的学习环境。

纽纳姆学院继承了剑桥大学的学术和教育精神，致力于“教育、学习与研究”，每一位在校成员，包括学生、研究人员和教职员工，都能在日常学习和生活的每个细节体会到这一理念。

图1-2 纽纳姆学院教职员工

图1-3 纽纳姆学院建筑

纽纳姆学院的校园建筑在外观上非常和谐，风格统一。这源于纽纳姆大楼的设计师巴兹尔·钱普尼斯（Basil Champneys），他特别强调学校的整体规划。在剑桥大学前期建筑规划及之后园艺师的前后努力下，纽纳姆学院成为了一个风情花园，剑桥观光客不能错过的胜景。

**著名校友**

A.S.拜厄特（Aintoniaj Siusanj Byatt安东尼娅·苏姗·拜厄特）是当今英国一位很有影响的文学批评家。她于1936年8月24日出生于英国的谢菲尔德市。她的妹妹马格丽特·德雷博（Margaret Drabble）也是一位小说家。A.S.拜厄特1957年在剑桥大学获学士学位，接着续读了两年研究生，后在伦敦大学教授英美文学。她现在是英国皇家文学协会会员。她的第五部小说《拥有》（*Possession*）于1990年获得英国最权威的小说奖"布克奖"（The Booker Prize），同年又夺得爱尔兰"国际小说奖"（Irish Times-Aerlingus International Fiction Prize）。其他作品有：《太阳的阴影》（*Shadow of a Sun*）《游戏》（*The Game*）《平静的生活》（*Still Life*）等。

图1-4 奥黛丽·伊莎贝尔·理查兹

理查兹生于英国伦敦，出身名门。她的父亲是亨利爵士厄尔理查兹。在加尔各答，她度过了自己的童年。理查兹曾就读于道恩豪斯学院和纽纳姆学院，主修生物。1939-1941年，理查兹曾在南非德兰士瓦地区，在英国埃塞克斯的一个村庄进行人种学研究。

理查兹最出名的可能是她对契松古的研究（北罗德里亚本巴人女孩的入社仪式），同时她也算是营养人类学领域的创始人。1956年她回到母校剑桥大学，在纽纳姆学院任讲师，并任非洲研究中心主任。她担任过英国皇家人类学研究所和非洲研究协会的主席。1984年在英国西苏塞克斯郡（West Sussex）的米德赫斯特（Midhurst）逝世。

（2）剑桥大学露西·卡文迪许学院

露西·卡文迪许学院（Lucy Cavendish College）以女性教育改革的先驱露西·卡文迪许（1841–1925）命名。该学院成立于1965年，由一批剑桥大学的女性研究员和讲师组建而成，她们对女性在大学内没有代表权持有异议。学院最初为露西·卡文迪许学院协会，并于1986年获准更名为露西·卡文迪许学院，学院于1997年成为剑桥大学的正式学院。卡文迪许学院是剑桥大学国际化程度最高的学生团体之一，学院拥有220名学生，本科生和研究生各占一半。

图1–5　露西·卡文迪许学院校徽

卡文迪许学院现位于麦丁利道和玛格丽特夫人大道的交汇处，在西敏寺特大学（University of Westminster）和圣约翰学院(St.John' s College)附近（圣约翰学院曾经提供土地给卡文迪许学院）。在建院初期，卡文迪许学院占用了斯维尔街和北安普敦街的几间房间，直至1970年才转移到现在的位置。

图1–6　露西·卡文迪许学院图书馆

卡文迪许学院是一个比较现代而且小巧别致的学院，远离市中心，非常安静，环境优美。学院主要建筑包括柏桐厅和学院图书馆，先后于20世纪90年代完工。学院规模不大，占地少但相对集中，学生人数不多，便于师生认识和交流。作为女子学院的外在特色，学院建筑优雅别致，花草树木，亭台桌椅，还有不少现代雕塑，把整个学院装扮得漂亮别致。学院的图书馆1999年10月才建成，建筑现代精致，虽然藏书只有两万多本，却是个看书学习的安静处所。

学院的学生来自英国的各个角落乃至全世界，任何年龄的女性都可以在学院就读任何科目。

多年以来，露西·卡文迪许学院一直致力于女子教育，研究女性如何更好地丰富自己，树立信心；鼓励学生自我充实，尽可能展现自己的才华及领导力，以追求成功的人生。学校的经营管理主要由校长、董事会和财务主管负责。学院的科技和人类学研究享誉世界。

依照女校注重宁静和谐的教育理念，从校园到图书馆，每个角落都在建筑上力图给学生宽敞的空间和舒适的氛围。尽管提倡轻松和谐，露西·卡文迪许学院有着严格的教学标准，注重学生的个体培养。

学院鼓励学生发展友谊，注重合作及团队精神，并在学术上鼓励合作进取。非正式的休闲学术交流活动在此颇受欢迎，师生们每周会聚集在礼堂，与来访的客人们相互交流，感受友好的氛围和彼此的陪伴。

**著名校友**

露西·卡文迪许学院的毕业生遍布世界各地，卓越校友众多，其中包括作家、律师、医生、教师、政府人员、联合国官员等。

卡文迪许学院的荣誉院士有丹麦女王玛格丽特二世、新西兰首位女性总督凯瑟琳·蒂泽德，联合国妇女发展基金执行主任诺埃琳·海泽，英国女演员朱迪·丹奇。

玛格丽特二世（丹麦语：Hendes Majestæt Dronning Margrethe II，登基前名为Margrethe Alexan-drine Þórhildur Ingrid），生于1940年4月16日，是现任丹麦女王。她以平易近人而称誉欧洲。

凯瑟琳·蒂泽德女爵士 （Dame Catherine Tizard）出生于1931年。1971年当选为奥克兰市议会议员，1980年当选为奥克兰地区议会议员。1983年成为奥克兰历史上首位女性市长。1990年被英国女王伊丽莎白二世任命为新西兰总督，同时也是历史上第一位女性总督。她的前夫为新西兰前政府副总理鲍勃·蒂泽德（Bob Tizard），同时她也是现任内阁成员冠·朱迪惠·蒂泽德（Crown Judith Tizard）的母亲，著有《海洋资源大全》等书。

朱迪丝·奥莉薇亚·朱迪·丹奇女爵士（Dame Judith Olivia "Judi" Dench），生于1934年12月9日，是英国电影、电视及舞台女演员。她曾9次荣获英国电影和电视艺术学院奖、7次获劳伦斯·奥利维尔奖、2次获美国演员工会奖、1次获奥斯卡金像奖、2次获金球奖与托尼奖。

图1-7　朱迪·丹奇女爵士

图1-8　露西·卡文迪许学院

图1-9　莫里·爱德华兹学院校徽

(3)剑桥大学莫里·爱德华兹学院

莫里·爱德华兹学院(Murray Edwards College)以热情奔放、注重活力而著称。该院的学生思维敏捷,活跃大胆,其教育理念在建筑风格上就可窥一斑。学院形如花园,陈列着大量艺术品,赋予学生激情、艺术气质和想象力。该学院认为培养学生应在学术深造、环境渲染和文化培养等方面多管齐下,以有效完成对学生的全面塑造。

1954年,为招收更多女子进入学院学习,莫里·爱德华兹学院成立,当时名为新大厅(Hughes Hall)学院。尽管创始人历经周折,却没能得到任何资助,决定将其命名为新大厅学院,等待为学校未来建设提供发展的资金捐助者。2008年,学校的毕业生罗斯·爱德华兹(Ross Edwards)及其家人史蒂夫·爱德华兹(Steve Edwards)为学校捐款三百万英镑,这是剑桥大学建校八百年以来数额最高的捐款。学校因此和枢密院磋商,最后更名为莫里·爱德华兹学院。

爱德华兹的资助在很多方面改变了这所学院。充足的资金使学校在建设上获得了更多的主动权,学院聘用全日制的联络官,创办设立初级研究团队,同时制订更完善的入学教育规划,提供奖学金,从而真正实现了为不同阶层、不同背景的学生提供更多机会的理念。

图1-10　格顿学院校徽

(4)已成历史的剑桥格顿学院

格顿学院(Girton College)是剑桥大学的一个学院,由艾米丽·戴维斯和芭芭拉·博迪肯于1869年建立,是英格兰第一所寄宿制女子学院。1977年学院开始招收男性学员,1979年学院开始招收男性本科生,现在男性本科生约占学院人数的一半。

学院主要建筑位于距剑桥市中心西

北四千米的格顿，在艾萨克牛顿数学科学研究所附近的沃尔夫森堂（Wolfson Hall）也是学院的建筑。

格顿学院的前身是由英国女性主义运动的先驱戴维斯（Emily Davies）于1869年在希钦（Hitchin）创办的一所女子学院。该学院由剑桥大学的客座教授授课，在管理体制上和剑桥大学并没有什么联系。希钦学院在创建5年后搬到了剑桥，新校舍建在名为“格顿”的地方，故将学院命名为“格顿学院”，并且成为剑桥大学的学院之一。它设有神学、古代文学、数学、自然科学、法律、历史、古代语及音乐理论等课程。戴维斯还推动建立了一个委员会，以确保妇女能参加大学地方考试（Higher Local Examination）。剑桥大学于1863年允许妇女参加大学地方考试，随后开始每年正式招收女生。

（5）已成历史的牛津圣希尔达学院

1849年，Herman B.Mayo, Alfred Luce, Robert H.Bishop, Jr., Peter D.Matson, Samuel R.Mollyneaux, Peter Sutton, William H.Smith, William A.Irwin 和 Francis H.Peyton 等人共同建立了牛津女子学院，作为Presbyterian 教堂附属的教会学校。英国前教育部长吉莲·谢泼德、科学家苏珊·格林菲尔德、哲学家苏珊·哈吉都是圣希尔达学院的“女儿”。

图1-11　圣希尔达学院校徽

多年以来，牛津的女子学院曾有过多种名称。在1867年，该校与牛津女子学院合并，沿用其名；23年之后，牛津女子学院更名为牛津学院；在1906年，学院再次改名为牛津学院女校；1926年正式更名为牛津大学圣希尔达学院（St. Hilda's College）。

作为女子学院，圣希尔达学院的管理人员非常注重学生与其他学院男生的联系，例如设有“交换餐”的活动。所谓“交换餐”，就是邀请某个学院的男生到女子学院吃一顿正式的晚餐，然后他们会回请一次，一般在每个学期的中期举行。参加正式晚餐的学生都要穿上大学的礼服，在一段拉丁语祷告之后吃三道菜，活动颇具仪式感。此外，女子学院的酒吧每个学期期末也会举办一次规模较大的派对，以促进学生间的交流。

圣希尔达学院百年来一直尽力维护只招收女学生的传统。该学院自始建起就是女子学校，教职员工和学生均为女性。2003年底，以学院委员会投票表决的方式再次否决了“男女兼收”的提议。但在2006年学院最终决定向男生和男教员敞开大门，结束了学院长达113年之久的女性单独施教的传统，当然，这也标志着牛津大学的女子学院成为了历史。

在圣希尔达学院坚持女校理念与传统的日子里，曾经有人把该校学生叫做“圣希尔达雌兽”，但毕业生们并不完全认同。按照她们的理解，女子学院更多是从生活层面上来定义的。

上海《新闻晚报》记者曾经采访过三个和圣希尔达学院有缘的中国人。她们在学院的时间长短不同，讲述了各自在女子学院的经历。

“在圣希尔达学院的日子是一段让我终身难忘的经历”，曾经在圣希尔达学院读过一年法学研究生的朱晓亮这样回想起往日在母校的日子。学习化学专业的上海留学生陈晨也说：“我并没有觉得不习惯女校生活。”

牛津大学的其他学院都安排男女混合的宿舍、餐厅等，只有圣希尔达学院不是这样。至于学习，朱晓亮需要到学院外面的专业院系里去上课。对她而言，这时就没有“女子学院”的概念了。陈晨估算了一下，她在学院内和学院外的时间大约各占一半。她的感觉是，自己和同学在其他人眼里可能会显得比较特别。“但这样的特别绝对是善意的。在交往过程中，我并不觉得因为自己是女子学院的学生而遭到任何的特殊待遇。”

当然，也有毕业生对女校的管理有所不满。罗莎曾在圣希尔达学院度过四年时光，她认为女子学院并不适合她。在前三年的本科学习期间，她感到本科生的交际圈子实在是太小了，虽然有一些专业课可以到学院外学习，但都是和自己学院的同学在一起，缺乏交新朋友的时间和机会。只有成为了研究生，交际圈子才会大一些。罗莎解释说，因为研究生待在女子学院里的时间非常少，对她们而言，学院更像是住宿的地方。

## 三、促进女性发展：大众化、多元化的扩散性现代意识

早期英国女子教育发展受到根深蒂固的父权制的影响，处处受到限制。但是，从整个英国教育的保守与革新进程上看，女子教育的发展依然成果丰硕。

首先，英国女子教育呈现出大众化的特征。即从贵族和中产阶级家庭的女子逐渐扩散到广大下层社会的女子，并且逐渐趋于向平民化和大众化发展，为女子学院的普及和深入打下了基础。

其次，英国女子教育的多样化拓展了女性教育的思路，为女性学子的培养和社会化搭建了多元化的平台。英国各类女校自19世纪开始就获得了长足的发展。大批女子被送入初等教育和中等教育学校中学习，该类学校不仅学生数量大为增加，而且在教学设备方面都有重大发展。此外，还有其他行业技能培训学校直接为女性提供行业所必需的专业知识和专业技能培训。女教师人数的增长也促进了培养女教师的培训机构的发展①。例如，1848 年，默里小姐集资创办的“女王学院”旨在建立一个妇女学校，其中就兼设家庭教师培训课。社会下层的女性经过培训也可成为女教师，从而拥有独立的经济能力，她们的家庭地位随之提升，改变着家庭中不平等的两性关系。

最后，英国女子教育的发展激发了妇女的女权主义意识。英国是资本主义工业文明的发祥地。工业革命后，英国的经济实现自由化，政治实现民主化，社会生活实现现代化，几乎处处走在时代的前列，引领着世界发展。然而，这种文明却存在着很大的瑕疵，在妇女问题上表现得较为典型。“看着人类半数受到另外一半的排斥而不能参与政府的管理，按抽象的原则来讲是一个不可理解的政治现象。”②但是随着

---

① Pamela Horn, *Victorian Countrywomen*.Oxford: Basil Blackwell, 1991, p.195.

② 玛丽·沃斯通克拉夫特：《女权辩护》，中央编译出版社2006年版，第11页。

时代的变化，女性的经济地位和教育地位得到很大改变，从而决定了她们能够走出私人领域的禁区，忘我地投入到政治生活中去，挑战传统社会与两性关系，逐步把局限于男性的政治权利扩大到女性阶层。

显然，女子教育的发展提高了妇女的文化素质，激发了她们为自己争取权利的意识。大学是妇女联系社会的桥梁，也是传播女权主义思想的媒介。女权主义者爱米利、福赛特等人都曾经通过大学论坛、大学社团传播女权主义思想，引导女性为消除性别歧视、实现男女平等权而努力。爱米利曾坦言："我须首先努力获得高等教育，之后须着手争取选票"①。这也证明了女子高等教育对于女权运动的至关重要性。

不可否认，自觉投身妇女解放运动并成为主要领袖的女性大多是受过中高等教育的中产阶级家庭出身的知识女性。女子教育的发展提高了广大女性的文化素质，使她们认识到社会中两性权利的不平等，从而激发女性为争取自身权利努力抗争的意识和行动，打破了男性垄断高等教育的局面，冲击着男权主义，推动了女权运动的发展，为她们取得公共领域话语权和独立的人权打下了基础。

## 四、发展综述：成绩斐然，展望未来

### 1. 众说纷纭的女校改制问题

长期以来，人们对女子学院在解决女性受教育机会不平等所进行的不懈努力的历史进步性从来都给予了高度的认同，但对女子学院存在和发展的现代价值却存有争论。价值是由社会需要和事物满足社会需要的属性构成的。判断女子学院有没有存在和发展的价值，也应以此作为根本标准。首先，从社会需要来看，男女合校虽然在男女受教育的机会上实现了平等，但教育的内容和形式都是以男性为主，忽视了女性性别特征、成才规律以及社会对女性成才的要求，不利于女性的成长和全面发展，因而社会呼唤专门的女子学院。其次，从女子学院的属性来看，女子学院是依据女性的性别特征和身心发展规律而建立的专

① 陆伟芳：《英国妇女选举权运动》，中国社会科学出版社2004年版，第63页。

门的女子高等教育机构，为女性提供适合女性特点的教育内容和教育形式，因此更适合女性个性的充分发展。因此，一种肯定的声音认为，随着高等教育的发展，女子学院作为女性接受高等教育的一种特殊形式，其存在和发展的主要价值不在于为女性提供受高等教育的机会，而在于以独具特色的教育内容和形式满足女性成长、成才的需要。显然，没有特色，女子学院不可能满足这一特定的社会需要，也就失去了存在和发展的意义。从这个意义上讲，特色是女子学院存在和发展的主要价值。

1893年，圣希尔达学院建立之初，只是当时英国知识女性会面的一个场所，在当时英国高等教育拒绝女性的背景下，它无疑是为了宣扬女性的受教育权利。经过了一个多世纪，师生维护着圣希尔达，不是在保护一座没有男性的堡垒，而是为了女性受教育的权利。

在2003 年关于是否维护女校传统的争议中，该学院委员会33位委员选择投票做出最后的决定，结果19人赞成招收男生，11人坚持维护圣希尔达的单一颜色，2位弃权，1位缺席。尽管大部分委员向男孩们张开了怀抱，但是，因为赞成票未达到委员会人数的三分之二，主张接受男生的计划暂难实现。之后，在圣希尔达第一次就此事表决并因“性别问题”走入英国舆论中心之前，在牛津大学一年一度的“诺灵顿学院排行榜”上，圣希尔达排在33所学院的第26位。每况愈下的财政状况让圣希尔达的院长英格利希女士不得不对学院进行改革。

支持者说，扩大招生符合布莱尔政府欲实现50%公民上大学的高等教育改革方案，且能够为学院筹集更多的资金。当然，刻薄者更公开表示，学院不是贝居安①女修会，不是孕育女权主义、滋长女同性恋风气的温床，不改不行。

改革派的理由主要集中于学校的财政问题。对学院而言，支撑学院全体教职人员的工作实在需要大批资金投入，而牛津大学按规定对单一性别的教师岗位不提供资助。圣希尔达学院研究生会主席克莱尔·林奇表示，整个牛津大学内只有8.6%的教授和23%的讲师为女性，

① 贝居安是一个妇女原教运动，其成员寻求侍奉上帝。

因而让一批杰出女性管理好一所学院就更具重要意义。圣希尔达学院应该更加积极主动地要求牛津大学对本学院教学工作提供足够支持。

而反对招收男生的人士则认为，中学毕业综合成绩和高等教育成绩的调查都表明，女生学校的学生要优于混合学校的女生。女子学院还为那些出于宗教和文化原因无法在混合学校中求学的女性提供了受教育的机会。

此外，鉴于平等机会法规，学院要为员工性别单一支付一笔很大的经费。该学院的大部分本科生赞成改制，认为应当承认求变的现实需要，改制有助于鼓励人们申请到圣希尔达学院读书。但该学院的研究生和校友则大多反对改制。她们认为，在牛津这样一个高级学术职位和学位仍然被多数男性占据的大学，圣希尔达学院坚持女校传统非常重要，有利于鼓励女性成就学业。

赞成改制的该学院院长坦言，如不打破性别限制，学院招聘教师尤其是理科女教师的困难会越来越大，也不能吸引足够的考生将该学院作为其报考牛津大学学院中的第一志愿。

来自剑桥大学纽纳姆、爱德华兹和露西·卡文迪许这三所女子学院的学生，甚至是剑桥大学的一些男生，也加入了维护圣希尔达“无男”传统的战斗中。在委员会投票的前夜，她们一起在学校操场上守夜。在投票当天，女孩子们穿上紫丁香颜色（国际妇女节的特定颜色）的上衣，站在委员们进入会议厅必须经过的一截楼梯上，举着“圣希尔达保佑我们”的标语，静默地注视着委员们从她们身边一个个经过，盼望着或许有哪位委员在她们女性特别的抗议方式中屈服。事实证明，与牛津大学同样知名的剑桥大学拥有三所女子学院，由于实施一视同仁的相关政策，剑桥大学的女子学院发展十分兴旺。这或许能对圣希尔达学院的未来发展提供启示。

2. 历史功绩不可没，未来发展未可知

（1）不可磨灭的历史功绩

20世纪，随着英国女子学校的数量增加，规模和程度很快扩大，颇有影响的女子学院相继建立，使女子教育跃上了一个新台阶。

首先，女子学校教育目标有所提高，教学内容做出调整。如前文所述，除了培养女子基本的学习和生活能力，学校也培养出了一批有一定社会地位的女官员、女领袖，由此改变并提高了女性的社会政治地位。

其次，女子学校的教育对象发生了变化，管理逐渐规范化。随着对女子学校的偏见逐渐转淡，来自不同阶层和家庭的学生逐渐增多，这导致了社会对女子学校需求的继续增加，反过来又进一步促进了女子学校的发展和女性教育的普及。

此外，除了对女性知识和文化方面的熏陶，女子学校教育对近代女性观的演变也有所影响，打破了传统教育的局限，为女子进入社会铺垫了道路。这不仅使传统男尊女卑的意识淡化，也给女性提供了工作的可能性和经济独立的机会。许多女性在教会女子学校习得了各种专业知识，毕业后能够走出家门，进入宗教、教育、医学以及其他行业，促进了女性自立、自信等崭新形象的养成，同时唤起了对女性职业观念和女性对其社会价值的再认识。

就世界范围来看，英国早期女子学院的创立和实践对西方女子高等教育的发展起到了极大的推动作用。首先，早期女子学院为西方女子高等教育提供了一个开端，为其他向妇女提供高等教育的机构指明了新的方向。早期女子学院的创建者向世人展现了她们的勇气以及为之所付出的不懈努力。其次，早期女子学院的创建表现出先驱者对女子高等教育的敏锐感和远见卓识。她们不懈努力的结果，不仅使女子学院成为无数妇女接受高等教育的场所，而且女子学院在世界上的传播推动了女子高等教育的发展。早期女子学院既为在其学院中接受过教育的妇女的发展作出了贡献，也为所有其他能接受到高等教育的妇女起到了示范作用。

英国女子学院自成立至今有近两百年的历史，期间历经坎坷，但女子学院作为高等教育的重要组成部分，还是坚强地生存了下来，这说明，女子学院有着顽强的生命力，具备一定的社会生存基础。

无论是女子学院的产生、发展，还是关于改制引发的种种探讨，背后的一个重要的原因就是女性地位受到社会的广泛关注。女子学院的存在，其意义不仅仅在于女子学院自身，而在于催生了这样一种意识，推广了这样一种精神，造就了这样一种趋势：让女性真正从高等教育的局外人成为边缘人，再到真正的主人。

女子学院的成立是女性主动争取自身权益的直接结果，其产生与西方女权主义运动休戚相关。从另一个方面看，这也是西方女性争取自己权益的直接结果。其直接效果是打开了长期对女性关闭的高等教育大门，女性自此在高等教育领域中活跃起来。

时至今日，女子学院最初存在的社会环境已发生了根本变化，在许多国家里，尤其是早期那些经济发展较好的国家和地区，女性接受高等教育机会均等的问题已经基本解决。既然女校早期生存的基础已发生改变，那社会就会自然地重新审视现阶段女子学院的发展问题，包括如何在新形势中赋予女子学院新的发展机会和途径，使之获得继续发展的强大生命力。

（2）属于历史，还是也属于明天？

随着社会形势的发展，女子教育开始在社会进步与个人的独立解放等多维的思维框架下寻求新的意义。在当今，女子学校发展的主题，或者说人们关于女子教育讨论的重点已经发生了变化，不再是女性要不要受教育，而是女性应该接受什么样的教育。这不仅要反思当时女校课程等教学内容，而且更为重要的是，为了方便或是为了限制女性所划定的女子受教育的场所——女子学校是否有单独设立的必要，也成为人们议论的主题。于是，男女共学的问题也浮出水面，成为人们关注的焦点。

女子学院的存废，女子学院中男女是否可以共校，时至今日，各界依然争论不一。但无论是否作为专属女校，女子高等教育值得关注的问题主要体现为以下两点。

一是女子学校发展的价值取向。在女校创办者看来，创办女校是对目前教育多元化需求的一种顺应。而反对意见则认为，女校是历史的产物，办女校是在教育中再度推行“性别歧视”。另外，一种折衷的观点是既不反对也不支持，认为这是一种新形势下的女子教育的探索，作为一个新生事物，不要过早地下结论，女校今后该如何发展，是一个正在探索的问题。

二是女子学校存在的合理性和必要性。在一些女校创办者看来，创办女子学校的意义在于适应市场需求，开拓女性就业市场，通过开设适合女性的公关、文秘、家政、外语、会计等实用性应用课程，提高女子就业能力；发挥女性的特长，体现女性特色，有利于因性别施教；开创了一种女子教育发展的新模式。女子学校是历史的产物，但当今社会的女子学院并不是回归传统的封闭教育，也不仅仅是增加一些女子课程，而是从现代女性的需要出发，进行深入的女子教育研究和富有特色的女子教育实践，促进女学生的群体成才和女性公民素质的整体提高。因此，现代社会的女校应当与以往女校有所区别。

## 五、结 语

英国女子学校的出现、发展以及存废之争，不仅仅是女性受教育形式的变化这样一个简单的问题，更重要的是它折射出一定的妇女观念和性别意识，也可以说是一种思想文化观念。显然，对女性接受教育需求的认识，会直接影响女性受教育的形式、内容和制度安排。无论女子院校是否要独立发展，女子高等教育的发展都是不可阻挡的时代趋势。在这种形式下，对女子学院的发展的思考应具备如下基本认识：

第一，女子学校的出现、发展和改制争议是教育体制多元化的产物。女子院校在一定范围内受到家长和女生的欢迎，可以说它为女性受教育提供了又一种选择机会。然而，女性教育经过几百年的发展，在此历史基础上，新兴的女子学校面对着重重的压力和挑战，如何在发扬历史优秀传统的同时，确立一个更高的起点，如何在男女同校主流体制下争得自己的一席之地，如何在妇女发展的历史进程中做出新的贡献，还需在理论与实践上开展深入的探索。

第二，在社会性别理论影响下兴起的女子学校，更加强调女性自身的发展，强化了对两性差异的思考。然而，如何科学地认识两性之间的差异，这是今天女子学校值得关注的重要课题。

第三，对女子学校的存废争议，只是创办者和少数专家参与讨论，媒体的介入也很有限。这也在一定程度上说明，目前女子高等教育观念以及教育发展的环境更加开放和多元，无论女校是否将独立存在，女性教育都有更多发展和探讨的空间。

**参考资料：**


[1] 时德生：《国外女校办学理念对我国女子教育发展的启示》，《职业技术教育》2006年。

[2] Christina de Bellaigue, *Educating women: schooling and identity in England and France*, 1800–1867.Oxford, 2007.

[3] Emily Davies, *The higher education of women* , Nabu Press,2010.

[4] Carol Dyhouse, *No Distinction of Sex Women in British Universities 1870–1939.* Peragamon–elsevierScienceLTD,1995.

[5] Janet Howarth. "*Women" in The History of the University of Oxford vol.viii*.The Twentieth Century ed.Brian Harrison, 1994.

[6] Rita Mc Williams Tullberg, *Women at Cambridge*.Cambridge University Press.1998.

[7] Gillian Sutherland. *The Movement for the Higher Education of Women: its social and intellectual context in England c.1840–1880 in Politics and Social Change in Modern Britain*. Essays presented to A.F, Thompsoned.P.J.Waller, 1987.

[8] Gillian Sutherland, *Faith, Duty and the Power of Mind.The Cloughs and their* Circle 1820–1960, Cambridge University Press.2006.

# 第二章　加拿大女子大学教育：布雷舍尔　一枝独秀

在加拿大的高等教育史上，存在过一些隶属于综合性大学的女子学院。随着女性平等权利的获得，这些学院先后改制为男女同校。目前，加拿大全国仅存一所女子学院，它就是布雷舍尔大学学院（Brescia University College），布雷舍尔可谓是一枝独秀。该学院是西安大略大学的附属学院，专注女性教育，致力于培养女性领导力，它也是欧美著名的大学女校之一。本章以布雷舍尔大学学院为个案，细数该校在战略规划、学科建设、活动开展等方面所做的努力，探讨在男女同校为主流的高等教育领域下女子学院的特色发展之路。

## 一、背景与历史概述："枫叶之国"的高等教育

### 1.加拿大社会女性生存状态

（1）男女平等的性别观念

在加拿大，女性人口占全国人口一半以上。根据人口普查的统计结果，从1976年开始，加拿大女性人口一直稍稍超过男性。2010年，在

图2-1 布雷舍尔大学学院全景

全国3410.9万人中，女性人口为1720万，占总人口的50.4%[①]。

性别平等是加拿大的一项宪法原则，女性与男性拥有相同的法律地位和权利。在社会的各个领域，都能看到女性的身影。女性参加选举，按照自己的意志投票，就公共事务发表意见，竞选各种公共管理职务，劳动受法律保护，与男性同工同酬。

为保障性别平等宪法原则的落实，维护妇女权益，加拿大专门成立妇女地位署，在各级政府中，也都设有分管妇女问题的部门，建立性别平等监测评估机制，确保政府对相关职责的落实。

福利方面，加拿大的生育保险内容纳入到了就业保险之中，这样，只要是符合就业保险资格的女性，在生育时都能享受到近一年的生育津贴和育儿津贴，在经济上得到一定保障。加拿大的生育保险政策规定，在35周的育儿假中，父母可以分享这一假期，给予女性产假津贴和育儿假津贴。

在近30年的就业情况来看，加拿大职业女性比例、管理层中女性比例以及薪酬水平都有较大提高。根据加拿大道明银行一份研究报告显示，25岁到44岁的加拿大女性中，2005年从事有酬工作的比例已从

① "Women in Canada: A Gender-based Statistical Report 2010-2011".Statistics Canada Catalogue no.89-503-X.

30年前的50%升到82%。在接受调查的460万对夫妇中，有28%的妻子收入高于丈夫，高于20世纪60年代末的11%。在加拿大政府、公司管理层，女性占37%。在商业和金融领域的专业人士中，女性超过一半。尽管在工程和自然科学方面，男性仍处统治地位，但医生中，女性占55%，而1987年这个数字为43%。[①]

为帮助女性就业，加拿大还为低收入妇女提供培训和服务，帮助她们提高技能，使之能够从事技术含量较高的职业，随之提升劳动报酬，获得更多就业机会。工会也尝试通过集体谈判等方式改善工人工作条件，并且在集体合同中规定有与生育方面相关的条款，如为生育期间的妇女保留工作岗位等。

（2）不断增加的女性受教育的机会

在殖民地时期，加拿大女性社会地位低下。在法国殖民地时期，妇女的职责是生育抚养下一代，照顾家庭，洗衣做饭，栽花种菜，而接受教育的机会极少。1658年，玛格丽特·布尔茹瓦创立的圣玛丽亚礼拜会开办了第一所女子学校，后来又创办了一所女子工业技术学院。1753年，方济会修女在魁北克创立综合医院，为女性提供受教育机会。随着时代进步，加拿大女性在社会中的地位也逐渐改变，接受教

① 参见http：//www.haiguinet.com/news/2008/0312/article_27052.html。

育的时间和机会不断增多。女孩的入学率在1842年至1881年从23.1%上升到75%。①

在加拿大，早期职业女性主要从事教师、护士等服务性职业。1875年，加拿大迎来第一位获得学士学位的女性。19世纪末20世纪初，随着女性获得联邦公民权，大学开始逐步招收女性学生，大量女性随之进入高等学校。1884年，加拿大著名的多伦多大学、麦吉尔大学开始招收女生。到了1930年，加拿大的在校本科生、研究生中，女性比例分别达到23%和35%。

1985年，加拿大女教师所占比例为50%，中学女教师占33%，大学则占17%。1986年，女性在校大学生的比例为50%，20世纪90年代超过55%。②从那时起，女性一直占大学本科全日制学生总数的半数以上。

根据加拿大的国家统计数据，从2001年起，加拿大学士学位获得者中，超过60%是女性。据加拿大医学联合会统计，加拿大17所医学院中，女生占绝大多数的有13所。魁北克城拉瓦尔大学医学系2005年女学生占录取新生比例更是达到创纪录的80%。

也许还有人记得，20世纪末，华裔女性武冰枝获得任命，担任加拿大总督，成为国人津津乐道的新闻。这样的事情，在一百多年以前的加拿大，是不可想象的。可以说，加拿大女性今天的社会地位和政治权利，是妇女运动的重要成果。

（3）功不可没的妇女运动

加拿大妇女运动最初兴起于19世纪末。从那时起，妇女便开始组织起来，争取社会地位，争取平等权利。通过法律及政治手段，妇女运动为女性逐渐争取了一定程度的平等权利，然而，这一过程相当漫长。最初的妇女运动以争取选举权为中心，至20世纪前期，各省妇女陆续获得选举权。1916年，马尼托巴省、艾伯塔省、萨斯喀彻温省和不列颠哥伦比亚省等四个省的女性获得了选举权。在此后的三年中，安大略省、新斯科舍省和新不伦瑞克省陆续颁布法律，赋予女性选举权。此后，爱德华王子岛省和魁北克省分别于1922年和1940赋予本省女性选举权。

---

① 蓝仁哲等：《加拿大百科全书》，四川辞书出版社1998年版，第165页。

② 同上，第167页。

第二次大规模的妇女运动发生在20世纪60年代末70年代初，目标是消除在就业和收入等方面的性别歧视。1967年加拿大成立了妇女地位皇家特别调查委员会。1970年，该委员会提出了167条建议，以改进女性在教育、就业、法律、家庭等方面面临的问题。这些建议成为此后解决妇女问题的蓝本。联邦政府在内阁中新设立了一位部长负责妇女问题，许多政府部门都增设专管妇女问题的机构。立法部门重新审理有关法律，剔除其中有性别歧视的条款。《加拿大权利与自由宪章》、《就业公平待遇法》、《就业保险法》、《加拿大劳工法典》、《离婚法》、《家庭法》以及反对针对妇女暴力的干预和救助政策等，构成了相对完备的妇女权益保障法律体系。

第二次妇女运动成效显著，奠定了今日妇女权益保障的法律基础，引发全社会对妇女问题的长期关注和重视。据统计，加拿大全国性妇女组织约有七十个，省和地方性的此类组织有几千个，各省、地区政府中都有分管妇女问题的官员。1976年起设立的妇女地位署在出台相关政策及举措前，总是要进行“以性别平等为基础”的专门性的研究分析。

（4）女性收入偏低

目前加拿大女性的平均收入较男性低，是个不争的事实。不少女性尚属贫困人群，从表2-1“25岁至64岁加拿大人就业及收入分布（部分）”中可见，低收入就业人口占全部人口的9%，其中女性占58%；在低收入无就业人群中，57%为女性；而女性在非低收入就业人群中占少数，为48%。总体来讲，就业的女性收入少于男性，低收入人数多于男性。

加拿大女性的收入少于男性，其原因有二，一是就业压力大，二是女性平均薪水低于男性。然而，从统计数据看，女性人均寿命明显高于男性，在所有57岁以上的年龄段的调查组中，女性人数都要超过男性，并且这种比例失调随着年龄的提高而不断上升。因此，女性所积累的养老基金在规模上可能少于男性，养老金收入低于男性。据统计，在加拿大老年人贫困问题方面，老年女性的贫困问题更为严重，贫困的老年女性比例要远远高于贫困的老年男性比例。①这是一个惊人的“女性化贫困”问题。另外，女性单亲家庭和女性低收入人群的比例也相当高。

而在就业保险的覆盖范围上，女性也处于不利地位。从1997年到2001年，男性的覆盖范围在加拿大几乎所有的大城市都有所增加，而女性的覆盖范围则持续下降。②

表2-1 25岁至64岁加拿大人就业及收入分布（部分）③

| | 低收入就业人口 | 低收入非就业人口 | 非低收入就业人口 | 非低收入非就业人口 |
|---|---|---|---|---|
| 人口（千人） | 1632 | 1187 | 13999 | 1434 |
| 占比（%） | 9 | 7 | 77 | 8 |
| 女性占比（%） | 58 | 57 | 48 | 51 |
| 中位年龄（岁） | 42.3 | 47.7 | 43．4 | 53.2 |
| 年龄段占比（%） | | | | |
| 25—34 | 28 | 19 | 25 | 11 |
| 35—44 | 31 | 18 | 28 | 9 |
| 45—54 | 26 | 27 | 30 | 67 |
| 55—64 | 15 | 36 | 17 | 63 |

数据来源：加拿大统计局2011年数据。

2.加拿大高等教育概览

加拿大的高等教育机构分为大学（University）、大学学院（University College）、社区学院（College）、职业技术学院（Career College）。从经费来源看，可分为公立和私立两种。公立学校的经费全部由各省负责提供，私立学校除部分经费为各省提供外，主要依靠学费和私人捐助。

加拿大全国有近百所大学，大部分为省辖公立，主要集中在安大略省、不列颠哥伦比亚省和魁北克省，其中最为著名的有多伦多大学、

① 仇雨临：《加拿大社会保障制度的选择及其对中国的启示》，经济管理出版社2003年版，第88-89页。

② 于洪：《加拿大社会保障制度》，上海人民出版社2011年版，第171页。

③ May Luong. “The wealth and finances of employed low-income families”. Component of Statistics Canada Catalogue no.75-001-X July 22.2011.

不列颠哥伦比亚大学、拉瓦尔大学、艾伯塔大学和麦吉尔大学等。大学基本上实行学分制，保持较高的水准，每年吸引众多海外学子前来求学和深造。目前，中国在加拿大各类留学生有近5.5万人。

（1）高等教育发展历史沿革

加拿大高等教育有300年的历史。由于加拿大曾是法英殖民地，大学教育从建立之初，就深受欧洲影响。最早的大学均由教会创办。如加拿大第一所大学拉瓦尔大学就是法国人于1663年创立，其前身是魁北克神学院；1827年，英国皇家特许在约克创办了国王学院，它与英格兰国教会关系非常密切；在安大略省，1849年，天主教创办了拜顿学院，并于1889年获得罗马教皇的特许；1858年，天主教创办圣母升天学院，1887年浸信会创办的麦马斯特大学获得省政府的特许。

加拿大第一所非教会私立学校是麦吉尔大学，创建于1821年。这所学校从19世纪开始设立文、理、医和工学院，成为加拿大第一所综合性大学。之后建立的达尔豪西大学、皇后大学、多伦多大学等均分别开设文、理、工等院系，成为加拿大早期的综合性大学。到1867年建立联邦时，全国四省共有18所大学。等到加拿大西部四省加入联邦后，先后建立了以省命名的大学。1938年，全国共有大学28所。

第二次世界大战期间，加拿大大学的科研能力得到了充分的发挥，为政府解决了一系列重大的军事技术问题。战后，大学出色地完成了对复员军人的再培训任务，使政府认识到了他们的重要作用，开始重视对大学的投入。20世纪五六十年代，加拿大经济繁荣，迫切需要各方面的人才，加之生育高峰带来学生人数的增加，使得高等教育得到迅速发展。

（2）高等教育对经济发展的支持

加拿大建国至今一百多年，已成为经济发达国家，并且是世界上为数不多的高福利国家之一。其发达的主要原因，有学者认为主要有两条：一是美国经济对加拿大的影响和带动。加拿大南临世界上最强大的国家——美国，经济发达的东西地带都与美国相连，经济的发展对美国有极大的依赖性。二是高度发达的高等教育为其经济的发展提供了强大的人才智力支持。目前，仅有3000多万人口的加拿大有90多所大学、120多所学院，高等教育的毛入学率已达50%。发达的高等教育使国民素质得到极大提高，有力地促进了经济社会的发展。

加拿大早期的高等教育通常是仿照欧洲大学的模式创办的，并附有浓厚的宗教色彩。现在，突出职业化教育是加拿大高等教育的一大特色。加拿大高校在世界上堪称一流的大学并不多，而其高等教育发达的一个突出特点就是高等教育的职业化。在加拿大有400多所社区学院、实用技术学校和少数私立职业学校。职业化一方面表现为新设专业多为适应经济社会发展之需，为社会培养高级专门研究人才；另一方面表现为面向大众就业实际，发展职业技术教育，培养大批有文化并掌握一技之长的劳动者。可以说，在加拿大发达的职业化高等教育与较高的社会就业率是成正比的。[①]

（3）大学教育的管理模式

与中国中央政府设有教育部，统一管理全国教育不同，加拿大高等教育责任由各省来承担。1982年《宪法法案》规定，“各省立法部门可以为本省独立制订与教育相关的法律”。加拿大地域广阔，各省之间经济发展水平参差不齐，根据《宪法法案》的这项规定，加拿大各省逐渐发展出各自的教育体系，适合自身发展，相对独立。各省教育经费基本依靠自筹，联邦政府也提供一定的资助。总的来说，联邦政府不设专门机构，教育管理权在省级政府。省际之间的教育交流与合作由各省教育部长组成的教育部长理事（CMEC）协调。

加拿大各省教育部对大学的管理仅限于制定全省的高等教育方针和计划，以及向各校拨款等事宜，大学实行自治管理，学校自行决定和实施行政管理和教育事宜，省政府无权干涉。大学一般都设有董事会和学术委员会。董事会任命学校行政领导，为学校筹款，监督财务开支，充当校方与政府和公众之间的联系人。学术委员会由各院系代表组成，负责一切教育事宜和学术活动，包括安排学科课程、制订教学计划和科研规划、聘任教授、授予学位等。大学的行政负责人是校长，由董事会任命。一般大学会设有多位副校长，分管不同方面的事务，院

① 参见http://www1.gdufs.edu.cn/canadarc/inter_high_edu.html。

系领导和科研部门负责人由校方聘任。

## 二、发展模式与理念：一枝独秀 灵活专注

### 1. 布雷舍尔大学学院发展历史

在加拿大提起女子学院，人们会不约而同地提到同一所学院——布雷舍尔大学学院。究其原因并不复杂，因为这座以城市命名的学府，是目前加拿大近百所大学中唯一的女子学院。近百年的老校，别无二家，用一枝独秀来形容，再恰当不过了。那么，作为大学学院，布雷舍尔是大学还是学院，又是一所怎样的女子院校呢？

图2-2　布雷舍尔大学校徽

时光倒转。1919年，第一次世界大战战事刚息，仍"大事"不断。在巴黎和会上，中国代表顾维钧要求战败国德国直接将山东交还中国。但巴黎和会不顾中国代表反对，将山东割让给日本。消息传到北京，在5月4日，引发了震惊中外的五四运动。那一年，距俄国十月革命刚刚过去两年，列宁在9月23日参加莫斯科劳动妇女大会，发表演讲，谈到了妇女运动的任务。他说，妇女的家务劳动，使得她们还处于困难的境地。为了彻底解放她们，与男性平等，国家经济必须社会化，必须让妇女参加普通的生产劳动。[①]那一年，加拿大也同样发生了许多令人难忘的事件。2月，第七任总理威尔福瑞德·劳瑞尔去世，享年78岁。无数加拿大人身着深色衣服，头戴礼帽，站在路边，目送着载着他的遗体的马车和一车车鲜花，从雪地上离去。4月和5月，新不伦瑞克省和育空地区的女性相继获得选举权。5月间，马尼托巴省温尼伯市工人举行了一次大罢工。第一次世界大战结束后，加拿大经历了几年的经济衰

① "Lenin's Collected Works".4th English Edition Volume 30.1965.

退和通货膨胀，导致工们人迫切要求改善劳动和生活条件，从而爆发了这次加国历史上最著名的大罢工。

19世纪末20世纪初，加拿大第二次工业革命兴起，进入经济繁荣时期。工业化的浪潮给加拿大人的生活带来了许多变化，城市的劳动人口越来越多。越来越多的女性开始有了接受高等教育的需求。

也是在1919年，在加拿大的伦敦市（隶属安大略省），一群富于社会服务精神的乌尔苏拉会的修女，身穿黑色衣裙，头戴黑色头巾，脸罩面纱，建起了乌尔苏拉学院。这是一所女子学院，但它并不是加拿大最早的女子学院。早在1899年，麦吉尔大学就创立了皇家维多利亚学院，那是一所专门招收女性的住校学院。但今天，它却是这个国家硕果仅存的女子学院。

图2-3　乌尔苏拉堂

乌尔苏拉会修女，这些可敬的学院创建者，是循着280年前天主教乌尔苏拉会三位修女的足迹，继续着她们在加拿大的使命——开展女童教育。1639年，玛丽娅修女和另外两位乌尔苏拉会修女，与一位耶稣会的教士同行，从法国启程，前往加拿大。她们是第一批踏上北美新大陆的修女。那一年的夏天，她们抵达加拿大，学习当地语言，并开始教当地人读书、写字、缝补、绘画及家庭技能。

玛丽娅修女在魁北克市建立了乌尔苏拉女修道院，这是北美大陆的第一所为女性提供教育的机构。后来，陆续有乌尔苏拉会修女抵达北美，在新奥尔良等地建立教会。18世纪初，是乌尔苏拉会最繁盛的时期，在北美大陆，共建有350座修道院，有近两万名修女。她们致力于完善社会正义、投身社区服务，关注妇女发展。她们建修道院、创立学校、办孤儿院，还为社区提供健康护理服务。

乌尔苏拉会的修女们，选择安大略省伦敦市的惠灵顿大街556号，建起了乌尔苏拉学院。在主教费伦的协助之下，学校与西安大略大学签订了附属协议，双方同意学院作为西安大略大学的天主教附属学校，学生毕业时获颁西安大略大学的文凭。刚刚建起的学校，只有一个班级，迎来的是7名女学生，她们需要交纳50元学费。

1923年，学校开始在伦敦市西大街1285号建筑校舍，即布雷舍尔学堂。它是学校建起的第一批建筑，后来改名为乌尔苏拉堂。两年后的秋天，学生开始在建成的新校舍学习和生活。今天，乌尔苏拉堂依然是学院的主要建筑。这座哥特式的建筑用石头建成，色调为灰色和红色，气度古雅，让人过目不忘。乌尔苏拉堂内设有女生宿舍，为170名学生提供住宿，楼内还设有咖啡厅、教授办公室、食品实验室和几间教室。1963年，圣詹姆士楼建成，楼内设有图书馆、礼堂、教室，开始有专门的职员服务学生。

建校早期，布雷舍尔开设人文课程，主要有英语、法语、西班牙语、哲学、历史、经典和宗教知识。其他的理科课程，如数学、政治经济学等，学生们在西安大略大学选课学习。布雷舍尔开设的课程与西安大略大学开设的同名课程稍有不同。比如，哲学课就根据天主教教义进行了改动，使之适合天主教女教友。建校的头几十年中，学校教师主要由乌尔苏拉会修女担任。她们多数在加拿大、美国和欧洲的大学获得了硕士或博士学位。

20世纪50年代，学校不断增加学科项目和课程，非神职教师愈显重要。家政学从1936年开始设立，几经演进，发展成今天的食品与营养学，并成立了专门的系。20世纪六七十年代，社会科学发展显著，不断有新教师加入布雷舍尔，开始教授社会科学领域的课程。

建校初期，女性对高等教育的需求并不突出。布雷舍尔学院的学生数量经历了缓慢增加的过程。从1919年的7名学生，增加到1961年的200多名注册学生，用了42年。1982年，全日制学生增加到400人。1992年，这个数字上升到779。此后几年，学生数量有所下降。随后学校加大招生力度，提高学术水平，学生重新增加，2011年，学生数已经超过千人。

图2-4　布雷舍尔大学校园一角

从建校到1999年间，学院一直由天主教乌尔苏拉会拥有并运营。1999年，该校成为独立的非营利机构。布雷舍尔董事会负责学院行政管理以及政策的实行，由24位成员组成。除董事会以外，学院委员会也参与决策的制订。布雷舍尔大学海外基金会为学院举办的一切活动集资，由热心校友和志愿者组成，他们对募集资金和资金管理极为擅长。

在发展过程中，学校曾几易其名。1963年，乌尔苏拉学院改名为布雷舍尔学院。布雷舍尔，是一座意大利风格的城市，乌尔苏拉教派的起源圣地。2001年，布雷舍尔学院又在校名中增加了“大学”两字，成为现在的布雷舍尔大学学院。

2. 布雷舍尔大学学院现状

图2–5　布雷舍尔大学课堂

作为加拿大目前唯一的女子学院，布雷舍尔大学学院附属于西安大略大学，它的办学宗旨是以学生为中心，致力于培养富于激情与创造力的杰出女性，引领瞬息万变的世界。

布雷舍尔大学学院所在的城市伦敦市，位于安大略省西南部。它宁静祥和，是一座传统的金融城市，以低失业率和环境优良著称。从伦敦驱车向北约185公里，是加拿大第一大都市多伦多；驱车向南约185公里，是美国汽车工业中心底特律。安大略省是加拿大的政治、文化、金融和商业中心，聚集着全国一半的人口和40%的财富。

2011年，学院注册学生数量1100人左右，其中包括960名全日制学生和145个非全日制学生，师生比例为14∶1。学校班级较小，每班25至55人之间，学生可以有更多机会参与课堂讨论。

学业设置安排上，学院颇具特色。本科阶段第一年的学习非常灵活，学生可以广泛选取自己喜欢的课程，探索学院各个学科的魅力。他们可以自己设计学位课程，将感兴趣的课程结合在一起，组合出充实而多彩的三到四年的本科生活。

学院本科课程包括以下几个方面：人文与艺术、食品与营养研究、社会科学、社会与家庭研究等。基于不同的学习课程，学生可获得文学士、理学士、管理学学士等学位。学生毕业后颁发西安大略大学证书。

图2-6 布雷舍尔大学学院迎新周活动

人类生态学和食品与营养学是布雷舍尔大学学院的特色专业。其中食品与营养学课程获得了国内和国际上的一致认可。这要归功于该校出色的师资和杰出的毕业生。大部分教师是注册的专业营养师和国家食品与营养政策的专家，研究领域包括预防肥胖和儿童护理等。在研究生教学方面，食品与营养学硕士提供专业课程，获得加拿大营养师协会的认可。毕业生有资格参加专业考试，成为注册营养师。

“三导师制”深受学生欢迎。参加计划的学生，高年级的学生和新生一对一结成“对子”，老生给予新生学业指导和生活适应方面的帮助，并一起参加定期举行的研讨会。当新生成为老生时，她们又给予下一届新生指导和帮助。到了高年级，加入这一计划的学生会分配到一位社区导师。这些导师有的是职业女性，有的是校友，她们会与学生分享思想、经验和专业知识。这个制度构建起学生与学生、学生和专业人士之间的桥梁，使她们通过与同学、专业人士以及社会的交流，拓展社会关系网，认清自己的职业选择。三导师制最大程度上满足了学生对个人职业发展的需求，使所有参与者从指导、交流、支持机构中受益匪浅，从而提升了整个学院学生就业率。

学校为学生营造出相对灵活的学习环境。在布雷舍尔学院注册的学生，除每学期必须在本院修两门课程外，其他课程均可以在西安大略大学的其他院系修读。就学期间，学校专门针对女性的特点，进行独立能力和领导能力的培养，使她们在毕业后能在人才竞争中脱颖而出。

毕业后，学生有的选择继续深造，在其他学校完成博士课程；有的留在本校成为非全日制教学人员；有的选择就业，任职于临床医学、公共卫生等各个领域，她们均表现出良好的专业素质。

在调查中，布雷舍尔大学学院的学生对学校的评价很高。根据布雷舍尔大学学院2010年年度报告，2009年，学校的新生和高年级学生参加了“全国学生参与调查”活动。结果显示，学校在课堂作业、与教职工关系、深度写作作业、课程准备、社区服务参与度等方面的得分远远高出同类大学。88%的受访同学说，如果再有机会选择大学，她们还是会选择布雷舍尔。83%的一年级学生感觉到，学校为她们的学业进步付出良多。

3. 强大的后盾：西安大略大学

在布雷舍尔大学学院读书，学生不但可以在本院选课，还可以自由地在西安大略大学选课，并自由使用它的各类教育资源，如图书馆等。这是学校附属于综合性大学得天独厚之处。

西安大略大学成立于1878年，至今已有130余年历史，号称“加拿大的哈佛”。在《伦敦金融时报》全球商学院排行榜上，该校多年位居前列。该校校友中有一大批各国成功人士，世界卫生组织现总干事长陈冯富珍女士也曾在这里获得医学博士学位。

西安大略大学各项设施丰富齐备，由研究生院、人文学院、工程学院等12个学院和3个独立学院组成，共有师资1249人，在校生总数约3万人，设300多个学士、硕士和博士学位专业。不同学院之间课程有部分重叠，但采用统一教学大纲和教学标准，统一授予西安大略大学学位。基于雄厚的规模实力和丰厚的各界赞助，西安大略大学在加拿大一流大学当中，是唯一能向在校生保证提供宿舍的大学。

## 三、促进女性发展：培养女性领导力

作为女校，布雷舍尔大学学院着眼于培养女性走向成功。学校教育鼓励女性发挥潜能，鼓励她们积极影响世界。学校不仅拥有充满激情的学生，杰出的教学科研团队，还积极寻找慷慨的捐助人，通过参与各种与学生领导力和女性相关的基金与项目提升大学的竞争力。

1. 毕业生数量不多但遍布世界

截至2012年，布雷舍尔大学学院有近6000名毕业生，相对于其近百年的历史，这并不是个大数字。但是，学校培育出许多杰出人士，来自世界各地，又走向了世界各地。校友中有的人默默地从事着自己的本职工作，有的则成为了闪光灯聚焦下的杰出女性。每一个从这里走出的年轻人都在恪守、践行和传承着“布雷舍尔勇气”（Brescia Bold）。

如2009年90周年校庆时，学校评选出了12位杰出校友。其中，翟美·海姆斯沃思发明了专门针对艾滋病患者的益生酸奶，获得了加拿大营养协会颁发的摩根奖；玛格丽特·维克威尔担任世界著名金融机构的管理者；马莲·麦雷士博士任美国国家航空航天局下属的航空生物医学研究中心教育与公众项目的负责人。[①]学校每年发行两期《勇气志》[②]（*Bold*），专门刊登杰出校友故事，为在校学生树立榜样，以激发他们的潜能。“榜样的力量”体现了学校为“提升女性领导力”所作的努力，而知名校友恰恰是布雷舍尔大学学院“提升女性领导力”所取得的丰硕成果的直接体现。

2. 杰出校友多涉足卫生健康领域

**陈冯富珍**（73届校友）

陈冯富珍（Margaret Chan, Fung Fu-chun）自2007年担任世界卫生组织总干事，任期5年。她是第一位当选联合国组织最高领导人的中国人。陈冯富珍在卫生领域创下了许多个“首位”纪录——她是香港首

---

① 参见http://www.brescia.uwo.ca/alumnae/our_alumnae/notable_alumnae/index。

② 参见http://www.brescia.uwo.ca/alumnae/brescia_bulletin/index.html。

位女卫生署署长，首位进入世界卫生组织的香港公务员，首位获中国政府推荐竞逐联合国组织最高领导人的竞选人。

图2-7　陈冯富珍

陈冯富珍自1978年开始担任香港卫生署医生，进入卫生领域。她曾先后多次身处对抗大型传染病疫潮的最前线，包括1997年香港爆发禽流感、2003年非典型肺炎爆发，以及2009年肆虐全球的甲型H1N1流感。陈冯富珍更是40多年来首位宣布全球流感大流行的世卫总干事。①

1969年，陈冯富珍随男友前往加拿大，进入布雷舍尔大学学院主修家政课程。1973年，她从布雷舍尔毕业，获得西安大略大学文学士学位，其后又进入西安大略大学学习医科，1977年获得博士学位。

2011年3月8日，在国际妇女节100周年之际，英国《卫报》邀请读者提名3000多名妇女，由特别评审委员会从中选出在经济、政治、文化或社会层面上有杰出贡献的100名女性，加以表彰。陈冯富珍榜上有名。

图2-8　琼·弗兰科丽尼

**琼·弗兰科丽尼**（55届校友）

琼·弗兰科丽尼曾是多个机构的领导者。她执掌的机构包括加拿大基督教青年会、安大略省心脏及中风基金会、蒂尔森堡公共图书馆委员会、泰晤士河谷区卫生局、伦敦地方艺术画廊、伦敦社区基金会以及罗巴茨研究

① 参见http://trans.wenweipo.com/gb/paper.wenweipo.com/2011/03/09/GJ1103090010.htm。

所。[1]在各个机构和领域，她都展示出了非凡的领导才能。2010年她获得了卡梅尔·墨菲杰出校友奖。

琼·弗兰科丽尼于2005年获得了“安大略省勋章”，并于2009年荣膺基督教青年会的妇女终身成就奖。[2]

**温尼芙蕾·桂南**（32届校友）

图2-9 温尼芙蕾·桂南

温尼芙蕾·桂南是学校第一位成为加拿大安大略省政府研究主管的校友。她也是第一位被加拿大议会授予奖项的女性。

1938年至1978年，温尼芙蕾·桂南在布雷舍尔学院教授了很多课程，包括经济学、英语、哲学、政治学以及心理学。在这段时间之内，她在拉瓦尔大学拿到了心理和哲学双博士学位，并在哈佛大学、巴黎圣母院、多伦多大学和渥太华大学进行博士后的研究。

温尼芙蕾·桂南于1992年荣获卡梅尔·墨菲杰出校友奖，学校还设立了以她的名字命名的奖学金。她于1973年被西安大略大学授予名誉法学博士学位。

## 四、发展综述：执着于培养女性领导力

作为加拿大唯一的女子学院，布雷舍尔大学学院一直秉持“提升女性领导力”的办学理念，并在学校发展和学生培养的方方面面始终坚持这一理念。

---

① 罗巴茨研究所（Robarts Research Institute）是加拿大非营利性医学研究机构，拥有600多名员工。研究所的科学家包括医师和物理学家、生物学家、生物医学工程师，他们研究的疾病有心脏病、中风、糖尿病、老年痴呆症及各种癌症。研究所的医学成像研究非常出名。该研究所2007年7月与西安大略大学合并。

② 参见http://www.brescia.uwo.ca/alumnae/our_alumnae/notable_alumnae/index.html。

1. 前瞻性的发展战略

布雷舍尔大学学院每五年研究制订具有前瞻性的战略发展规划。2004年—2009年的发展战略是“学习、生活、领导”（Learn，Live，Lead），而2010年开始的新发展战略被确定为“践行领导力”（Living Leadership），最终目标是“加强竞争优势，坚守价值观念，到2015年将学校发展成为拥有1200名全日制在校生的大学”[①]。具体来说，学校的使命是“以学生为中心，注重学生批判性思考，积极投身社会实践，培养学生成为智慧、正义、富于激情的未来领导者”。[②]

这一战略规划的核心价值观念充分肯定了女性在社会中的潜在领导能力。学校坚持培养学生获得自信、话语权和领导技能。不难看出，“领导力”的培养已经贯穿于学校的发展战略、任务使命及核心价值观的始终。这也体现出布雷舍尔大学对提升女性领导力的重视与信心。

2. 突出女性特长的专业设置

布雷舍尔大学学院共有17个本科专业，包括人类学、哲学、政治学、社会学、医学等学科。值得一提的是，其中包含一个极具特色的专业——领导学（Dimensions of Leadership）[③]，这在其他西方高等学府中是少见的。该专业创建于2009年，于当年秋季迎来了首批40名学生。领导学是一个综合的跨学科性专业，横跨政治学、宗教学、哲学、社会学、历史学、心理学、文学、文化学、商学、女性学等多门学科，为学生提供多元的学术视角。通过核心的领导力课程和丰富的实践性教学，学生能深入地感知并了解她们所生活的世界，并逐渐培养出自信、勇气与责任感，从而促使她们成为未来卓越的领导者。目前，该专业正在逐步扩大招生规模，预计到2015年将达到60人。[④]可以说，“领导学”专业正体现了布雷舍尔大学学院“争当领导者”（Choose to Lead）的办学口号，也正是该校为提升女性领导力所做出的务实努力。

---

① 参见http：//www.brescia.uwo.ca/about/strategic_plan/index.html。

② 参见http：//www.brescia.uwo.ca/about/strategic_plan/vision_mission_values.html。

③ 参见http：//www.brescia.uwo.ca/academics/undergraduate/leadership/index.html.

④ 参见http：//brescia.uwo.ca/leadership_brochure。

3. 聚焦领导力的演讲大赛

每年三月，一场名为“领导之星”的演讲比赛都会如期在布雷舍尔大学学院举行。赛事主要针对加拿大国内十一或十二年级的高中学生（相当于中国高二或高三年级学生）。[①]参赛选手可以选择任何关于“女性领导力”的话题进行演讲，比如历史上的知名女性领导人，生活中给你启发的女性故事等。选手的演讲时间限定为五分钟，需经过初赛和复赛两轮角逐。初赛时，选手将被随机分组进行小组比赛，每组分数较高者进入复赛；复赛中，选手将接受“明星评委”的评判和拷问，最终决出前三甲。其中，第一名将获得布雷舍尔大学学院年度全额奖学金（相当于一年的学费）。杰出的参赛选手在申请该校时将被优先录取。如同伯乐与千里马，这场年度演讲大赛发掘有领导潜质的优秀高中女学生，并为她们进入加拿大著名的学府深造创造条件。这也是该校“提升女性领导力”在人才选拔方面的体现。

4. 合理的奖学金制度

布雷舍尔大学学院有丰富的奖学金种类和科学的奖励评选体系，不让任何有抱负的学生因为经济问题失去追逐梦想的机会。学校的奖学金主要分为新生奖学金和高年级奖学金，前者主要针对刚入学的新生，后者则针对在该校学习满一年以上的学生。此外，还有单独针对国际学生的奖学金。

在奖学金的评选体系中，学校十分重视学生的社区志愿活动，鼓励学生在校内外的社会实践中充分发挥自己的领导才能。为此，专门开设了社区领导奖学金（Community Leader Award）、布雷舍尔大学学院学生会奖学金（Brescia University College Students' Council Awards）、伦敦种族文化联合会奖学金（The Ethnocultural Council of London Scholarship）、艾兰纳志愿者奖学金（The Erin Rankin Nash Volunteer Award）等[②]，以奖励学生在学生工作和志愿活动中的突出贡献。可见，学校的奖学金制度也融入了对“领导力”的考察，并

① 参见http://www.brescia.uwo.ca/takethelead/index.html。

② 参见http://www.brescia.uwo.ca/tuition_scholarships/scholarships/upper_year_scholarships_awards.html。

以此来激发和提升学生在实践中培养起来的领导能力。

5. 多彩的社团与活动

布雷舍尔大学学院有着五彩缤纷的校园活动和多样化的学生组织，为学生施展和锻炼领导才能提供广阔的舞台。校学生会是其中最大的学生组织，它主要为学生服务，负责开展校园活动，创建温暖和睦的社区。[①]学生会所有领导者均为在校学生，通过民主选举产生，体现了学生自我管理的意识。

此外，一年一度的"弗莱尔学生领导力大会"（FLAIR Student Leadership Conference）也成为了大家互相学习、互相交流的场所。会议从筹备到召开，大部分工作都是由学生志愿者完成，给予学生最大的空间来锻炼组织及领导能力。[②]

同时，学校还为学生提供了"领导力培训证书课程"（The Leadership Certificate Program），课程由低到高分为四个级别，共需四个学期完成。这个项目将使学生全面掌握与领导力相关的理论、经验和技能，结业考评合格者将获得证书。[③]

学校还有新老生指导项目"三导师项目"，一方面鼓励和培养学生的奉献精神，另一方面锻炼了学生的社会交往能力和领导组织能力。

总之，学校从治校理念、发展战略、专业设置、活动安排和奖励制度等诸方面，鼓励女性自身发展，培养女性领导能力，可谓多层次、多角度灵活安排。可以说，布雷舍尔是一所小而精的女子学院，致力于女性领导力培养，为女性提供灵活专注的高等教育。

## 五、挑战与未来

像许多欧美国家的女子大学一样，布雷舍尔大学学院同样面临

---

① 参见http://www.brescia.uwo.ca/campus_life/choose_to_lead/student_involvement.html。

② 参见http://www.brescia.uwo.ca/campus_life/choose_to_lead/flair.html。

③ 参见http://www.brescia.uwo.ca/campus_life/choose_to_lead/leadership_certificate.html。

未来是否改制为男女同校的问题。布雷舍尔大学学院在90多年前得以建院，是因为当时少有为女性提供高等教育的机构。经过近百年的发展，特别是妇女运动的兴起，加拿大的高等教育领域中，女性受教育的机会大大增加。据加拿大国家统计，现在在大学中，女性学生人数超过总数一半，而在诸如教育、医疗和娱乐等专业，女性学生更是超过80%，占有人数上的绝对优势。除布雷舍尔外，加拿大其他高等学校都不分性别，男女同校的教育体制不断发展壮大，女性在大学学业中许多表现优于男性。在这样的教育环境下，女子学院的存在理由遭到质疑。

经常有人会问布雷舍尔现任院长柯林·汉兹博士，加拿大现在是否需要女子大学？"是"是她的回答，她认为，自1919年建校以来，女性用实力证明，她们可以在高等教育的学业中与男性比肩；同样，女校也用实力证明，单一性别的教育，培养了女性领导力，为女性学术成功打下基础。毕竟，女校提供了独特的环境，培养了女性领导者；作为教育者，女校专注女性成功，了解女性独特的风格和偏好，专注于女性发展和提高，这些都是男女同校的大学所不能提供的。

可见，布雷舍尔大学学院目前的在学制、学生选课以及办学宗旨上的选择，未尝不是当代女子大学可以参照的一种发展模式。

从建校之初，布雷舍尔就是作为一所非典型的女校而存在。所谓非典型，是指学校并未关起门来制造"女儿国"，而是和男女同校的其他学校在教学上有很好的沟通与合作。布雷舍尔作为一所综合性大学的附属学院，从建校初期，学生就可以在西安大略大学选课学习。女校的学生学习时的体验，与男女同校的学生体验一致。她们的学习内容和形式，并非局限于女校的课堂和专业。除去按照规定每学期在本院必修的两门课，她们可以自由选择西安大略大学的学习资源。这些安排避免了作为女校可能面临的单一性别环境带来的弊端。

同时，布雷舍尔的女校特征又十分鲜明。学校开设的专业均在女性擅长的领域，如营养、语言、社科等专业。学生们在本院组成小型的班级，班级中均为女性，这样的班级环境更为友好，压力较小。

布雷舍尔女校培养出了许多优秀的女性。但是，这所学校在加拿大公众中的认知度并不高。提升学校的知名度，吸引更多优秀女性来这里接受高等教育，是这所学校需要不断努力来迎接的挑战。

## 六、结　语

一片叶子被放到显微镜下，其叶脉清晰可见。通过以上细数布雷舍尔大学学院，以及这所学校为培养女性领导力所采取的措施，加拿大的女性高等教育之面目也已清晰可见。

加拿大女子学院的产生和发展有其历史背景，这也反映出当时社会的性别观念、教育理念以及经济技术条件。女子学院的出现和发展总是有其历史背景和社会渊源。女子高等教育是因应社会需求而生。19世纪末20世纪初，科学进步和技术发展，将人从重体力劳动中解放出来，将女性从家务中解脱出来，社会上出现了更多女性可以胜任的工作机会，为女性深度参与社会，追求社会价值提供了可能。同时，战争、人口流动令到男性就业人口减少，进而增加了就业市场对女性劳动力的需求。所有这些因素都为女性进入社会生活、进而争取平等权利、争取受教育权利变得水到渠成。

今天，各国女子高等教育面对着不同的社会环境。在如美国、英国、加拿大等经济发达的民主国家中，高等教育中的性别差异问题越来越小。在这些国家中，女大学生数量占比甚至在大多数专业超过一半或更多，此时专门为女性提供教育的女校已远非创立之初的稀缺之物。这从一个方面解释了为什么加拿大女子学院数量减少到一所。我们不得不承认，今天的女子学院欲在高等教育竞争中获得学生的青睐，争得自己的一席之地，还需要不断在理论与实践上做出不懈的探索和努力。

**参考书目**

[1] 格兰琼斯主编，林荣日译：《加拿大高等教育——不同体系和不同视角（扩展版）》，福建教育出版社2007年版。

[2] 肖新生：《走进加拿大高等教育》，河南大学出版社2007年版。

[3] 傅鹏:《瞬间——我所了解的加拿大》, 河南人民出版社2009年版。

[4] 郑慧:《加拿大公共服务改革研究——公共服务供给机制的重构》, 社会科学文献出版社2011年版。

[5] 于洪:《加拿大社会保障制度》, 上海人民出版社2011年版。

[6] 李鹏飞:《加拿大与加拿大人(6)》, 北京理工大学出版社2007年版。

[7] 杨立文:《加拿大研究2》, 民族出版社2006年版。

[8] 罗伯特·L.比什, 埃里克·G.克莱蒙斯著, 孙广厦, 皇娟译:《加拿大不列颠哥伦比亚省地方政府》, 北京大学出版社2006年版。

[9] 王昺:《文化马赛克: 加拿大移民史》, 民族出版社2003年版。

[10] 席来旺:《感受加拿大》, 中国经济出版社2011年版。

# 第三章　澳大利亚女子大学教育：孕育新女性领导力

历史上，澳大利亚曾是一个传统的父权制国家，自殖民时期起女校便长期处于从属地位，缺乏独立的意志和平等的权力。随着社会的发展，尤其在欧美女性主义思潮的引领下，澳大利亚女性从一个多世纪以前便开始了致力于改变地位、争取平等权益的女性运动。女权主义也被认为是澳大利亚自上世纪以来最具影响力的思想之一，当代几乎所有的社会议题都与女性话题相关。

随着时代变迁，澳大利亚的大学逐渐开始招收女生、聘用女性学者。现在，澳大利亚的许多大学的女性学生占大多数，入学率超过50%。近20年来，澳大利亚的女性研究也取得了较大进展，并逐渐形成理论体系。大量澳大利亚女性涌入职场，各领域的领袖人物中均不乏女性。然而，在职场中，担任高级职务的女性比例还是远比男性要小，女性学者在大学里的发展也并非一帆风顺，女性要在男性主义根深蒂固的社会赢得更高的地位，仍面临诸多挑战。

## 一、背景与历史概述：澳大利亚女性发展和女性高等教育

1.澳大利亚渐进提升的女性社会地位

澳大利亚主流文化源自英国。18至19世纪的澳大利亚仍是由父权制观念主导的男权社会，男性在社会中享有权威，而女性只是次要者，即所谓的“第二性”。此外，澳大利亚特有的历史文化背景也是女性地位边缘化的根源。有学者指出，最初来到流放地（澳大利亚）的女性罪犯人数不多，因此她们的遭遇与感受不为人所关注，而早期丛林生活中与恶劣自然环境抗争所需的坚忍、机智、独立、乐观等品质更被认为是男性的特质，故女性在垦荒时期的贡献也被人们忽略。[①]此外，在澳大利亚历史上的民族主义时期，为了反抗殖民，找寻民族身份，建立独立国家，当地人民塑造了一个典型的澳大利亚人形象——“丛林人”，在这个男性化的“丛林人传奇”中，女性被完全排斥在外，仅为“他者”或“非澳大利亚人”。

在经历了上百年的殖民主义压迫之后，澳大利亚人民开始为民族独立和民族身份的建立进行斗争，劳工运动一触即发。其中最著名的事件是发生在1890年的大罢工（Maritime Strike）。这次罢工被称为“澳大利亚的觉醒”[②]，也唤醒了澳大利亚的女性，19世纪末20世纪初，女性主义运动逐渐兴起。

总体来看，澳大利亚女性主义的发展可以分为三个阶段。第一个阶段始于19世纪末期，这次运动旨在通过削弱家庭和社会生活中的男性权威来促进女性的进步，并推动社会改革。由于女性缺少相应的政治权力，这一阶段的女性主义运动重点在于女性争取投票权运动。在这场运动中，澳大利亚的白人妇女获得选举权，赢得了更多参政机会，撼动了男性特权，澳大利亚成为世界上第二个女性获得投票权的国家。第二个阶段要追溯到20世纪60年代，这一时期的女性主义运动受到了法国女权主义作家西蒙娜德·波伏娃《第二性》一书的影响，力争

① 崔筱溪：《澳大利亚女性主义评介》，《当代小说（下半月）》2009年第7期。

② Macintyre, S.(2006).*A Concise History of Australia*.Shanghai Foreign Language Education Press.2006.

削弱把女性变成“第二性”的因素，消除社会性别歧视。其中20世纪70年代，澳大利亚惠特拉姆政府进行的一系列改革，为女性地位的改变发挥了重要作用，如将“同工同酬”原则写入澳大利亚法令，同时确保女性获得平等受教育的机会等。20世纪80年代，各州在联邦政府的号召下纷纷颁布“肯定行动计划”，推行平等就业项目，大批女性涌入社会工作领域，通过工作表现赢得社会认同，证明自身价值不仅限于家庭主妇和母亲的角色，女性的传统社会角色得以突破。此外，在文化和意识形态领域，女性主义者也对以男性“丛林人”为典型的传统观念进行了解构，试图改变女性沉默的状态，以及澳大利亚民族意识中女性被排斥的状况。第三个阶段出现在20世纪末，尽管澳大利亚女性为争取平等的权力和地位斗争已久，但她们在政治和公共生活中仍然没能获得完全平等的权利，尤其是运动中一直被忽视的原住民、非中产阶级以及非英语国家背景的弱势女性，因而抗争仍在继续。

2.当代澳大利亚新女性的两难处境

在现在的澳大利亚社会，成功女性的身影无处不在。2001年，玛丽·戈东（Mary Gaudon）被任命为澳大利亚高等法院第一位女性大法官；2002年，工党在澳大利亚各地议会中共有132位女性议员；现任澳大利亚总理茱莉雅·吉拉德（Julia Gillard）是澳大利亚历史上第一位女副总理（2007年至2010年）和女总理（2010年至今），她也因此成为澳大利亚历史上职位最高的女性；在澳大利亚的第一产业（农业）中，女性被誉为“新兴企业家”；在伊拉克战争中，曾经参与策划和指挥空袭巴格达的琳达·考博德（Linda Corbould）是第一位皇家澳大利亚空军女中队队长；2009年和2010年，女板球运动员雪莱·尼奇克（Shelley Nitschke）连续两年被评为“澳大利亚年度国际板球明星”，等等。

尽管和过去相比，澳大利亚女性的地位已得到明显提高，女权思想让女性意识到自己的社会价值，但在工作领域，男女社会地位的差别仍然存在。正如前文所说，女性主义运动仍在继续。目前，越来越多的澳大利亚女性愿意从事兼职工作，且正从事兼职工作的女性数量比以往任何时代都多。[①]从社会学的角度分析，只有少量女性能在工作中进入到领导决策层并享有较高的地位，女性领导的“势单力薄”与大量涌入社会工作的女性数量不成正比。2002年8月澳大利亚工作关系的调查显示，51%的现代澳大利亚职业女性集中于销售和服务两大工作领域，许多职业女性的工作依然以照顾养育为中心。再看现代澳大利亚女性工作与家庭的冲突，职业女性平衡家务和工作双重角色较为艰难。而之前霍华德政府推行号召女性回归家庭的保守政策，使得很多女性将自己定义为“工作着的母亲”，而非“能自由支配时间的雇员”。因此，部分女权主义者认为，该政策的主流导向使女性的社会地位又倒退回了从前。虽然其后的陆克文政府积极推动女性运动的发展，鼓励帮助女性弱势群体，但由于霍华德政府政策的长期影响，使得国家财政对于上班族家庭的支持有限，加之工作单位中存在着根深蒂固的性别隔离现象，致使越来越多的澳大利亚女性不得不肩负工作与家务的双重负担。

3.澳大利亚女性高等教育的进步与困窘

说到高等教育，澳大利亚早期的大学一直是男性专属的场所，女性被拒之门外。1850年，悉尼大学成立，标志着澳大利亚高等教育的开端，而女性高等教育则从19世纪80年代才拉开序幕。1881年，阿德莱德大学开始招收女生，当年招收了一名女生，就读理学专业。[②]同年，悉尼大学也本着“男女完全平等”的原则面向女性招生。1889年，新南威尔士州成立悉尼大学女子书院（The Women's College, University of Sydney），该书院是澳大利亚第一所女子书院（下文将详细介绍）。1925年，悉尼大学又建立了一所天主教女子书院——圣索菲亚书院（Sancta Sophia College, University of Sydney）。而其他大学招收女生相对较晚，如昆士兰大学直至1911年才接收23名女生人学。这段起步期一直延续至二战爆发前，各州立大学陆续开始招收女生，

① 王静：《现代澳大利亚女性工作——家庭冲突的分析研究》，《山东女子学院学报》2011年第2期。

② 黄敏：《澳大利亚女子高等教育发展的经验及借鉴意义》，《中华女子学院院报》2010年第3期。

以男女共学为模式，从东南部人口密集、经济较发达的地区向内陆缓慢地发展。

二战结束后至20世纪80年代末，悉尼大学、墨尔本大学、阿德莱德大学、塔斯马尼亚大学、昆士兰大学及西澳大利亚大学的女性高等教育在本科在校人数、就读科系分布以及研究生就读人数方面都有了初步发展。[①]1957年本科在校生中女性人数占20%，1968年提高到30%，1977年达到40%，1987年的比例升至50.1%；1963年就读人文学科的女性学生占60%，而到1988年已下降至三分之一，显示女性逐步向男性的优势科系进军；20世纪50年代末在校研究生中女性仅占10%，70年代中期该比例上升至15%，到90年代中期已超过40%。这些发展得益于政府的重视，70年代开始政府鼓励女性接受高等教育，还鼓励她们进入贸易、技术等非传统领域学习。1984年，维多利亚州政府重新颁布了《平等机会法案》。1986年，澳大利亚联邦政府通过《妇女公平就业机会法案》，要求所有大学院校都必须任命负责平等机会的行政人员，同时要求每所大学制订一项赞助性行动计划，并每年向国家赞助性行动机构汇报实施进度。

20世纪80年代后期开始，澳大利亚女性高等教育进入了高速发展阶段。据澳大利亚统计局网站和就业、教育与培训部的统计，1987年女性在高等院校中的人数首次超过男性，所占比例为50.1%。[②]此后该比例不断上升，1990年占52.7%，1996年则升至54.3%。国际教育研究员奥尔森（Alan Olsen）就过去十年的研究分析发现，在2000至2009年之间，澳大利亚约有60.3万名女性获得了高等教育文凭，比男性多出50%，男性只有40.4万人完成了大学学业。就25至34岁年龄段的澳大利亚人口而言，女性完成大学学业者占女性总人数的39.1%，而男性只占25.8%。奥尔森表示，女性的大学入学率高于男性，且毕业率较高，辍学者较少，还有50%的女性毕业后可能赴海外深造。

虽然女性完成高等教育的可能性较大，但她们较高的教育水平似

---

① 黄敏：《澳大利亚女子高等教育发展的经验及借鉴意义》，《中华女子学院院报》2010年第3期。

② 参见http：//www.abs.gov.au。

乎并没有为她们带来更高的收入。澳大利亚独立国际发展顾问玛蒂娜·尼科尔斯（Martina Nicolls）指出，男性获得较高职位的比例高于女性，全澳前二百名的大公司的总裁有97%是由男性担任，联邦内阁部长逾77%为男性，高等法官和地方法官71%均为男性。[①]从收入差距来看，澳大利亚政府职场女性平等机会机构（EOWA）的数据显示，2011年女性平均每周收入仅为男性收入的65.1%，性别差异达34.9%[②]；根据2012年5月EOWA发布的报告，1994年8月至2012年2月的男女全职工作收入差距维持在14.9%至18%之间，在45至49岁区间差距高达26.7%。[③]

## 二、澳大利亚女子书院

### 1.悉尼大学：女性领导生力军

根据悉尼大学2011年的学籍统计数字，学生人数最多的五个系依次为：文科及社会科学系、商学院、理科系、工程及信息科技系、卫生科学系。这五个系包括了全校 64.4%的学生。[④]近年来，悉尼大学的招生人数逐年稳步上升，从1990年开始，其每年招收的女性学生人数均比男性学生人数要多。而2007至2011年的连续五年中，完成学业的女性本科、硕士和博士学生人数也都较相应的男性学生多。[⑤]

（1）书院制及女性书院的出现

悉尼大学和昆士兰大学的女子书院都是英式书院。与其他采取英式书院制的大学一样，悉尼大学也主要以书院管理住宿学生，辅以其他宿舍机构。在早期，悉尼大学希望书院朝牛剑式（牛津剑桥）发展，

---

① 参见http：//martinasblogs.blogspot.hk/2012/02/men-and-women-in-australia-healthiest.html。

② 参见http：//www.eowa.gov.au/Information_Centres/Resource_Centre/Statistics/Statistics_Archive/Components%20of%20pay%20gap%20Mar%202011.pdf。

③ 参见http：//www.eowa.gov.au/Information_Centres/Resource_Centre/Statistics/Gender_Pay_Gap_Fact_Sheet_May_2012.pdf。

④ 参见http：//sydney.edu.au/staff/planning/statistics/snapshot/enrol.php。

⑤ 参见http：//sydney.edu.au/staff/planning/statistics/completions/compl_facs.php。

即书院本身负责全部或部分的教学及招生工作，有独立的财政来源，拥有自己的住宿膳食设施、图书馆、运动队伍、学生组织以及学友会，并且每个书院都有自己的精神和特色，以建立学生对学院的归属感。但由于当时的书院均由基督教各教派所办，与悉尼大学创办人的公立、非宗教办学宗旨不符，加上后来学校扩招使得大多数本地学生必须走读而不能住校，所以即使各书院占据了主校区的相当一部分，却长期处在学校生活的边缘，它们终究没能发展成牛剑式的独立书院。目前，悉尼大学共有六所书院。在机构从属上，各书院独立于悉尼大学，由新南威尔士州议会分别立法并分别拨予土地产权；在学术上，各书院只提供有限的辅导，基本不负责教学，学校招生由大学而非书院主导。所以这些书院的地位介于独立和非独立书院之间，其食宿费用较其他类型的学生住宿要高。

图3-1
悉尼大学女子书院图书馆

最早成立的三所书院是圣保罗书院（St Paul's College，圣公会，1854年），圣约翰书院（St John's College，天主教，1857年）和圣安德烈书院（St Andrew's College，长老会，1867年）。这三个书院原先均只收男生，但从2000年开始圣约翰和圣安德烈书院都陆续招收了女生，现在只有圣保罗书院只收男生。三所书院可各容纳住宿学生200人左右。后来成立的三所书院是女子书院（The Women's College，无教派，1889年）、韦斯利书院（Wesley College，卫理公会，1910年）和圣索菲亚学院（Sancta Sophia College，天主教，1929年）。其中女子书院和圣索菲亚学院为女生书院，韦斯利书院兼收男女生。

作为澳大利亚第一所女性书院，悉尼大学女子书院对澳大利亚的女性发展、女性领导力及女性高等教育都有着举足轻重的影响。

（2）悉尼大学女子书院：培养未来的女性领导力

图3-2 悉尼大学女子书院校徽

打开悉尼大学女子书院的网站，主页即见其愿景：成为培养未来女性领导力的一流学院。这所女子书院创始于1892年3月，距离悉尼大学理事会表决同意招收女生已过去11年之久，创院之始仅有4名学生。在那个时候，牛津和剑桥大学仅允许女性学生就读而不授予其学位，而来悉尼大学女子书院就读的女性学生均有资格获得与男性学生同样的学位。女子书院一开始的财政状况并不理想，在不懈的努力下，1916年起情况开始好转，它获得的财政资助与其他男子书院不相上下。

图3-3 悉尼大学女子书院校园建筑

至2012年，这所女子书院已走过120年的历史，现有250名女性本科学生及30名研究生。这所女子书院注重传承，在传统的教育、社会理论、女性权利、学术思想及领导才能等方面一直保持在最前列。

**表3-1 悉尼女子书院百年发展大事**

| 时间 | 大事 | 院长 | 阶段特点 |
|---|---|---|---|
| 1880 | 1850年<br>新南威尔士总督签署《悉尼大学法》，澳大利亚的第一所大学悉尼大学正式成立。 | | 男性主导的大学时代 |
| | 1852年<br>悉尼大学在市中心学院街（College Street）原悉尼学院的“大教室”正式开课（现为悉尼文法学校校址）。当时全校仅有3名教授和24位男性学生。 | | |
| 1890 | 1881年<br>悉尼大学开始招收女性学生，并且和男生同等入学，成为世界上最早实现男女平等的大学之一。 | | 女性在大学里崭露头角 |
| | 1885年<br>第一次授予两位女性毕业生文学学士学位。 | | |
| | 1887年<br>公众会议召开，提议在悉尼大学内设置女性书院。 | | |
| | 1889年<br>在新南威尔士州议会法案的支持下，一所专为女性而设的书院正式成立，书院采用了法案赋予的“女子书院”这一名字，公共资金筹集也随之开始。 | | |
| 1900 | 1891年<br>第一届书院理事会成员由书院的资金捐赠者推选产生。 | | |
| | 1892年<br>女子书院最初设在格利伯（Glebe）一所临时租借的名为斯特拉思莫尔（Strathmore）的舍堂。当年，该书院只有4名住宿学生。 | 1892–1919<br>Louisa Macdonald小姐 | |
| | 1894年<br>属于女子书院自己的舍堂正式投入使用，由建筑师John Sulman和Joseph Porter Power设计，可容纳26名住宿学生。 | | |
| 1930 | 1924年<br>新的学生宿舍及书院餐厅建成，共有53名住校学生。 | 1919–1934<br>Susie Williams小姐 | |

续表

| 时间 | 大事 | 院长 | 阶段特点 |
|---|---|---|---|
| 1940 | 1936年<br>Williams Wing建成，此时书院可容纳85名学生。 | 1935–1944<br>The Hon. Camilla Wedgwood | |
| 1960 | 1958年<br>Reid Wing建成，Williams Wing亦扩建，住校学生人数增至130人。 | 1944–1946<br>Julie Fitzhardinge小姐<br>1946–1957<br>Betty Archdale小姐 | |
| 1970 | 1965至1969年<br>Langley Wing和Menzies公共休息室建成，书院餐厅扩建，学生人数达到280人。 | 1967–1974<br>Doreen Langley小姐 | |
| 2000 | 1995至1996年<br>在两笔遗赠资金的赞助下，Vere Hole资源中心建成。 | 1974–1981<br>Leonie Star博士<br>1981–1989<br>Valerie Street小姐<br>1990–1996<br>Ann Eyland博士 | |
| | 1999至2000年<br>书院最早的建筑Sulman和Power楼开始翻新工程。 | 1997–2003<br>Quentin Bryce AO | |
| 2010 | 2001年<br>女子书院文化节，庆祝Sulman和Power楼的翻新工程完工，暨纪念书院百年。 | 2003<br>Yvonne Rate女士 | |

来源：悉尼大学女子书院，http://thewomenscollege.com.au/history.php

图3–4　早期的悉尼大学女子书院毕业生

时至今日，悉尼大学女子书院已经发展相当成熟，进入稳定向上发展的阶段。该书院的本科生无论来自悉尼本地、新南威尔士州其他地区，抑或跨州、跨国来求学，均以新人的身份为起点，在学校里完成三年或四年的学位课程。她们主修的专业非常广，从人文学科、航空工程、法律、艺术、农业科学到兽医，每年需完成34周的学习。该院获得心理学荣誉学位的菲奥娜·沃尔特（Fiona Walter）认为能和这么多聪明、积极、活跃的年轻女性一起学习和生活是女子书院不可替代的优势；同时，学生每一方面的潜质，从社交、学术、音乐、体育、慈善、喜剧、写作到艺术都有机会得到发展，这种完全的参与感和归属感也是她在女子书院里的快乐之源。

女子书院也以该院学生背景、专业及才能的多样化而感到自豪。而对于研究生来说，在女子书院的生活有许多实际的便利，可与修同一门课的同伴分享笔记、准备考试、探讨毕业论文中的困难，从教室到实验室的路程很短，中间也无需担心饮食问题，节省的时间可以用来享受更多校园设施，如图书馆和健身房。活动方面，除了各类书院活动，她们每周还可以与受邀的客席讲座者正式聚餐，拥有与不同领域的专家学者直接进行交流的大好机会[①]。

图3-5　现在的悉尼大学女子书院学生

① 参见http://www.thewomenscollege.com.au/undergraduates.php。

如上所说，悉尼大学女子书院的硬件设施非常齐备，餐厅、电脑网络、咖啡厅、图书馆、会议室、活动室、音乐练习室、浴室等一应俱全。而软件方面，不得不提的是“指导计划”，非正式的朋友和长辈指导向来是书院生活的一部分，鼓励学生建立与同学、朋友交流的网络。在过去八年中，该院开展了正式的指导计划，影响更为显著。在这个计划中，面临毕业的大三或以上年级的学生可以与她毕业后想从事行业的专业人士（即导师）取得联系，导师与学生之间一年至少会有四次会面，学生可根据自身需要来安排更多的会面和讨论，从中得到专业或人生的指导。

图3-6 悉尼大学女子书院室内设施

新任院长阿曼达贝儿（Amanda Bell）在书院主页欢迎词中分享了美国知名女作家迪娜珊珂（Deena Shanker）对女子书院的评价：在领导力和分析思维方面，女子书院的毕业生都较其他男女书院的毕业生准备得更好。因为她们都拥有服务社会的精神、领导力及学术等特质。女子书院为其学生打造了一个独一无二的教育品牌，并逐渐形成一张强韧的成功女性网络，将其毕业生紧紧联系在一起，并扩展至每位新成员。[①]这种强大的向心力和充满自信的活力，令今时今日的悉尼大学女子书院闪闪发光。

而院长阿曼达的目标并不止此，副院长蒂芙妮·唐娜丽（Tiffany Donnelly）曾透露，阿曼达的目标是进一步提高悉尼大学女子书院 的

① 参见http://www.thewomenscollege.com.au/about-the-college.php。

认可度，使其成为澳大利亚排名第一的女子书院。她半开玩笑半认真地说："事实上，这是澳大利亚保守得最好的秘密之一"。[1]

图3-7　悉尼大学女子书院风光

2.昆士兰大学：边远地区的女大学生

1909年建校的昆士兰大学，1911年才开始正式招生，创校之始便有吸纳女性人才的"广阔胸襟"。昆士兰大学第一年招收的83名学生中，有23名是女生。尽管从数量上来看女性学生的比例还只是男性的三分之一，可这已属不小的进步，它成为了澳大利亚边远地区女性高等教育的发端。根据昆士兰大学2007年至2011年的统计数字，在校女生人数比例基本保持在在校生人数的55%左右，新入学的女生比例也一直处于56%至58%之间，两项数据都显示女性学生的人数已稳超男性。昆士兰大学的三个校区现共有7个学院、6个研究所，均有女性学生或校友。

① 参见http://rubyconnection.com.au/articles/2013/april/dr-tiffany-donnelly.aspx。

图3-8 走进昆士兰大学女子书院

图3-9 昆士兰大学女子书院校徽

(1)昆士兰大学女子书院

昆士兰大学女子书院招收全日制本科及研究生女学生，现有202位住宿学生，是一个集学术、文化、体育及社交为一体的充满活力的女子社区。它是昆士兰大学首个为女性学生提供住宿的书院。女子书院最早设于布里斯班的“袋鼠角”(Kangaroo Point, Brisbane)，1914年正式招生，为边远地区的女性提供接受高等教育的机会。而后，女子学院于1958迁往现址圣卢西亚(St.Lucia)。该学院的毕业校友在各行业均表现出色，为澳大利亚的发展做出了杰出的贡献。

(2)女子书院创院之艰

1911年才正式招生的昆士兰大学，录取的男女学生人数远远超过预期，旧的总督府校舍显然已经不足以容纳入学的学生，各式各样其他的建筑物也被暂时用来安置学生。除了已有的无宗派宿舍，过剩的男性学生被安排住在特别室或在学校附近租用的招待所，而女性学生应该住招待所还是建立一个专门的住宿书院，迟迟没有定案。关注此问题的女生希望校方可以建立一个女生书院，还为此组成了一个代表团向政府寻求协助，却未获得同情和认同。但她们并没有气馁，而是设法筹集资金，希望即使没有政府援助也能将书院建成。她们的决心终有回报，教育部决定设立一个新的奖学金，让州内日益增加的学者和青年教师都能够完成其大学学业。由于获得奖学金的学生来自州内不同地方，且其中有不少是女生，于是另一个代表团又得以成立并再次诉请资助。这次她们成功申请到了补贴，加上之前的公众捐助，建立女性书院的计划终于能够顺利进行。

昆士兰大学女子书院成立于1913年，在创院院长安娜·弗雷德里卡·巴格（Anna Frederica Bage）博士的带领下，于1914年3月16日首次招收了19名女性住宿学生，这是昆士兰大学第一所招收女性学生的书院。此后，直到1937年，昆士兰大学才再建一所女性书院即杜申学院（Duchesne College）。目前校内的10所书院中，有3所是专为女性而设（Duchesne College、Grace College和Women's College），2所只招男生，其他均为男女混合书院。

（3）今日女子书院：准备好了

经过多年历练，昆士兰大学女子书院现在已有逾5000名校友，她们给自己的定位是"准备领导"，即来到女子书院的学生已经准备好了迎接大学学习，准备成熟，准备面对更丰富的生活，当离开女子书院的时候，她们则准备好了主导人生，领导社会。①

**学习**

女子书院虽不是实施教学的主体机构，但也为学生安排每周一次的辅导，科目包括会计、生物学、化学、经济学、法语、新闻、法律、普通话、护理学、药剂学和政治科学等。指导计划则为第一年入学的新生及重新返校的学生而开。此外，书院也为学生提供学习技巧和时间管理方面的建议。②

① 参见http://www.womens.uq.edu.au/message-from-the-head-of-college。

② 参见http://www.womens.uq.edu.au/academic-support。

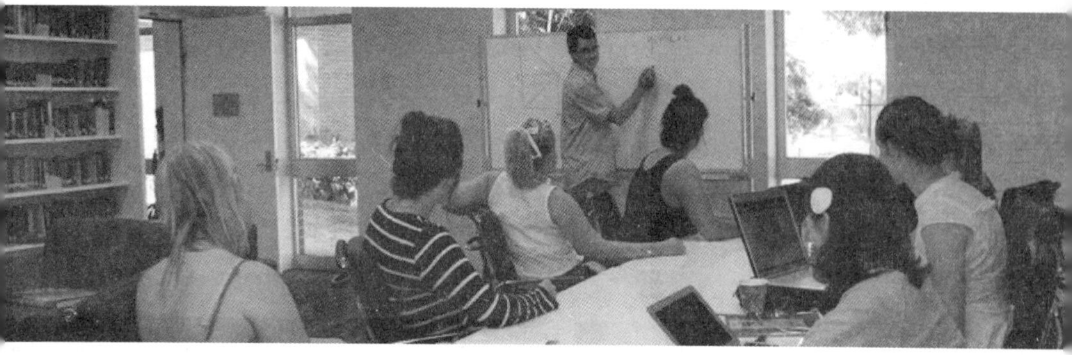

图3-10 女子书院的学习时光

图3-11 女子书院的运动健将们

**跨学科活动**

女子书院非常重视学生的课外学习机会，跨学科活动以跨书院竞赛委员会为主，包括体育、文化、社区服务、学会等。女子书院在体育方面的成绩突出，每年的3月至10月间，该院学生将有机会参与多达17种运动，包括田径、羽毛球、曲棍球、水球、赛艇、越野赛等，而且多数都是以循环赛及跨书院竞赛的形式开展，书院鼓励每位学生都积极参加。[1]

① 参见http://www.women.uq.edu.au/co-curricular-activities-1/sport-at-women-s。

图3-12　Woozas的书院生活

**校友网络**

新旧女孩计划（New Old Girls Program）是昆士兰大学女子书院独特的校友网络模式，将在校和毕业的Woozas（该院学生的昵称）联系在一起。通过这个计划，已毕业的学生和在校生均能参加书院内的各种正式聚餐，使用书院的部分设施（如图书馆、餐厅、网球场等）。即使已经毕业，Woozas的身份仍一直都在。[①]

## 三、促进女性发展：女子书院精神传承

女子书院的诞生和发展象征着澳大利亚女性地位的提高，女性获得了平等受教育的机会，书院的精神特质也对学生的品性塑造有重要影响，但是，由于悉尼大学和昆士兰大学的女子书院均为英式大学的书院，书院本身不负责教学工作，因而我们很难单纯以书院作为单位划分来归纳其毕业生的成就。但书院作为一个大学生住宿和活动的主要场域，有利于形成群体交流与聚会的场所，强化群体认同，尤其以“女子”为名，本就是一种独特的社会身份。在女性的标签下，澳大利亚女子书院的女大学生们除了争取在学业上力争所有表现之外，也努力在社会上为女性争取社会经济地位的公平而发声。在此，通过其杰出校友的优异表现，以及院长对女子书院的认知和期许，我们可以感受到

① 参见http：//www.womens.uq.edu.au/new-old-girls-program。

女子书院的精神传承。

1.杰出校友代表

(1)悉尼大学女子书院杰出校友

鲁比·佩恩·史葛(Ruby Payne-Scott)是世界上第一位女性无线电天文学家。

帕特里夏·塞尔柯克(Patricia Selkirk)是地球科学家,麦考瑞大学的高级研究员。从1979年开始她成为南极探险队的一员,曾在南极的恶劣环境中生活了25个月,2004年她被授予澳大利亚南极勋章。

图3-13 20世纪30年代大学时期的鲁比·佩恩·史葛

图3-14 帕特里夏·塞尔柯克(左)被称为勇敢的南极先锋

杰西·斯特里特(Jessie Streator)是澳大利亚女权主义者和社会活动分子。她也是1945年联合国成立大会中唯一的澳大利亚女性代表,于1946年出任澳大利亚驻联合国经济与社会署代表,1947年成为联合国妇女地位委员会代表。虽然没能于1943年和1949年成功取得Wentworth众议院议席,但她还是许多妇女组织(包括澳大利亚妇女联合会)出色的说客,致力于为原住民争取权利与倡导和平议题。

温迪·梅钦(Wendy Machin)曾为澳大利亚新南威尔士州北海岸中部的代表,也担任过其他许多高级职位,在她担任消费者事务部部长及道路和交通部助理部长时达到事业的高峰。在此之前,她曾为新

图3-15　知名女权主义者杰西·斯特里特

图3-16　温迪·梅钦

南威尔士州议会的首位女主席。她说过："对我来说，女子书院就是在家乡小镇生活和城市新生活之间一座很好的桥梁。在那里，我认识了很多很棒的人，也在每一位前辈的职业生涯分享中获益良多，而这些道路往往是当时还是大学新生的我们所无法预测的。"①

（2）昆士兰大学女子书院杰出校友

佩内洛普·温斯利（Penelope Wensley）曾担任环境大使（1992-1996年），澳大利亚第一位常驻纽约联合国总部女大使（1997年）、澳大利亚首位赴印度的女高级专员、澳大利亚勋章主任（2001年），现任昆士兰州总督。1994年被昆士兰大学授予荣誉哲学博士学位。佩内洛普·温斯利被授予澳大利亚Companion of the Order（AC）勋章，以表彰她对国际关系长久而卓越的贡献。

安娜·玛丽亚·布莱（Anna Maria Bligh）为昆士兰州州长（2007年9月13日至今），她是昆士兰州第一位女州长，也曾为昆士兰州第一位女教育部长（2001年）。

① 参见http://www.thewomenscollege.com.au/alumnae.php。

图3-17　2011年，佩内洛普·温斯利

图3-18　安娜·玛丽亚·布莱在2007年大选中获胜，当选为首位女州长

图3-19　莎莉安妮·阿特金森为布里斯班首位女市长

莎莉安妮·阿特金森（Sallyanne Atkinson）是昆士兰州布里斯班前市长，悉尼奥运会运动员村副市长（2000年）。①

（2）院长眼中的女子书院

一是实现男女平等的书院

悉尼大学女子书院现任院长阿曼达·贝儿博士说：

悉尼大学女子书院坐落在Camperdown校园美丽的土地上，它的建立深具历史意义，实现了悉尼大学1881年的承诺，即女性在求学方面拥有“与男子完全平等”的权利。我们的住宿设施于1894年开放，通过建设和整修，我们一直力争为学生提供一个舒适、设备齐全的居住环境。2005年，女子书院还被载入新南威尔士州的文物登记册。

① 参见http：//en.wikipedia.org/wiki/University_of_Queensland。

当代的书院社区应是无宗派和多样化的，由来自不同文化背景、不同国家地区（包括新南威尔士州、澳大利亚其他州以及海外）的年轻女性组成。我们学生的主修科系涉及艺术、商业、法律及工程、建筑设计、科学和医学等等。

最让女子书院引以为豪的是我们一直在保持优异的学术传统，以及担当起打造女性领导力的重要角色。女子书院鼓励学生追求更高的学术标准，致力于通过各式各样的学术项目以及在国内外有影响力的校友网络来培养更多的杰出学生。当然，我们书院的生活不仅限于学习。书院内及书院间的运动、文化和社交活动都为学生的生活增添不少色彩。[①]

二是培育女性领袖的书院

昆士兰大学女子书院院长莫琳·艾特肯（Maureen Aitken）博士说："学术、文化、社会及个人发展都是我们书院每一位职员所重视的，这样才能实现书院的使命：培养有教养的女性领袖。这里培养了许多杰出的女性，从澳大利亚的第一位联合国女大使及现任昆士兰州总督佩内洛普·温斯利（Penelope Wensley）博士，到布里斯班第一位女市长莎莉安妮·阿特金森（Sallyanne Atkinson）博士和昆士兰州总理安娜·布莱（Anna Bligh），她们都在各自的工作岗位上表现出色。我们书院的学生大都为大学校园里的佼佼者，她们常被鼓励参加社区活动，因为书院的座右铭是：我们得到，所以我们可以共享。"[②]

## 四、发展综述：挑战不断，越挫越勇

澳大利亚的女性研究始于社会运动。20世纪70年代，蓬勃发展的女性解放运动本质上也是一种教育运动。女性解放队伍的集会如同非正式的课堂，女性参与其中，思想意识得以提升，将她们自身经验的投射与对社会权力结构的新理解结合起来以适应新兴的女性主义概

① 参见http://thewomenscollege.com.au/about-the-college.php。

② 参见http: //www.women.uq.edu.au/home/inner.asp? pageID=2&mainID=0。

念以及促进社会的认同。不过，现实中，女权主义、女性高等教育、女性领导力的发展之路总是挑战连连。澳大利亚女子书院在这样的大环境中一步一个脚印地走着，没有不经过努力就获得的成果，只有具备越挫越勇的精神和不断累积的实力，才能带领女子书院和女性教育继续走下去。

1. 女性高等教育面临的挑战

根据2010年高等教育学生数据概况，澳大利亚入学学生中女性占55.6%，获得学位的学生中女性占56.2%[①]。澳大利亚女性高等教育中存在的问题表现为：女性的专业分布不合理、弱势群体就读率低，以及女性参与研究和大学管理的层次较低。根据2006年和2008年的统计数据显示，澳大利亚女性学生的热门选择仍是语言文学、健康、教育等人文学科专业，而在信息技术、工程等理工科专业的学生中还是以男性为主，男女最大差距可达5.5∶1。这种专业分布不均直接影响女性在医药、法律、农业、工程以及工商管理等职业领域的发展，而其根源则有待学者进一步研究[②]。

澳大利亚政府对弱势群体，包括原住民女性及贫民子女给予了各方面的支持，他们的就读率也有所提高，但以人口基数来比较，原住民学生的就读率仍大大低于其他澳大利亚人。在高等教育中，原住民学生人数由1987年的1933人增加到1994年的6264人，比例从0.49%升到1.07%，其中3849人（61.4%）是女性。而且，原住民学生在科学和工程方面的就读率也非常低。此外，社会地位和父母的经济状况也会直接影响女性的进一步受教育状况。1982–1992年间，接受高等教育的学生增加了20万人，提高了64%，但其中增长主要来自中产阶级家庭，比出身自工人家庭的学生多了6倍。

2. 大学女性领导力的挑战

正如上文提到的，性别差异导致晋升渠道不平等的状况在大学亦

① 参见http://www.deewr.gov.au/HigherEducation/Publications/HEStatistics/Publications/Documents/2010/2010_Attachment_A.pdf。

② 黄敏：《澳大利亚女子高等教育发展的经验及借鉴意义》，《中华女子学院院报》2010年第3期。

然。在大多数的大学里，女性在大学学术团体及管理职位中的比例虽有增加，但比例只占不到三分之一，而且女性高级研究人员、行政人员和教职人员占的比例仍很小。根据沃德（Ward）的记载，1998年时澳大利亚女性教授只占总数的11%，而女性职员的基准线为51%①。其他学者也同样指出，澳大利亚大学聘用女性担任高级行政职务的比率相当低，澳大利亚院校较少聘请女性雇员的情况很严重②。1995年时，在38位副总理大臣中，只有2位是女性，尽管这个数字在1999年上升至6位（16%）。费伊·盖尔（Fay Gale）作为女大学副校长中的先驱，在卸任后受邀组织100位在澳大利亚院校担任高级行政职务的女性聚会，聚会上她讲述了自己身居高位时的"辛酸史"③。

柯里（Currie）、蒂勒（Thiele）和哈里斯（Harris）的书中集结了多位学者的研究结果，指出另一个不太乐观的普遍现象就是，在澳大利亚的大学中，对于效率和问责所引起的公平问题的关注日趋下降而不是上升④。尽管已有1984年颁布的性别歧视法及1986年的扶持行动立法，在大学中担任高级管理职位的女性数量却呈下降趋势。澳大利亚统计局的数据显示1994年时全国仅有2.4%的高级管理职位由女性担任。关于女性管理的统计数字显示，每个层级晋升的女性样本人数均在减少。同时，在澳大利亚的大学中，具备相同从业资格和相同工作经验的管理职员里，女性通常比男性低几个层级。1998年，澳大利亚大学讲师中女性所占比例为42.3%，但女教授数仅占到9.4%；2000年，讲师中女性所占比例为43.6%，讲师以下占比为51.6%，而在高级讲师以

① Ward, B.L. "The female professor: A rare Australian species-the who and how". Proceedings from European Conference on Gender and Higher Education, Zurich.2002.

② Illing, D. "Long haul to top for women in academe".The Australian, Higher Education Supplement April 14.1999.

③ Illing, D. "Long haul to top for women in academe".The Australian, Higher Education Supplement April 14.1999.
Eveline, J. "Sex matters: A case of gender and authority in Australian university leadership".Proceedings from European Conference on Gender and Higher Education, Zurich.2000.

④ Currie, J.Thiele, B.& Harris, P.Gendered Universities in Globalized Economies: Power, Careers, and Sacrifices.Lanham, Md.: Lexington Books.2002.

上只占16.1%。此外，在澳大利亚行政人员中，女性在中层管理人员、助理人员中占多数，分别为55%和68.4%；但在高级行政人员中的比例明显偏少，只占0.5%。

学者们还指出，在高等教育中，从业资格和工作经验都没有给大部分女性带来与男性同事一样的回报或者酬劳①。一项对3872名学术和非专门类员工的调查指出，澳大利亚的男性和女性的收入存在很大差别。对学术从业者而言，男性比女性每两周多赚439美金；而在非专门类从业者中，男性比女性多挣265美金。伊利格（Illing）的报告指出，这个差别取决于就业层面、全职工作与否以及工作经验②。这份报告还预示了由于女性集中在较低的就业岗位以及临时性的职位，潜在的歧视还会引发更多人被裁减。普罗伯特（Probert）在接受伊利格的访问时说，过去十年，大学中的情况变得更糟，“由于管理职位的重复，高层的岗位就会变得要求更高，工作量更大，而长时间工作及过早过晚的会议都会使身处高层的人很难当好父母的角色”。

吉尔·布莱克摩尔（Jill Blackmore）引述艾森斯坦（Eisenstein）的观点：由于国家女权主义的干预和女性运动的结果，澳大利亚工作场所中的性别平等政策的制度化虽不稳定，但总算是在逐渐推进中。③这得益于平等机会政策的推行，尽管雇佣平等的政策很明显还没有达到预期。女性在全球的教育领导力以及其他的行政管理领域仍不具有代表性。吉尔·布莱克摩尔（Jill Blackmore）根据斯特罗姆（Stromquist）的研究发现而具体地指出，在大学中女性多处于院系主

---

① Farish, M., McPake, J., Powney, J.& Weiner, G.Equal Opportunities in Colleges and Universities: Towards Better Pracitices.Buckingham, England: Open University Press.1995.

② Illing, D.“Women lag in salary stakes”.The Australian, Higher Education Supplement May 6.1998.

③ Blackmore, J.Troubling women: The upsides and downsides of leadership and the new managerialism.In C.Reynolds （Ed.）, Women and School Leadership: International Perspectives.Albany: State University of New York Press, 2002, p.49–70.

任的 级别而不是校长级别，所以，女性地位的提升还是很有限的[①]。尽管对于同级竞争和灵活工作的说法已有所修饰，可是女性“固执而灵活”的特质已被深深植入。无论如何，大学里的领导模式正在改变，更多的女性以及那些无英美背景的“弱势”人群将有可能在未来晋升为管理层级。

3. 走自己的路

与社会中的保守观念、稍逊的就业数据相反，当我们将目光回到澳大利亚女子书院时，我们更多地看到的是自信、实力和进步的趋势。无论怎样的挑战，都阻挡不了已步入正轨的女子书院发展的脚步。首先，澳大利亚的女子书院经过较长时间的发展，已形成较为成熟的管理系统和书院文化，且跟女性地位提升的趋势基本一致。它们用不断壮大的规模、不断完善的设施和培养出来的人才，证明了女子书院存在的必要性和重要性。其次，在这些女子书院的发展愿景中，并没有强调超越男性，而是强调超越自己目前的成绩，从起点上就已是基于男女平等的原则，这有利于它们朝培养女性领导力这一共同目标继续前进。最后，我们再次回顾澳大利亚的女子书院，无论硬件设施、书院活动，还是校友网络，都是以高标准来为学生打造更好的校园生活和未来发展方向，和学生一起书写女子书院发展的历史。

① Blackmore, J.Troubling women: The upsides and downsides of leadership and the new managerialism.In C.Reynolds（Ed.）, Women and School Leadership: International Perspectives.Albany: State University of New York Press, 2002, p.49–70.

# 第四章　意大利女子大学教育：亚平宁半岛绽放的蔷薇

世界上最早的大学博洛尼亚大学诞生在意大利，在这个从古至今具有深厚文化和教育底蕴的国家里，女性教育也有其自身发展的特点。20世纪之前意大利女性教育主要以宗教为目的，主要是贵族学校。二战结束后，意大利正式全面接收女性进入高等院校学习，此后，女子高等教育发展迅猛，特别是进入21世纪后，女性的高等教育平均水平超过了男性。随着女性接受高等教育在质和量上的飞跃，女性就业及职业发展也获得了前所未有的提升。

## 一、背景与历史概述：重中之重的意大利女性高等教育背景

### 1. 意大利女性基本情况

意大利是一个南欧国家，国土面积30万平方公里，人口6100多万，位于欧洲地中海的亚平宁半岛。意大利为罗马帝国的发祥地，14至15世纪成为欧洲文艺复兴的摇篮，此后几经分裂和外族入侵，1870年实现统一，建成意大利王国，1946年6月2日正式命名为“意大利共和国”，意大利语为官方语言。

20世纪中叶，意大利女性的社会地位变革活动骤起。1945

年，意大利历史上最后一个国王通过翁贝托法令（UMBERTO DI SAVOIA）正式确定了女性合法的政治选举权。随着女性政治选举权的合法化，自20世纪60年代起，意大利女性的社会地位得以快速提升。首先，从法律上来讲，意大利男女平等；其次，从女性受教育来看，21世纪的前10年发展尤为迅猛，15-40岁的年龄层段中女性的高中毕业率较男性高（比例为53%：45%）；最后，女性获得本科文凭的比例（65%）也远远高于男性。

但是，从职场就业率和失业率来看，意大利女性的地位却远不及男性。据2010年世界经济论坛对全球女性社会地位调查结果表明，在全球128个国家中，意大利女性的社会地位排名仅在第74位①。意大利女性的失业率比较高，依据2005意大利国家统计局的数据，女性失业率比男性高出四个百分点。而近几年，随着欧洲金融危机，就业市场不景气，女性从业率就更低。2010年百名女性中只有46人从业，而男性的比例是67%。在意大利南部地区，女性从业的机会更少，就业率仅达30%，主要是已婚女性基本以家庭为重，约有15%的女性会因为子女的出生而主动放弃从业机会。

此外，据意大利国家统计局的调查报告显示，意大利女性所从事的工作较男性安全性更高，但同等条件下收入却更低。女性主要从事公共事务工作，教师比例较高。而在重要的领导层面，男女比例差别较大，接近9：1②。

意大利女性个人空间也很小。据统计，76.2%的家务劳动由女性承担，相对于其他欧洲女性家庭工作时间更多。而意大利男性很少帮助妻子从事家务劳动，平均每个家庭男性一天的家庭劳动时间仅有1个半小时。从劳动时间来看（包括家庭劳动和工作劳动），意大利女性较男性更长。年龄层面在25-44岁的无子女女性平均每天比丈夫多劳动时间53分钟，而有子女的家庭超出一个多小时③。

---

① 参见http：//www.weforum.org/。

② 参考意大利国家统计局《2005年就业市场报告》。

③ 参见http：//it.wikipedia.org/wiki/Condizione_femminile#Situazione_in_Italia。

2. 意大利的高教体系

从20世纪末开始，伴随着《索尔邦宣言》（1998年由欧盟4个成员国的教育部长签署，包括法国、意大利、德国和英国）和《博洛尼亚宣言》（1999年6月19日由欧洲29国的教育部长发表的联合声明）的发布，意大利高教改革拉开帷幕，其改革的主要目标是为促进学生的国际交流和学位的国际认证，提高国际劳动力的自由流动。按照《索尔邦宣言》和《波洛尼亚宣言》的规定，意大利教育体系应与欧洲大学模式接轨，统一采用大学学分制。根据这种新模式，大学教育分为本科教育、硕士研究生教育及博士研究生教育三个级别。

大学教育的初级阶段是本科教育（意大利语：Laurea-L，相当于学士学位），目的是保证学生掌握科学的方法和内容，具备专门的职业技能。学习为期3年，在获得180个学分之后授予学生本科文凭。

大学教育的第二个层次为研究生教育（意大利语：Laurea Magistrale-LM，相当于硕士学位）。具有初级学历L或国外同等学力的学生方可注册LM学习。为期2年，学生在取得300个学分后可获得文凭，在大学本科学习期间取得的学分（至少180个学分）包含在内。另外，毕业考核时，还需提交一篇较有学术价值的专业论文并进行论文答辩。

大学硕士以上的学习主要是博士（意大利语：Dottorato di Ricerca-DR）课程。DR课程的目标是培养学生具有较高的科学研究能力。授课方式较为灵活，包括在校课堂学习和在国内外专业研究机构实践两个部分。具备第二级LM的学历或相应的国外认证文凭并通过正规的专业选拔考试才能进入该DR阶段学习。学制至少为期三年，毕业考核由平常成绩和毕业论文及答辩所组成。

学分制采用欧洲学分转换制（European Crediti Transfer System，ECTS），意大利语中以大学学分 （Crediti Formativi Universitari-CFU）来标注。学分代表学生的学习总数，包括课时、个人课余学习、考试和实践几大部分。一个学分对应25小时的总学时。学分制允许学生在同一所或不同的大学完成相应科目的课程学习，可选学科课程更为广泛；同时，它还可以促进学生的国际交流。

可以说，改革后以学分为基准的意大利高校制度更为系统化、学生的自主选择灵活性更高，特别是在统一的欧盟高校认证体制下有助于学生开展更广泛的学习，并增进国际交流。

3. 意大利女性高等教育发展

二战结束后，随着国家政治的统一、社会经济的发展，意大利整体教育水平和全民受教育程度明显提高。在20世纪中叶，注册上大学的女性可以说是凤毛麟角，19–25岁年龄阶段的年轻女性仅有2.1%的人有幸成为大学生；而到了21世纪，100名大学生中女性比例达到40%，超过男性比例9个百分点（见图4–1）。

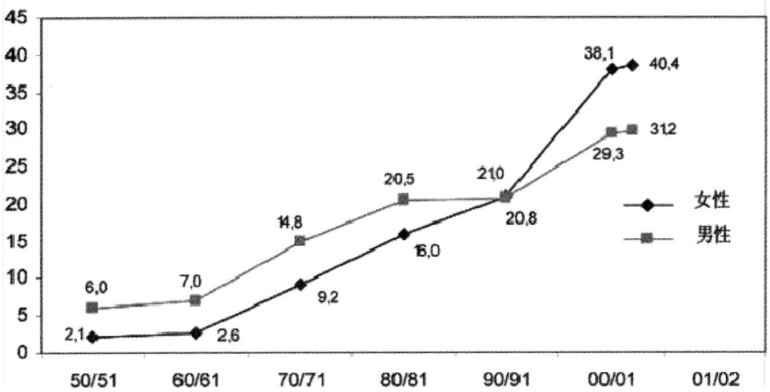


来源：意大利国家统计局、意大利教育部。

**图4–1　意大利大学入学率（1950/51–2001/02）**

具体从历史发展进程来看，从20世纪60年代开始，随着整个国家经济的复苏，全民受教育的社会意识逐步提高。相应地，政府修订和完善了一系列的教育制度。从60年代末开始，意大利出台了不同阶段的教育改革政策。首先，将高中学制从四年制改为五年制、并取消了全国性高中毕业考试；其次，针对高等教育，取消了大学入学考试和师范类学院的入学人数限制；最后，自1969年教育部出台大学入学全民化政策后，即在获得高中或同等学历后便可选择进入高校学习。由此意大利高等教育的普及率发生了翻天覆地的变化，上大学由昔日的“贵族专享”转变为“大众之选”。

在这样的教育改革背景下，女性高等教育的发展成为高等教育发展的“重中之重”。60年代初期，意大利全国范围内注册大学女生总人数仅为7万人，而10年后的70年代中期，人数却翻了几倍，达到37万余人。意大利教育体系的发展不仅体现在受高等教育的人数上，也体现在不同时期受教育者所处的教育文化和受教育重视程度上。随着女性社会地位的提高和整个社会对高等教育的认同度的上升，女性享有平等的受高等教育的权力。发展到90年代，意大利女大学生注册人数首次超过男生（见表4-1）；到21世纪，在2001-2002学年度，女大学生注册人数超过男学生比例竟高达25%。

从地区分布来看，由于意大利南北地区经济发展不平衡，不同地域的劳动就业市场供求和教育文化的社会价值差异导致了女性高等教育发展的不同。如表4-1数据显示，意大利全国范围内各大地区女性高等教育的普及率都高于男性，基本高出10个百分点；而在中部及南部地区比例差距更大，主要是由于青年人就业机会不平等，更多的女性在有限的就业市场需求下会选择继续接受高等教育为“找工作”做好充分的准备。

**表4-1 意大利各大区高中和大学注册男女生比例（每百位适龄青年）**

| REGIONI（大区） | Scuola superiore（高中） | | Università (b)（大学） | |
|---|---|---|---|---|
| | Maschi 男性 | Femmine 女性 | Maschi 男性 | Femmine 女性 |
| Piemonte （皮埃蒙特） | 86,8 | 92,2 | 26,5 | 32,4 |
| Valle d'Aosta （瓦莱达奥斯塔大区） | 80,6 | 91,6 | 27,1 | 37,1 |
| Lombardia （伦巴第大区） | 84,1 | 88,6 | 27,7 | 34,1 |
| Liguria （利古里亚大区） | 96,7 | 97,0 | 37,0 | 44,7 |
| Nord-ovest （西北地区） | 85,9 | 90,3 | 28,2 | 34,6 |
| Trentino-Alto Adige （特伦蒂诺-上阿迪杰大区） | 64,3 | 80,3 | 21,9 | 28,3 |
| Veneto （威内托大区） | 85,0 | 91,0 | 28,0 | 35,5 |
| Friuli-Venezia Giulia （弗留利-威尼斯朱利亚大区） | 96,5 | 95,9 | 35,0 | 45,1 |
| Emilia-Romagna（艾米利亚-罗马涅大区） | 94,7 | 96,6 | 30,7 | 38,8 |
| Nord-est （东北地区） | 87,2 | 92,2 | 29,1 | 37,0 |
| Toscana （托斯卡纳大区） | 96,0 | 94,9 | 34,8 | 44,3 |
| Umbria （翁布里亚大区） | 99,0 | 97,5 | 33,5 | 45,6 |

| | | | | |
|---|---|---|---|---|
| Marche（马尔凯大区） | 97,8 | 98,9 | 34,7 | 46,3 |
| Lazio（拉齐奥大区） | 99,9 | 96,4 | 39,7 | 50,6 |
| Centro（中部地区） | 98,4 | 96,4 | 37,1 | 47,8 |
| Abruzzo（阿布鲁佐大区） | 96,9 | 94,7 | 40,2 | 57,3 |
| Molise（莫利塞大区） | 97,2 | 92,9 | 39,8 | 56,1 |
| Campania（坎帕尼亚大区） | 87,2 | 82,1 | 29,5 | 39,1 |
| Puglia（普利亚大区） | 86,4 | 85,4 | 27,0 | 38,1 |
| Basilicata（巴西利卡塔大区） | 96,7 | 96,2 | 33,9 | 49,7 |
| Calabria（卡拉布里亚大区） | 90,4 | 87,4 | 35,8 | 48,9 |
| Sud（南方地区） | 88,8 | 85,6 | 30,9 | 42,4 |
| Sicilia（西西里大区） | 86,9 | 84,5 | 27,4 | 37,4 |
| Sardegna（撒丁大区） | 94,2 | 99,1 | 28,2 | 47,3 |
| Isole（岛屿） | 88,5 | 87,8 | 27,6 | 39,9 |

说明：a）百名14–18周岁的高中生和19–25周岁的大学生；
　　　b）固定居住地不在意大利的学生除外。
来源：意大利教育部。

另外，随着女性受教育程度的提高，意大利女性知识水平得以整体提升。如表4–2所示，自意大利上世纪中期恢复女性享有自由进入高校学习的权力之后，知识女性人数比例逐步提高，增长率远远超过男性。2001–2002学年度，18岁成年人中拥有高中学历文凭的女青年比例为77%，而男青年人数比例为67%；而在高等教育阶段，25岁左右的年轻人中拥有大学本科学历的女生比例为23%，超过男生6个百分点；另外，本科毕业后，继续选择攻读研究生课程女生较男生更多。在大学学科专业选择上，绝大多数女性一般从学科专业难易度和学科喜爱度两个方面来考虑：一方面，大多数人会依据个人兴趣、爱好选择实用性较强的服务业及教育业这两大女性传统优势领域；另一方面，因理工学科专业性强且难度大，往往所选人数较少。

随着意大利高等教育的全面普及和人们教育观念的改变，大学生学科专业的选择特点由上世纪的集中、偏科型逐步发展成为当今的平衡分散型。根据表4–3和图4–2的数据不难发现，在90年代中期，大多数女大学生专业方向较为集中，主要是传统的人文类学科；而到了21

表4-2 高中和大学已注册学生的偏析指数1950/51-2001/02

| 年份 | 高中 | 大学 |
| --- | --- | --- |
| 1950/51 | 37,7 | 60,1 |
| 1960/61 | 33,6 | 53,6 |
| 1970/71 | 34,5 | 51,1 |
| 1980/81 | 23,3 | 31,6 |
| 1990/91 | 20,0 | 28,8 |
| 2000/01 | 23,9 | 29,1 |
| 2001/02 | 24,1 | 30,1 |

来源：意大利国家统计局、意大利教育部。

世纪，专业方向较为分散，所学专业在文学、语言学、教育学等传统学科基础上又增添了如社会政治学、法学、经济统计学等新学科。

表4-3 各大学课程女生比例1950/51-2001/02

| 学科 | 百名大学生女生比例 | | | | | | |
| --- | --- | --- | --- | --- | --- | --- | --- |
| | 50/51 | 60/61 | 70/71 | 80/81 | 90/91 | 00/01 | 01/02 |
| Scientifico（科学类） | 46,6 | 36,9 | 35,6 | 54,1 | 50,5 | 55,5 | 53,8 |
| Medico（医学） | 8,2 | 11,0 | 17,8 | 34,6 | 45,0 | 55,7 | 59,0 |
| Ingegneria（工程学） | 2,1 | 3,7 | 5,0 | 14,2 | 22,1 | 26,4 | 25,7 |
| Agrario（农学） | (b) | 1,7 | 4,5 | 21,3 | 32,4 | 45,6 | 45,0 |
| Economico（经济学） | 4,4 | 9,6 | 21,8 | 30,4 | 41,8 | 46,8 | 46,9 |
| Politico-sociale（政治社会学） | (c) | (c) | (c) | 38,6 | 48,6 | 57,8 | 59,7 |
| Giuridico（法学） | 11,0 | 15,8 | 20,3 | 41,0 | 52,8 | 58,9 | 58,5 |
| Letterario（文学） | 60,7 | 73,4 | 74,6 | 75,6 | 79,8 | 79,9 | 79,5 |
| Scienze strategiche（战略学） | (c) | (c) | (c) | (c) | (c) | (c) | 13,8 |
| DIPLOMI (d)（部分特殊应用技能专业（学制不超过三年）） | (c) | 42,8 | 44,4 | 54,4 | 51,7 | 50,4 | 52,1 |

说明：a）百分比数据根据入学首年计算；1960-1961学年度农学专业，1980-1981学年度政治社会学专业。

b）农学专业在1950-1951学年度归属于科学类课程；

c）专业还未开设；

d）包括开设特殊专业的学院。

来源：意大利国家统计局、意大利教育部。

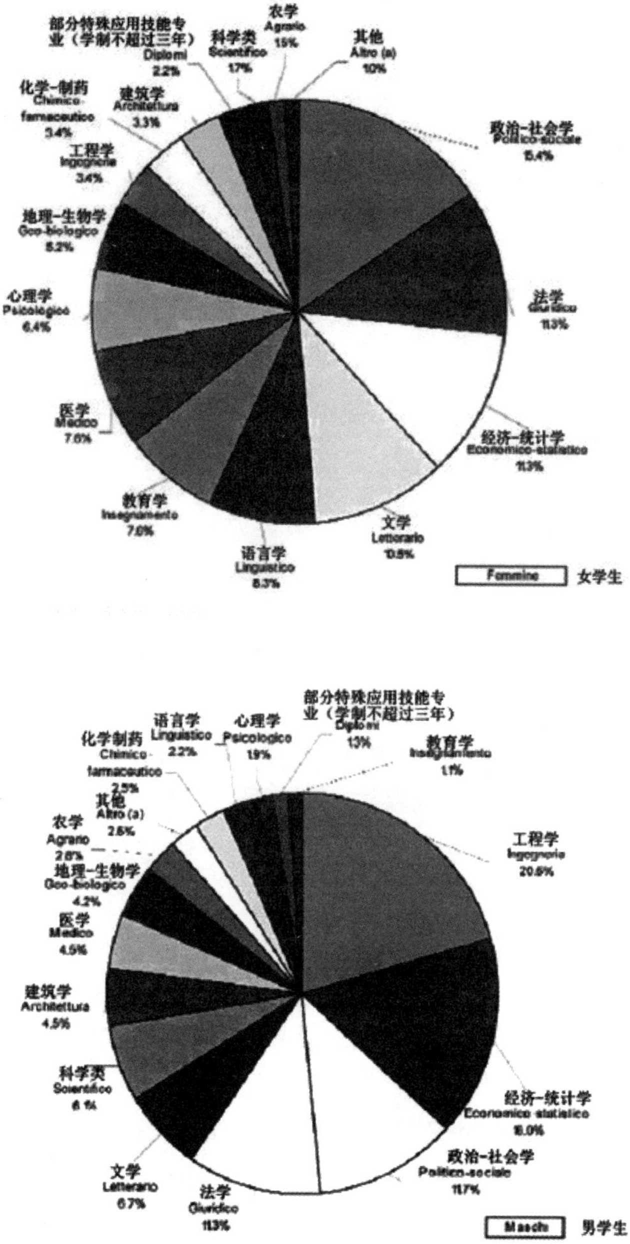


来源：意大利国家统计局、意大利教育部。

图4-2　意大利大学2001/2002学年度各专业注册人数男女比例百分比

我们在分析了“专业选择”问题后再来了解一下升学率情况。意大利大学体制很大程度上给大学生带来了“入学容易升学难”的困惑。据调查显示，百名大学新生中能在规定年限正常毕业的人数比例仅为46%，其中女生升学率明显高于男生（49.3%：41.8%），女生特别是在语言学、心理学、社会政治学和教育学等科目上成绩尤为突出。另外，学科总评成绩能以满分毕业的女生比例也远远超出男生（22.3%：15.8%）。可以说，男女升学率的差异及男女总评成绩优秀率的比例不均衡主要来自社会因素而非学术因素。一方面，女性相对男性在学习、工作上态度更为端正；另一方面，就业机会的不平等促成了女性更加重视学科的知识储备，对于大多数女性而言，在有限的社会条件下，只有把基础知识掌握得更为牢固，才有可能在本身不平等的职场上获得一席之地。

无疑，国家政治的稳定、社会经济的发展可以大大推动和促进民众受教育水平的提高。通过上述对女大学生在人数、知识水平、学科选择、升学率及优秀率等几个方面的发展进程的阐述可以看到，自20世纪90年代中期开始，意大利女性受高等教育数量和质量的整体提高，特别是进入21世纪后，女性高等教育得到迅猛发展。高校的社会化和全民化向女性提供了获取高等教育的机会。而从严格意义上来讲，意大利历史上从未出现过专门仅为女性开设的大学或高等学府。

从19世纪末开始，各教派的修道院、寄宿学校、综合性高校下的女子学院等在社会发展变革、教育理念革新的大环境下，逐渐演变为女性接受高等教育的殿堂。当今，意大利的女子学院和女子寄宿学校都是隶属于全民性的高等教育机构或高等教育研究机构，没有完全的独立自主权。

下面，我们通过对个别代表性院校的介绍来具体了解一下这些传统或非传统女性高等教育机构的历史、发展及其教学理念、教学方法和所取得的卓越成绩。

## 二、发展模式与理念：独立女子学院的风采

### 1. 寄宿学校的革新

女子寄宿学校作为女性高等教育机构的分支是女性接受高等教育的重点组成部分。从原始意义上来讲，它仅为女性提供住宿服务，而当今已扩展为以住宿服务为核心，融合教学课程、学术讲座及就业辅导的综合性女性学习园地。

首先，我们来了解一下意大利大学寄宿学校的历史。自14世纪开始在意大利就诞生了大学寄宿学校，而当时仅是对男性学生开放的。到了19–20世纪，随着全球独立女子寄宿学校的诞生，意大利本国寄宿学校发展成男女混合型或是男女独立型两种。位于意大利北部伦巴第地区的帕维亚市拥有最为传统的“寄宿”大学模式。帕维亚市作为大学名城，拥有一所历史非常悠久的帕维亚大学，从建校历史来看，在意大利仅次于世界最早的大学——博罗尼亚大学。帕维亚大学作为一所开放式大学，各个学院遍布城市每个角落，最早的配套设施完善的寄宿学校就诞生在这里，即基斯里尔利寄宿学校。

帕维亚大学校长奥维里奥·贝尔那尔帝（Aurelio Bernardi）非常支持在原有校址增加一个现代女性寄宿学校的提议。学院于1965年专门为女学生划出了一个独立的部分，命名为桑德拉·布鲁尼基金会。如今，基斯里尔利寄宿学校仍保留了原先的男女混合住宿特点，而在帕维亚大学城又增添了一所女生独立寄宿学校，即努尔瓦女子学校。[①]

意大利努尔瓦女子学校是一个仅对帕维亚大学最杰出女学生开放的高等寄宿学校。该校由著名女企业家桑德拉·玛泰（1896–1981）

---

① 帕维亚在16世纪就形成了两大综合性的大学寄宿学校，即博诺美奥寄宿学校和基斯里尔利寄宿学校。这两所学校为19世纪伦巴第大区知识分子和领导人才的文化培养发挥了重要的作用。到了20世纪中叶战争结束后，随着意大利大学体系改革，帕维亚大学寄宿学校逐步完善，巩固了该市人文教育的发展。随后，大学校园内越来越多的寄宿学校如雨后春笋般涌现，它们的建立为更多的学生，特别是经济条件有困难的学生提供了有力的支持。如今，帕维亚大学寄宿学校共有17座，分为历史性、公共和私立三种。最为著名和有社会影响力的是博诺美奥、基斯里尔利、圣·卡特琳娜和努尔瓦女子学校。

于1978年建立。当时，为鼓励和发展帕维亚大学最优秀的女生，桑德拉女士将很大一部分家族产业用于该校的建立。学院从建立发展至今，始终贯彻桑德拉女士的治学管理方针：（1）为学科成绩优异而家庭经济条件较差的女学生提供经济援助并提供住宿服务；（2）辅助帕维亚大学开展特色女性教育；（3）引导女学进入各国领先行业就业；（4）促进社会与文化的全球化进程。

作为意大利教育科研部认定的“高等文化教育机构”之一的大学寄宿学校①，努尔瓦女子学校每年接收来自帕维亚大学各大学院的女学生，包括本科生、研究生，也接收国际生。学生在提交申请后，按照学科成绩排名，并通过选拔考试方可进入该女子学校。据统计数据显示，70%的学生来自理工学科。②

努尔瓦女子学校除向帕维亚大学优秀女学生提供经济援助（包括住宿减免）外，还向学生提供出国留学机会及留学奖学金；另外，学校非常重视开展各项文化活动，定期组织国内外知名教授、学者讲座，努力将文化教育融入帕维亚大学本校教学。此外，努尔瓦学校还开设一些如艺术符号学、意大利艺术歌曲语音练习、新闻学方法和技巧、中国法律介绍等特色课程，选修这些课程的女生不仅能够开拓视野，丰富文化知识，还能够减免学分。

努尔瓦女子学校自建校起一直重视与各大高校、女子学院的交流。它不仅与帕维亚大学、帕维亚大学IUSS高等学院和众多意大利知名的大学住宿学校联系紧密，并同世界著名的女子学院频繁交流合作，已与全球200多所高校建立了联系，如剑桥大学露西·卡文迪许学院、莫里爱德华兹大学、美国的曼荷莲女子学院、哥伦比亚大学的巴纳德学院、迪拜女子学院等。作为全球女性教育联盟成员之一，努尔瓦女子学校于2011年六月成功举办了“世界女子教育联盟——学生领导力大会”。

---

① 参见 http: //it.wikipedia.org/wiki/Collegi_universitari_legalmente_riconosciuti。

② INCONTRI E CORSI AL COLLEGIO NUOVO, 1997–2007, A CURA DI EMANUELA CARBE' E SASLIA AVALLE, FONDAZIONE SANDRA E ENEA MATTEI, PAVIA, 2008.

图4-3　意大利努尔瓦女子学校标志

图4-4　努尔瓦女子学校校园

图4-5　努尔瓦女子学校部分师生合影

桑德拉女士作为帕维亚城市的代表性人物，特别是作为帕维亚大学的代表性人物功不可没。她为这个充满浓厚学术氛围的历史名城增添了两所大学寄宿学校：一是建于20世纪60年代的基斯里尔利寄宿学校的女生校区，另一个是十多年后建立的努尔瓦女子学校。实际上，桑德拉女士既不是帕维亚人，也从未在这里求学过，她与这座文化名城的缘分恰巧来自她在专业学科所取得的较高造诣上。

桑德拉女士于1896年出生在维罗纳市一个具有良好教育背景的医学家庭，其父亲、兄长都选择了医药学，而桑德拉却出人意料地选择了数学理工学科。她于1915年开始就读于帕多瓦大学，师从意大利著名的数学家列维·齐维塔（Tullio Levi Civita）。由于师母黎贝拉·特维萨尼（Libera Trevisani）也是维罗纳人，她俩非常要好，结下了深厚的友谊。桑德拉在数学领域天赋过人，其本科毕业论文在毕业不久后就发表在伦巴第皇室学院的*Renticonti*期刊上，并获得了意大利当时最杰出的数学家们的一致肯定，而其中的代数分析学家路易吉·贝尔佐拉利（Luigi Berzolari）教授[①]日后就成为了桑德拉女士来到帕维亚市后的领路人。

桑德拉女士不仅深深热爱以数学学科为代表的理工学科，同时对语言文化也表现出浓厚的兴趣，热衷考古学和拉丁语，喜爱旅游。旅游也为她带来了爱情。还是在学生时代，一次乘火车出游，她结识了年轻有为、毕业于米兰理工大学的年轻工程部队军官埃内尔·玛德译（Enea mattei）。两人一见钟情，日后结为夫妻，且感情深厚。桑德拉作为埃内尔·玛德译（Enea mattei）的伴侣，始终支持他的事业发展。在她的鼓励下，埃内尔·玛德译（Enea mattei）与技术团队研制出第一台柴油式可移动空气压缩机，并成立了Enea mattei机械公司。这对夫妇不仅在机械制造业打拼出了一番宏伟的事业，同时都特别热衷文化活动和教育领域。年轻时，他们游遍欧洲，参加各种文化沙龙活动；日后，又双双投资教育事业。埃内尔·玛德译（Enea mattei）通过联系其兄长就读的基斯里尔利寄宿学校，自愿向成绩优秀的同乡男生提供奖学金。

---

① 路易吉·贝尔佐拉利（Luigi Berzolari）教授在日后成为帕维亚大学校长。

1955年在他去世后，将其一半的私人财产捐献给两个教育机构，一个是位于他家乡的Promor，另一个就是埃内尔·玛德泽（Enea mattei）基金会。

桑德拉女士在丈夫离世后，直接接任他的工作并开展广泛的社会活动，一方面作为基金会的主席，向基斯里尔利寄宿学校成绩优异的男生提供奖学金；另一方面，独自一人经营MATTEI公司十多年，逐步扩大厂区并开拓海外市场。年近70岁高龄的桑德拉，通过MATTEI公司的盈利不断发展教育基金会事业，于1978年成功建立努尔瓦女子学校。

作为一名功名成就的女企业家，桑德拉始终以人文之心关注女性教育发展。她充分利用到全球各地旅游的机会，不断提高个人文化修养，并始终坚持探索各国女性教育问题。桑德拉坚强的个性、杰出的领导才能与宽宏仁爱之心，深受努尔瓦女子学校师生的爱戴，她与众多在这里学习过的女生建立了深厚的师生情谊，即使在她们毕业离校后，还经常为她们事业的发展指点迷津。

时任努尔瓦女子学校的校长宝拉·贝尔纳蒂（Paola Bernardi）女士作为在这里学习成长的首批优秀毕业生对桑德拉女士这样评价道："在我20来岁的时候，有幸深入了解这位女性精英，她是一位性格坚毅的领导型女性，眼神犀利而情感细腻，精力充沛且待人谦虚，具有丰富的管理经验和社交能力，思想开放，文化兴趣广泛，通晓多门外语，个人生活简单而快乐，是我终身的良师益友。"

2. 女子学院教育的又一风景线：那不勒斯奥索拉修女学校

那不勒斯奥索拉修女学校（Suor Orsola Benincasa），原称为Suor Orsola Benincasa高等学院，坐落在景色宜人的意大利南部著名城市那不勒斯最高峰圣马尔丁山上。原址是16-17世纪那不勒斯最具代表性的女修道院，总面积为3.3万平方米，由八大主

图4-6　那不勒斯奥索拉修女学校校徽

建筑构成，包括两个教堂、两大寺院、庭院和屋顶花园。在意大利教育发展史上，该校不论从历史、建筑还是社会影响力等方面都堪称首屈一指、特色鲜明。

首先，在建筑史上，该校是意大利南部地区保留最为完整的历史性建筑之一，同时也是唯一一座保留了修道院结构的现代高等学府。

从建校历史进程来看，该校最早可上溯到16世纪末。当时，一位反宗教运动女英雄奥索拉·贝宁卡萨（Orsola Benincasa）修女突破了传统基督教中仅限男性教会的限制，和其贝宁卡萨家族成员一起建立了一个自由、非宗教、世俗化的宗教团体，并逐渐发展成为一个女修道院。伴随着19世纪中后期意大利的统一，学院的宗教特色逐渐消失，成为一所免费的综合女子学院。

学院最初仅有32位女学生；而到了70年代，学生人数达到500余名，并按照教学等级分成九个班：一个幼儿班、五个初级班和三个幼师班；除此以外，学院还融入了一些传统女性课程，如法语、朗诵、电报学以及合唱课程，并专门设置一间家庭劳作室，教授女生针织、缝纫、制作女帽和花艺等手工技能。

1891年，女郡主阿德莱德·德·巴尔佐·毕纳德利（Adelaide del Balzo Pignatelli）将其改造成为一家正式的女子师范学院。到了20世纪初期，继任女教育学家玛利亚·安东涅塔·巴利阿拉（Maria Antonietta Pagliara）将其发展成为一所高等教育学校。进入21世纪，于2004年经意大利教育部批准，学校扩展成为意大利南部地区男女兼收的一所公立综合性大学，下设教育学、文学、法学三大学院，以及三个研究生院、12个研究所和两个欧洲公共研究中心。学校以本科、研究生课程教育为主，近年来还启动了部分课程的远程授课模式，并添设了多个博士课程。

三位杰出的女性代表在那不勒斯奥索拉修女学校（Suor Orsola Benincasa）发展历程中至关重要，她们分别是：奥索拉·贝宁卡萨（Orsola Benincasa）修女、阿德莱德·德·巴尔佐·皮那德利（Adelaide del Balzo）和女教育家玛利亚·安东涅塔·巴利阿拉（Maria Antonietta Pagliara）。在这里，我们重点介绍后两位。

图4-7
阿德莱德·德·巴尔佐·皮那德利

图4-8　那不勒斯奥索拉修女学校迎新大会

图4-9　那不勒斯奥索拉修女学校

**皮那德利女郡主阿德莱德·德·巴尔佐·皮那德利**

谈及到意大利20世纪初期的教育发展，不得不提到一位标志性的杰出女性代表，她就是与奥索拉修女学校有着千丝万缕联系的皮那德利女郡主，全名为阿德莱德·德·巴尔佐·皮那德利（Adelaide del Balzo）。她于1843年出生在那布勒斯本地，自幼受到良好的家庭教育，丈夫为当时著名的人文学家弗朗切西科·皮那德利——意大利南部卡拉布里亚大区Strongoli的郡主。阿德莱德从小就对文化表现出浓厚的兴趣，并且有着非凡的沟通交流能力，与贵族人士、社会名流乃至政客都有着广泛的交往。

阿德莱德利用自身丰厚的知识涵养和社会交往，从1884年开始就致力于教育事业。首先在那不勒斯霍乱时期为600余名孤儿建立了一家托儿所，1886年又建立了意大利第一家专业护士学院（La Croce Azzurra），1898年成立了一个家庭教育学校。

当然，阿德莱德在教育事业上最为杰出的成就还是体现在对奥索拉修女学校的贡献上。当时的贵族王室萨沃伊玛格利亚女王非常赏识阿德莱德的才华，于1891年任命她为奥索拉学校的名誉女督察。阿德莱德通过自己的努力，在不到两年的时间，就成为学校的独立行政主管，并扩建了高等师范女子学院。在她的领导下，该学院逐渐成为意大利南部女性知识文化的中心，仅用7年时间，所建立的高等师范女子学院就能同久负盛名的罗马、佛罗伦萨师范学院齐名。

阿德莱德毕生致力于发展和提高女性的社会地位。

她出生在意大利北部较为落后的南部地区，当地男尊女卑的传统思想根深蒂固。她倡导女性应该受到完整的教育，认为女性所学科目应同男性学生保持一致，鼓励在校女生追求思想与言论的自由；同时，在她的努力下，学校不断完善教育结构，使教学科目完全摆脱宗教束缚，并保证了不同教育层面的完整性，这一教学框架沿用至今：所涉及的课程从幼儿园到小学，再到师范学院，最后到高等师范大学。

其次，在大力发展女性自身学科优势的同时，阿德莱德不断改良教学手段和教学方式。她推崇教育学、职业技术学和语言文化学三大教学主线，引进当时最为先进的美式教学法；另外，通过建立和完善各种技术手工劳动室、图书馆等硬件设施，鼓励在校女生开展室外实践活动，如缝纫、花艺、陶瓷制造、手工造型等手工技能，以保证课内外教学的平衡与互补。

除此以外，为推广学校的知名度和引进大量的名师人才，巴利阿拉充分利用其广泛的人脉资源，获得了时任意大利教育部部长基恩德利（Gentile）的高度赞赏和先前所提到的萨沃伊玛格利亚女王的大力支持，启动了皇室学校的同步课程，将奥索拉修女学校发展成为那不勒斯南部地区贵族女性的学习园地。

**玛利亚·安东涅塔·巴利阿拉女士**

阿德莱德去世以后，接任其职位的是她忠实的合作伙伴、同事——玛利亚·安东涅塔·巴利阿拉（Maria Antonietta Pagliara）女士。作为一名杰出的教育学家，自1932年起，巴利阿拉作为扩建后的那不勒斯奥索拉修女学校校长，成为意大利教育史上第一位大学女校长。

巴利阿拉女士延续了挚友阿德莱德的教育理念，勇于尝试新的教学法，将那不勒斯奥索拉修女学校发展成为20世纪上半叶欧洲最负盛名的教育基地。此外，她将大量的私人收藏，包括极具收藏价值的陈设品、名画和家具全部捐赠给学校，并于1947年建立了巴利阿拉基金会。值得一提的是，巴利阿拉女校长的哥哥洛克·巴利阿拉（Rocco Pagliara）是意大利19–20世纪著名的文化学者和艺术家，酷爱音乐和诗歌，收藏了大量珍贵的名画、印刷品、瓷器、玻璃、陶瓷器皿、家具等。按照妹妹的意愿，所有这些巴利阿拉（Pagliar）家族宝贵的遗产全部转藏到那不勒斯奥索拉修女学校的陈列馆，并按照时间年限排序，辅助在校女学生学习中世纪和近代艺术史。这些展品至今仍收藏在校博物院里，被命名为“巴利阿拉艺术收藏”。

## 三、意大利女学生就业与女性职业发展情况

正如前面所介绍的，意大利近百年来没有真正意义上的专为女学生开设的女子大学或女子学院，当今的女性所接受的教育主要来自综

合性院校。下面，我们从女性的综合受教育情况、女性职业发展所遇到的挑战与女性领导力几个方面来介绍女性就业与职业发展情况。

1. 女性受教育情况与就业的关系

随着社会的发展，女学生受教育意识越来越明显，女学生受教育人数、受教育程度普遍提高。根据最近十年的有关数据显示，30–69岁职业女性受教育程度与就业率成正比，具体体现在以下四个方面：

第一，女性受教育程度越高，越容易进入职场。如表4–4，2003年数据显示，女性从业人员中80.6%的人拥有大学本科（不包含大学本科）以上的文凭，65.9%的人拥有大学本科文凭，而63.1%的人拥有高中文凭。女性受教育程度直接影响着女性的社会活动能力。可以说，社会的整体发展带来了女性受教育的必然性。

**表4–4 意大利男女就业情况对比1993/2003（根据学历的高低）**

| 学历 | 1993 | | | 2003 | | |
|---|---|---|---|---|---|---|
| | 就业率 | 就业率(稳定工作 | 失业率 | 就业率 | 就业率(稳定工作) | 失业率 |
| | | | Maschi（男性） | | | |
| 博士 研究生 本科 | 91.4 | 91.3 | 1.4 | 89.8 | 87.8 | 2.2 |
| 本科文凭 | 80.3 | 80.1 | 2.3 | 86.6 | 84.2 | 2.7 |
| 高中文凭 | 88.9 | 88.7 | 2.1 | 84.2 | 81.9 | 2.8 |
| 初中文凭 | 84.5 | 84.0 | 3.7 | 79.0 | 75.1 | 5.0 |
| 小学文凭或无文凭 | 57.5 | 56.3 | 4.9 | 45.0 | 41.8 | 7.1 |
| 总计 | 75.6 | 74.9 | 3.5 | 75.2 | 72.1 | 4.1 |
| | | | Fommino（女性） | | | |
| 博士 研究生 本科 | 79.1 | 76.1 | 3.8 | 80.6 | 76.9 | 4.6 |
| 本科文凭 | 63.3 | 59.4 | 6.1 | 65.9 | 61.8 | 6.2 |
| 高中文凭 | 62.9 | 58.7 | 6.7 | 63.1 | 59.5 | 5.7 |
| 初中文凭 | 41.0 | 36.9 | 10.1 | 42.2 | 37.4 | 11.4 |
| 小学文凭或无文凭 | 19.8 | 18.0 | 9.1 | 16.4 | 14.5 | 11.9 |
| 总计 | 36.8 | 33.9 | 7.9 | 45.2 | 41.5 | 8.0 |

来源：意大利国家统计局。

第二，受教育程度会直接影响失业率。一般来讲，就业市场不景气对女性的影响尤其明显。面对经济危机，就业市场的不景气，学位文凭越低，越容易失业。据表4–6中2003年数据显示，女性失业人群中拥有大学文凭的仅占4.6%，而拥有本科文凭和高中文凭的女性比例分别为6.2%和5.7%。

第三，女性受教育程度对就业具有直接影响。从整个欧洲来看，男女受教育程度与就业率比例不平衡，意大利表现得更为明显。因学历不同，影响男性就业的比例仅为4.0%，而对于女性比例却是男性的10倍。由此可见，在意大利，若要成为一名成功的职业女性，过硬的高学历是一个必备的门槛（见表4-5）。

表4-5　2002年欧洲不同国家男女学历和就业率比较（25-49周岁）

| | Totale（总计） | | | Maschi （男性） | | | Femmine（女性） | | |
|---|---|---|---|---|---|---|---|---|---|
| | 高中以下 | 高中 | 大学 | 高中以下 | 高中 | 大学 | 高中以下 | 高中 | 大学 |
| Belgio（比利时） | 63.3 | 82.4 | 90.5 | 78.5 | 90.6 | 94.0 | 46.4 | 73.6 | 87.4 |
| Danimarca（丹麦） | 69.7 | 87.8 | 90.1 | 80.4 | 90.8 | 92.5 | 58.9 | 84.4 | 88.3 |
| Germania （德国） | 62.7 | 80.3 | 89.9 | 74.3 | 85.6 | 94.2 | 54.1 | 74.9 | 84.1 |
| Grecia（希腊） | 67.0 | 72.1 | 85.5 | 88.8 | 90.0 | 91.5 | 46.5 | 54.9 | 79.9 |
| Spagna （西班牙） | 64.9 | 74.0 | 81.8 | 84.7 | 87.7 | 88.9 | 43.7 | 60.0 | 75.1 |
| Francia （法国） | 68.3 | 83.8 | 87.4 | 80.2 | 91.5 | 91.3 | 57.6 | 75.2 | 84.1 |
| Irlanda （爱尔兰） | 64.8 | 81.0 | 89.1 | 80.1 | 92.7 | 93.3 | 46.9 | 69.8 | 85.4 |
| Italia （意大利） | 64.1 | 75.9 | 84.8 | 85.8 | 86.3 | 90.1 | 40.9 | 65.8 | 80.0 |
| Lussemburgo（卢森堡） | 74.3 | 82.3 | 88.7 | 91.7 | 95.8 | 94.1 | 59.0 | 68.3 | 81.8 |
| Olanda （荷兰） | 73.5 | 86.7 | 92.0 | 87.6 | 94.0 | 95.7 | 59.8 | 79.4 | 87.7 |
| Austria （奥地利） | 70.8 | 85.0 | 93.0 | 80.6 | 90.7 | 96.0 | 65.1 | 78.4 | 90.0 |
| Portogallo （葡萄牙） | 81.7 | 84.3 | 92.5 | 90.8 | 86.8 | 94.6 | 72.1 | 81.7 | 91.2 |
| Finlandia（芬兰） | 70.5 | 80.8 | 89.9 | 73.9 | 84.0 | 94.4 | 65.5 | 77.0 | 86.6 |
| Svezia （瑞典） | 74.2 | 85.1 | 88.6 | 79.0 | 87.4 | 88.8 | 67.5 | 82.5 | 88.4 |
| Gran Bretagna（英国） | 54.7 | 83.2 | 90.8 | 64.1 | 90.3 | 94.2 | 47.4 | 75.8 | 87.1 |
| **Unione Europea 欧盟** | **66.1** | **80.9** | **88.2** | **82.4** | **88.5** | **92.6** | **50.3** | **73.2** | **83.7** |

来源：欧洲统计局。

而在职业发展生涯中，特别是从业初期，高学历与“理想”的职业发展并不存在直接的关联。大学毕业后的前3年，在不同领域拥有同等学力的女性和男性就业比例不平衡（见表4-6），男性几乎在所有学科领域（除语言学）就业率都明显高于女性。而按地区分布来看，就业比例不平衡问题在南部地区更为集中，男女比例达到69.2%∶53.7%。

另外，男女比例就业差距同所学科目也有一定的联系。一般来讲，选择实用性较强的科学技术类学科如工程学、化学、医药学、经济统计学等的年轻人获得稳定工作的可能性越大，因为这些学科的市场需求相对人文类学科如教育学、语言学、心理学及文学更大。通常情况下，在大学毕业后仅仅3年的时间里，选择应用性较强的学科如医学、建筑学和医药学的人工作更为稳定，从业者的职场满意度也更高。

表4-6　98级大学毕业生根据不同学科男女就业比例

| GRUPPI DI CORSI（学科） | Maschi（男性） | Femmine（女性） | Totale（总计） |
|---|---|---|---|
| Scientifico（科学类） | 81.4 | 79.6 | 80.5 |
| Chimico-farmaceutico（化学-医药学） | 83.6 | 81.0 | 82.0 |
| Geo-biologico（地理-生物学） | 77.9 | 60.8 | 66.9 |
| Medico（医学） | 25.9 | 14.6 | 20.0 |
| Ingegneria（工程学） | 93.8 | 88.5 | 93.0 |
| Architettura（建筑学） | 88.2 | 80.2 | 84.2 |
| Agrario（农学） | 83.8 | 68.0 | 77.0 |
| Economico-statistico（经济-统计学） | 84.3 | 78.6 | 81.6 |
| Politico-sociale（政治-社会学） | 86.0 | 79.9 | 82.5 |
| Giuridico（法学） | 60.4 | 51.5 | 55.2 |
| Letterario（文学） | 71.9 | 69.4 | 70.0 |
| Linguistico（语言） | 76.1 | 76.8 | 76.8 |
| Insegnamento（教育学） | 85.8 | 79.8 | 80.3 |
| Psicologico（心理学） | 80.2 | 76.1 | 76.8 |
| Totale（总计） | 79.0 | 69.0 | 73.5 |

来源：意大利国家统计局、意大利教育部。

第四，应届毕业生从业初期男女收入不平衡。同等条件的应届毕业生，男性较女性收入平均高出125欧元，超过千元收入的男生比例较女生高出12个百分点。造成收入分配不平等的主要因素是男性较女性更容易获得高薪酬的职位。

2. 女性职业发展瓶颈

意大利女性在职业发展中往往面临多重困难。女性进入职场后，事业发展到一定程度，社会制约、家庭因素等会给她们带来许多新的挑战。男女职场待遇的不平等、婚后子女生育和教育问题，都会给女性带来各种各样的困扰。

一方面，女性较男性教育投资成本更高，而她们在职场中所得到的回报常常较男性更低。正如我们在第一章所了解的数据，女性选择攻读博士研究生的人数比例较男性更高，女性更贴近文化教育活动；而教育成本的投入、文化知识的储备并不能相应地回报她们同等的职场价值。相同条件下，即使是受过高等教育的女性也较男性更难找工作；同一职位，往往女性的薪酬略低，甚至在经济不景气时期女性较男性面临失业、工作不稳定的危险指数更高。

另一方面，以传统观念来看，女性在婚姻家庭生活中，对于家庭的付出、特别是对子女的教育投入较男性更多。这一问题主要体现在子女年龄较小的阶段。女性因需投入大量的时间和精力照顾子女，职业发展受到一定的影响。因家庭需要，不少女性甚至会选择放弃从业。

女性自身受教育程度也会直接影响她们是否继续从业。如图4-10所示，这里以子女年龄在5周岁之内为参考，选择女性年龄阶段在40岁以内（30-34/35-39）为例。在意大利，年龄阶段为30-34岁的女性在拥有第一个子女的时候，继续从业和放弃从业的人数比例为1.1∶1；而年龄阶段为35-39岁的女性，该项比例为1.6∶1。可以说，30-34岁年龄层段与35-39岁年龄层段因年龄差异对从业影响并不大，而受教育程度的不同却直接影响这些“年轻妈妈们”的从业选择。

30-34岁年龄阶段的女性，6个人中会有5名拥有大学文凭的年轻妈妈选择继续从业，而仅有高中文凭的同年龄阶段年轻妇女中，过半数的女性会放弃工作。35-39岁年龄阶段的女性，七名中仅有1名拥有大学文凭的女性会选择当家庭主妇。由此可见，子女的到来对于未受

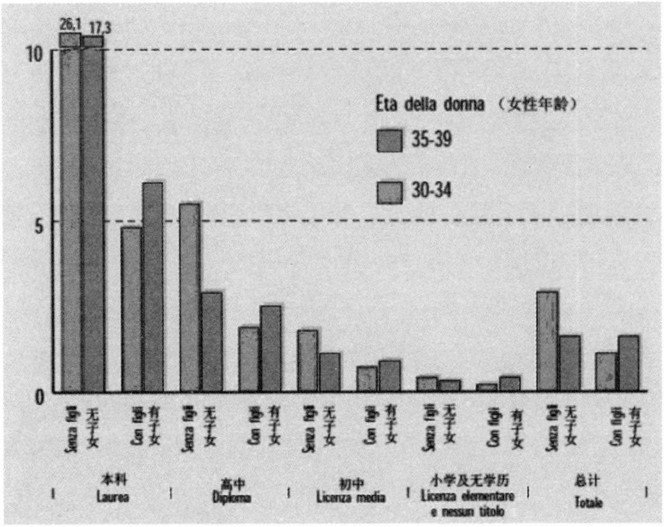


来源：意大利国家统计局。

图4-10　1997-1999年意大利职业女性/家庭主妇人数比例对照（30-34岁和35-39岁）

过高等教育的女性影响很大，成为她们职业发展的一个重要制约因素。女性受教育程度越低，放弃事业当全职家庭主妇的人数比例越高。恰恰相反，对于那些受过高等教育的职业女性而言，子女抚养金和子女教育金很有可能会成为促进她们职业发展的重要动力，大多数女性会继续从业，工作比昔日更为努力。

3. 意大利女性领导力的现状以及存在的问题

在欧盟国家，意大利女性就业比例排名最后，离欧盟的平均比例相差11个百分点，与女性就业情况较好的丹麦差距竟达25个百分点。尽管就意大利本国女性来说就业发展问题逐年有所改善，但发展速度较其他欧盟国家始终落后，如图4-11是意大利与西班牙2002年和2007年的数据比较。2002年，两国男女就业率差距基本持平，而5年后，邻国西班牙的男女就业差距缩小了7个百分点，意大利却仅缩小3个百分点。

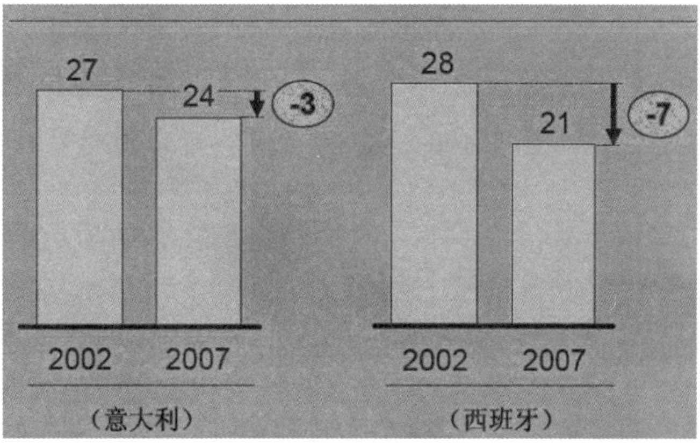


来源：欧盟委员会。

**图4-11 2002年、2007年意大利和西班牙的男女就业率差距变化**（单位：百分比）

除就业率提升缓慢外，女性领导力的提升空间更具局限性。从政治体现来看，意大利女部长人数比例仅为18%，而欧盟27国的平均比例为26%。在企业中，女性领导力地位更低，重要企业集团理事会的女性比例只有4%，而欧洲的平均水平为11%。

另外，近几年的欧洲金融危机更是加剧了女性的就业问题，越来越多的女性面临工作岗位不稳定、受聘方式存在一定风险等问题。以2006年数据为例（见图4-12），以“计时劳动合同”和“项目合同”受聘的女性高达25%，也就是说4个从业女性中就有1人工作不大稳定。而相比之下，男性的比例仅为13%，刚刚达到女性的一半。

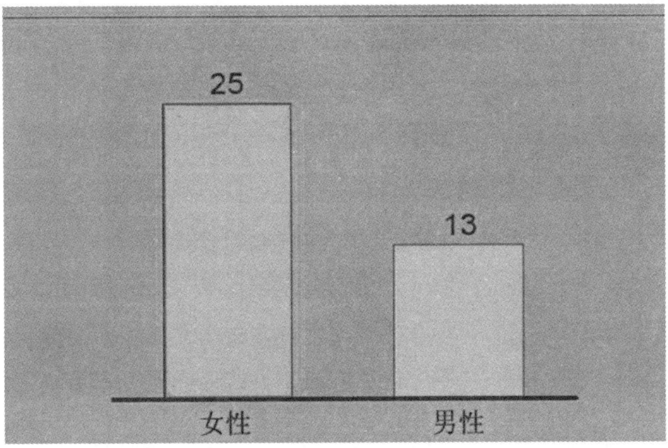


来源：意大利统计局。

**图4-12　2006年持有“风险性”劳动合同的男女人数对比**（单位：百分比）

总之，相对于其他欧洲国家，意大利女性就业人数比例提高幅度不大，女性领导力发展则更加缓慢。而且从长远发展来看，未来几年女性就业率的提高也不能提升女性领导力的社会影响。换句话来说，不同于其他欧洲国家（如比利时、西班牙和爱尔兰），意大利女性就业与女性领导力发展没有直接的关系。即使在女性占优势的从业领域，女性领导力地位依然不容乐观。

如图4-13所示，在教育、医疗和服务等女性占优势的从业领域中，女性领导层人数比例依然不超过半数。而将女性领导力与女性受教育程度相比较来看，女性知识力量的强大也未提升她们在各行各业领导力的地位。当今越来越多的女性受教育程度飞速发展，甚至在传统男性优势学科中也能取得优异成绩，在意大利，约有1/3的女性毕业于机械学、制造建筑学等学科（见图4-14），超过欧洲平均水平5个百分点（29%：24%），领先法国、英国、德国、荷兰和瑞士。而我们在下表中不难发现，工业中女性领导人数的比例却不及总比例的1/2，依然存在男女领导力不平衡的现象。

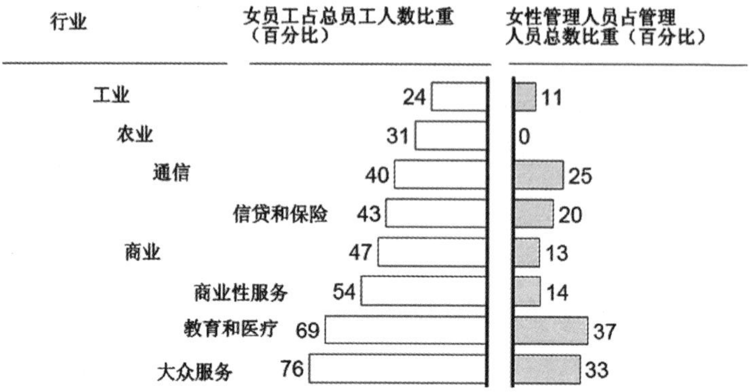


来源：欧盟委员会。

图4-13　不同行业女性所占比例（单位：百分比）

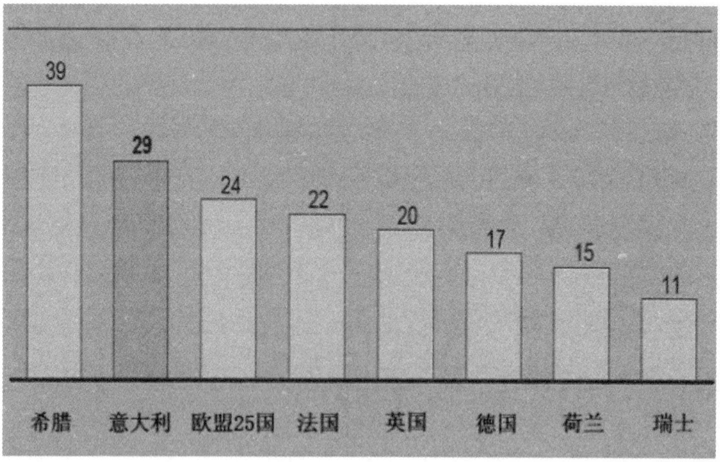


来源：eurostar。

图4-14　欧洲不同国家工程学和制造建筑学女毕业生比例（单位：百分比）

显然，改善意大利女性职业发展状况从而全面提高各行各业女性领导力，需要借助社会和从业机构的共同努力。它不仅需要社会给予家庭更多的硬件辅助支持，也需要政府提供更加优化的人力资源政策。除此之外，还需进一步增强全民对于男女就业平等意识的共同认可度，从根本上改变女性从业的不平等，提高女性的社会地位。

## 四、意大利女性高等教育院校未来面临的挑战

意大利自20世纪60年代末实施大学“入学全民化”改革措施后，历经了半个多世纪的女子高等教育取得了骄人的成绩，无论是在高等院校女生的人数规模上，还是她们在各学科专业表现上，都获得了巨大的进步。毋庸置疑的是，二战结束后，随着意大利国内政治的稳定、经济的飞跃和社会的不断发展，女性高等教育的“必然性”和“严肃性”获得了社会的广泛肯定和认同。随着女性高等教育“质”的提升，越来越多的女性精英、杰出女性人才活跃在社会的各个领域，她们的存在更是进一步巩固了女性地位。

然而，在意大利仍存在男女不平等现象，这一问题在现今着重体现在“就业”问题上。女性面临的就业和职场发展不平等与女性所接受的教育和所学专业选择息息相关。本身来讲，较少的女性会选择理工学科为代表的专业性较强的学科方向；而大多数女性会以学科易学程度和学科喜爱度来选择专业。这些以文科为主的学科方向就业市场基本饱和，灵活性也较大，从根本上来讲不利于女性的职业发展。

要从根本上解决女性的就业发展问题并提高女性的社会地位，必须通过“内在”和“外在”两方面来解决。培养女性教育的高等院校、女子学院应通过社会力量和借助杰出的女性代表案例从根本思想上培养女性“自强不息”、“男女平等”的自主意识；另外，应在学科教育上巩固女性传统优势学科的同时，鼓励并加强女性在男性学科的学习力度。

对于各高等教育机构而言，最大的挑战是更大程度地将女子学院教育和女性发展相结合，注重高等教育与女子就业的可持续发展。以

现今在意大利为数不多的女子学院为例，在强调其主要住宿职能的基础上，可借助“努尔瓦女子学校”的成功经验，将生活、教学和职业发展有机地结合在一起，为解决“就业问题”提前做好准备。同时，各高等教育机构应继续保持本国女子精英的发展与世界的同步性，注意向女大学生提供更多的国际交流和学习的机会，为提高全球女性地位这一宏伟目标共同奋斗。

**主要参考文献：**


[1] EMANUELA CARBE' E SASLIA AVALLE, INCONTRI E CORSI AL COLLEGIO NUOVO, 1997–2007, FONDAZIONE SANDRA E ENEA MATTEI, PAVIA, 2008.

[2] LINDA LAURA SABBADINI, COME CAMBIA LA VITA DELLE DONNE, ISTAT, ROMA, 2004.

[3] L'EVOLUZIONE DEL SISTEMA EDUCATIVO IN ITALIA 1991–2000, DANTE SABATINO E ALESSANDRA FASANO, L'ISTRUZIONE, DEMOTRENDS, ROMA, 2002.

[4] SIMONETTA SOLDANI, LE DONNE NELL'UNIVERSITA' DI FIRENZE, FIRENZE UNIVERSITY PRESS, 2010.

[5] 参见http://140.164.3.3/remuna/suorb/1.html。

[6] 参见http://www.itromatre.com/show_news.asp? num=294。

[7] 参见http://www.incontrinapoletani.it/focus/adelaide-del-balzo-principessa-pignatelli。

[8] 参见http://www.unisob.na.it/ateneo/a001_a.htm? vr=1。

[9] 参见http://universo.miur.it/info.html。

[10] 参见http://www.coir.org.cn/BASTOBSP/rmitFront.do? act=pagedetail&rmitinnu=00000460&rmctcuno=11。

[11] 高慧蓉：《美国女子高等教育史研究》，华东师范大学，2007年博士论文。

# 第五章　俄罗斯女子大学教育：短暂的辉煌

今天，俄罗斯妇女接受高等教育的比例很高，但女子高校在俄罗斯已经是过去时。十月革命后直到今天，沙俄时期发展起来的女子学院被逐步关停，苏联不再设专门的女子学院，高校招生也不再分男女。谈俄罗斯女子高校的发展，主要指的是沙皇俄国时期，而且存在的时间也相当短暂（19世纪60年代到20世纪早期40余年间），不过，女子学院在俄罗斯妇女教育和整体教育史上发挥的作用却不容忽视。鉴于俄罗斯女子学院兴起并快速发展的时代正是19世纪60年代的农奴制改革之后，其发展与社会革命思潮同步，女子学院的意义就更加突出。

## 一、背景与历史概述：俄罗斯女子学院教育的兴起

### 1. 俄罗斯女子教育的缓慢发展

在很长的历史时期内，俄罗斯女子教育发展相当缓慢，直到19世纪中期仍然没有被正式纳入国民教育的整体体系。最初，女子教育以宗教教育为主要任务，培养具备虔诚信仰的女性。据记载，首个堪称女子学校的机构出现在1086年，莫诺马赫大公的姐姐安娜·弗谢沃罗多夫娜在基辅的安德烈耶夫修道院开办了一所女子学校。16世纪前期一

位都主教在自己的布道中专门提到了教育女子的必要性，他说，不仅要教育僧人，也要教育世俗民众，包括少年和少女。早期女子教育有浓厚的宗教背景，教育的内容可想而知。

彼得大帝时期出现了可以招收女生的世俗学校，不过俄罗斯女子教育真正开始是在叶卡捷琳娜二世时期。这个时期（1764年）创办的斯莫尔尼贵族少女学院一般被视作俄罗斯第一所女子学校。斯莫尔尼学院根据年龄把学员分为四个级段，学习神学、算术、绘画、历史、地理、俄语以及法语、德语等外语，还要学习女红、持家等实用课程。

斯莫尔尼学院存在了150余年，在俄罗斯女性教育中发挥了重要作用。俄罗斯许多著名女性知识分子曾经就学于此，比如物理学家伯格丹诺夫斯卡娅（Богдановская В.Е.）、俄第一个女建筑学家诺瓦科夫斯卡娅（Новаковская Н.А.）等。在很长时期内，斯莫尔尼学院一直是女子学校办学的样板，在外省城市仿照斯莫尔尼学院的模式创办了多所女子寄宿学校、女子学院等，其中包括私立女子学校。

尽管斯莫尔尼学院开办过平民分校，但总的说来它是一所贵族学校，只招收上层贵族及官员的女儿。因此，斯莫尔尼学院以及以之为样板开办的女子学校虽然发挥了很大的作用，但是对于庞大的俄罗斯而言，却不能根本解决绝大多数女性的教育问题。随着时代的推移和经济的发展，女性受教育的要求越来越普遍，矛盾也就愈加突出，到19世纪中期这一矛盾变得相当尖锐起来，当时的妇女教育的现实与社会需求严重脱节。一方面，经济、社会发展使得女性解放和女性受教育的需要变得愈来愈迫切；另一方面，封闭的、等级森严的上层社会女子学院容纳不了所有想求学的女性。女子学院的阶层壁垒遭到了教育界和社会进步人士的广泛批评。到19世纪中期以后，发展普及度较高的女子教育，包括女子高等教育的呼声日益高涨。

#### 2. 女性高等教育权与女子学院的诞生

农奴制改革后，俄国经济和社会形势的发展使得妇女参与社会生活的必要性日益凸显出来，这也为妇女参与社会生活提供了更多的可能性。现代工业的迅速发展让社会生活发生了剧变，对劳动力需求不断扩大，这为女性提供了大量参加社会生活的机会。需要说明的是，俄罗斯始终是女性在数量上更占优势的国家，女性占沙皇俄国总人口的一半以上，没有女性的参与，新的经济发展和公共生活需求就很难得到实现。

在这一社会变革背景下，传统家庭生活方式趋于解体，以贵族为主导的传统习俗也日渐瓦解。新的历史时代改变了女性固有的精神面貌，越来越多的女性走出家庭，主动或被迫地参加社会工作。这样，女性受教育的权利，包括受高等教育的权利，成为一项现实的社会任务。一些先进的社会活动家和妇女开始为争取女性享受高等教育的权利而斗争，俄罗斯女子学院高等教育正是在这种形势下应运而生的。

1863年，帝俄人民教育部就女性高等教育权事宜向当时的部分大学征求意见。尽管除莫斯科大学和捷尔普特大学外，多数大学都表示同意给予女性高等教育权，但当年出台的大学章程并没有把女性纳入大学教育的范围。许多有求学意愿的俄罗斯妇女被迫远赴国外接受高等教育，瑞士苏黎世就成为俄罗斯女性求学的首选目的地（该地从1867年开始接受女子进入大学或者工科大学学习）。沙皇政府为此忧心忡忡，担心那些在苏黎世接受高等教育的女子回国后会具有一些危险的思想和倾向，可能与国内主流思想和制度格格不入。最后政府成立了一个专门委员会，讨论妇女留学日渐增多、特别是前往苏黎世大学学习的女性日渐增多带来的一系列问题，寻求解决之道。讨论的结果是不得不放宽国内教育政策，俄罗斯的女性可以获得高等教育的权利，女子高校的发展终于获得了官方的默许，一批专门的女子高等教育班逐渐成长起来。

然而，俄国女子获得高等教育权利的道路颇为坎坷，女子高校的发展更是一波三折。女子参加工作连同女子接受高等教育的权利最初都遭到了激烈的反对，原因是多方面的。当人们意识到习以为常的生活方式因此而遭到破坏后，自然而然地引起了许多人的排斥和反感；成年女性参加工作也部分触及了男性的利益，而且，男女共同工作、学习，一开始也带来了众所周知的一些实际不便。不过，随着越来越多的

图5-1 《高等女校学员》油画，H.A.亚罗申科，1883，现藏于卡卢加州艺术博物馆[①]

女性接受教育，参与社会公共生活，社会舆论对女性高等教育权所持的同情态度越来越多。

到了19世纪最后30年，社会形势本身发生了根本的转变，与此前相比，女性自身也准备得更加充分。随着新思潮渐入人心，部分女性开始把事业作为人生的重要内容，更加积极地为争取自身权益而斗争。她们具备了更加自觉的男女平等思想，尽管备受限制，她们还是想方设法求学，涉足科学、教育、卫生、艺术等不同领域，甚至不惜自觉触犯习俗和公众。因此，我们可以说，俄罗斯女子高校是19世纪60年代开始的俄国民主运动的一部分，是在这一运动的直接影响下诞生和发展起来的。

## 二、发展模式与理念：夹缝中的生存

### 1. 俄罗斯女子学校发展概况和处境

创建女子高等学校的斗争在俄国持续了十余年，许多社会团体都参与其中。19世纪50年代彼得堡大学就出现了第一批女旁听生。为使女性享受到正式高等教育，19世纪60–70年代，在彼得堡开办了一批女子公开班或公开课。这些公开班或公开课都得到了帝俄教育部官方的许可。不过许可显然是极不情愿的，官方并不给予它们任何实际的支持，女子班的教师和经费都需要靠办学者自己解决，而且，官方拒绝给

① 参见http://museum.edu.ru/catalog.asp? ob_no=13100。

毕业女学员颁发任何证书。

第一批获得政府许可的俄罗斯女子高等班是彼得堡的阿拉尔钦斯基女子班和莫斯科的卢比杨卡女子班，它们开设于1869年。1870年在彼得堡组织了针对男女生共同开办的“公开课”，这些课程因设在弗拉基米尔学校，被称为弗拉基米尔班。1872年在彼得堡开设了女子高等医学专科班，附属于外科医学院，培养女性产科医生，1876年该校更名为高等医疗班。1876年在喀山和1878年在基辅开办的女子高等班都设了两个系：数学–物理系和文史系。尽管这些女子高等班的活动受到了监视，她们还是代表了女性追求平等教育权斗争的一个重要阶段性成果。

在以科学家和社会活动家别克托夫（А.К.Бекетов）为首的进步知识分子推动下，1878年彼得堡高等女子学校建校。彼得堡大学历史学教授别斯图热夫–留明（К.° Н.° Бестужев–Рюмин）是学校的创建人，并于1878—1882年间领导这所学校，学校因此也被称作别斯图热夫高等女子学校。这是俄罗斯第一所真正意义上的女子大学。

就在女子高校如雨后春笋般迅速发展的时候，以亚历山大三世为首的沙皇政府却于1881年决定关闭所有女子高等学校。1886年，沙俄人民教育部终于明令禁止女子高等学校招生，解释说采取这个措施正是为了根本解决女子教育问题。随后，女子高校很快被关闭。

1889年，彼得堡女子高等学校恢复招生，不过已经被改造得比较符合当局心意了：学校由教育部任命的校长领导，培养计划中则剔除了自然史、人类和动物身体组织学和生理学等课程，只保留下了两个教学部。

但是沙皇政府无法阻挡时代大潮的前进，禁令只能延缓女子高等教育的发展，而不能使其就此止步。19世纪末期至20世纪初期民主运动的高涨，促进女子院校的复兴。1900年莫斯科重新开设女子院校，随后彼得堡和莫斯科的许多女子院校陆续复校。1906年女子院校在喀山也重新出现。这些院校既有如别斯图热夫学校那样的综合性大学，也有工科、农业、艺术、法律等各种类的专科院校。

例如，1904年在彼得堡开办了斯捷布托夫女子高等农校，1906年又开办了女子工科学校，以及拉耶娃女子文史和法律学校，佩斯科夫女子法律学校，洛赫维茨卡娅自然科学学校等。莫斯科有波尔托拉茨卡娅文史与法律学校，女子高等师范学校、女子高等医学学校、女子高等农校等。1905—1916年的十余年间，沙俄帝国各主要地区的中心城市，如敖德萨、哈尔科夫、基辅、华沙、喀山、第弗利斯（现格鲁吉亚首都第比利斯）、新契尔卡斯克、托姆斯克等城市都开办了女子高校。到1912年，俄罗斯女子高等班就读的女性已超过6500人。

与普通高校比起来，俄罗斯女子院校始终受到种种限制。由于政府不予拨款，这些学校一般都需要自筹经费，经费的主要来源只能是善款和学费，这就大大限制了学校的发展，也把许多中下层出身的少女挡在了学校大门之外。另外，女子院校的学历长期得不到正式承认。而且毕业生在就业的权利上也备受限制。比如，直至1897年女性医生才获得与男性同行同等的行医权。再如，别斯图热夫女子高等学校的毕业生实际具有普通大学文史系毕业生的知识水准，但最初毕业生却拿不到任何学历，而且政府长期拒绝给予女学子们在女子中学任教的权利，直到第一次世界大战前夕。

俄罗斯女子院校50余年的发展史就是禁止与反禁止、限制与反限制的历史，从中可见19世纪末期至20世纪初期俄罗斯社会斗争激烈之一斑。

尽管受到种种限制，甚至遭到诸如禁止招生、停办等打压，女子高校还是在其短暂的发展史上促进了俄罗斯妇女整体文化水平的提高，培养了许多杰出的女性科学家、作家、社会活动家等。下面我们简要介绍其中著名的几所。

（1）别斯图热夫女子高等学校

一般认为，别斯图热夫女子高等学校是俄罗斯第一所具有大学规模的女子高等院校，也是俄罗斯教育史上影响最大的一所女子高等院校。

筹办这所学校的是一些知名社会活动家和学者，如彼得堡大学教授别克托夫、门捷列夫、谢切诺夫、别斯图热夫-留明等，也包括妇女运动领袖费洛索夫娃、斯塔索娃、塔尔诺夫斯卡娅等。经过长时间准备和多方交涉，彼得堡女子高等学校于1878年9月20日在彼得堡的亚历山大中学举行了隆重的创办仪式。别斯图热夫—留明任学校的第一任校长，为了纪念他，“别斯图热夫学校”成为学校的非正式名称，且广为流传。作为一所私立学校，女校每年只能从俄罗斯人民教育部和彼得堡市杜马处得到3000卢布经费，以教科书的形式拨付。为了筹集经费，学校创办人专门成立了“女子高等学校筹款协会”，而协会的主要收入则来自学员学费。如果筹款协会的成员同时在学校任职的话，则被视为从事公益活动的社会人士，不领薪水。

因为学校很受欢迎，建校之初经费还比较充裕，收到的捐款颇丰。而且学校的创建者们有很强的组织能力，学校呈现出蒸蒸日上的势头。1885年，学校在瓦西里耶夫岛修建了自己的教学楼，由建筑学院士克拉索夫斯基设计，随后，主楼又增建了配楼，校舍得到扩大。

与许多其他女子学校相比，最初别斯图热夫女子高校较少受到沙俄人民教育部的过多干涉，因而可以使用先进的教学方法，女学生们具有较大的独立性。这使得别斯图热夫女子高等学校建校伊始就与当时日益紧张的社会革命形势发生了密切联系。它的一些女学生因被怀

图5-2　别斯图热夫女子高等学校旧址（现属圣彼得堡大学）[①]

① 参见http: //montessori-club.livejournal.com/63050.html。

疑是民意党人而遭逮捕，甚至有学生因牵涉刺杀沙皇亚历山大二世的事件而被捕。当局甚至有人认为，当时大大小小的革命组织中都有别斯图热夫学校的女生参与。

在1880-1885年间，1988位别斯图热夫学生中就有241（12.07%）位受到警方的特别监视。这样，当局于1886年禁止学校继续招收新生，不过因为有民众的广泛支持，学校仍然能够坚持运转，而且是1886-1889年间唯一一所继续运作的女子学校。这样，到1889年学校便只剩下140名四年级毕业生了。在遭遇政治打压的同时，学校在经济上也遭遇危机。因为学校的主要经费来源是学费，连续几年停止招生的后果是灾难性的，学校面临难以为继的困境。

1889年政府被迫同意学校恢复招生，但制定了种种限制。1889年3月当局出台了有关圣彼得堡女子高等学校的临时条例，学校得以保留，但是取消了它最初拥有的自治权，学校落入当局的掌握之中。校长等学校管理职位、机构均改为官方任命或组建，招生规模被大大削减，而且，因为提高了学费、要求资产证明、父母同意等种种限制条件，入学门槛大大提高了。女学生们只被允许在亲人家中或宿舍居住。结果是学校的公共性质几乎被摧毁殆尽。学员减少至400人，而且教学计划也被官方重新制订。别斯图热夫一留明离职，学校更名为圣彼得堡女子高等学校，但是其别称别斯图热夫女子学校仍保留了下来。

1905年革命后，学校又重新获得了自治权，学校的教授委员会获得了选举校长的权利。教学计划也重新做了修订。学校引入了分科制新教学体系，允许学生自愿选择课程，而教师可以把实践课程和教学班多样化、扩大。1910年国家教育委员会正式承认彼得堡女子高等学校是具有大学教学规模的高等学校，学校的毕业证书也获得了相当于大学毕业证的地位。1912年12月尼古拉二世签署法令，允许非国立女子高等学校的毕业生参加大学的课程考试并获得毕业证，获得大学毕业证的女校毕业生因此可以独立从事科研、教育等工作。

一战期间别斯图热夫学校与彼得堡其他高校一样遭受重创，经费短缺，教学难以系统进行，学校从此一蹶不振。十月革命后，布尔什维克于1918年将学校改组为彼得格勒第三大学，第二年又将之与彼得格勒第一大学合并，组成彼得格勒大学，即今天国立圣彼得堡大学的前身。

别斯图热夫高等学校有三个系：文史系、物理-数学系（一开始分为物理-数学部和专门数学部），1906年又开设了法律系。文史系学习神学、逻辑、心理学、哲学史、教育史、文学史、俄语、拉丁语、法语等课程，拉丁语和合唱是必修课程。物理-数学系修习数学、物理、化学、植物学、矿物学、晶体学等课程。

学校学制始为3年，后来变为4年。学校由彼得堡大学教授们任教，其中包括门捷列夫、谢切诺夫、博督恩德库尔特奈、奥夫相尼科库里科夫斯基等。

在学校发展的40年历史中，别斯图热夫学校共培养了32届学生，毕业生约6933人。其中文史系毕业生最多，为4311人，数理系为2365人，法律系为237人。绝大多数毕业生投身教育事业，许多人在图书馆等其他文化机构工作。许多优秀的女性学者、作家、社会活动家在此学习过，涌现了不少科学、艺术领域的优秀活动家，包括苏联科学院院士波鲁博雅林诺娃-科钦娜（П.Н.Полубояринова-Кочина）、苏联科学院通讯院士皮古列夫斯卡娅（В.Пигулевская）、女作家卡拉瓦耶娃（А.Караваева）等。许多学生后来投身于社会、政治活动，比如列宁夫人克鲁普斯卡娅（Н.К.Крупская）、无产阶级妇女运动活动家萨莫伊洛娃（К.Н.Самойлова）、保加利亚共产党的创建者之一布拉格耶娃（Н.Благоева），等等。

图5-3　娜杰日达·康斯坦丁诺夫娜·克鲁普斯卡娅，苏联党和社会活动家，列宁夫人。曾就读于别斯图热夫女子高等学校。[①]

① 参见http://www.hrono.ru/biograf/bio_k/krupskaja_nk.php

（2）莫斯科女子高等学校

莫斯科女子高等学校由莫斯科大学历史学教授格里耶（В.И.Герье）于1872年创办，是俄罗斯较早设置的女子学院之一。

1872-1888年为学校的第一阶段，一般称为格里耶女子高等学校。学校由任教的教授们组成教育委员会，委员会不仅负责教学工作，还制定预算。委员会选举委员之一任主席，负责与政府沟通事宜。学校的第一任主席是格里耶。

格里耶女子学校既招收正式学员，也招收旁听生，二者学费一样，都是一年50卢布。最初格里耶学校为两年制普通高校，1879年开始变为三年制。与此同时，学校删除了自然科学的通识课程，以人文学科为主，类似大学的文史系。学校也开设实践类课程。与其他女子高校一样，格里耶女子学校在19世纪80年代末被关闭。

1900年莫斯科高等女子学校复校，成为四年制高校，拥有三个系：文史系、数理系、数学系，1906年又组建了医学系。

格里耶女子高校创办之初有学生近70人，直至1878年，学生人数始终在103-107人间徘徊。1879年后学生人数增长迅速，19世纪80年代中期超过了200人。与帝俄的许多女子高校一样，格里耶学校的经费非常紧张。一开始它根本得不到外界资助，从1878年开始才能从商会那里得到少许资助（500卢布/年），学校主要靠捐款和学生学费维持运转。然而经费问题并没有影响学校的教学质量，学校的教学水平绝不亚于大学。莫斯科大学的许多教授均曾在此任教，其中包括俄罗斯的优秀学者如克柳切夫斯基（В.О.Ключевский）、维诺格拉多夫（П.Г.Виноградов）、布列基辛（Ф.А.Бредихин）、布斯拉耶夫（Ф.И.Буслаев）、安努钦（Д.Н.Анучин）等。格里耶女子学校在俄罗斯女子教育发展史上起了重大作用。

1915-1916年间，莫斯科高等女子学校获得组织毕业考试并颁发高等教育学历证书的权利。1918年学校人数达到8300人，仅次于莫斯科大学。

十月革命后莫斯科女子高等学校也被改组重建。1918年学校更名为国立莫斯科第二大学，这所大学后来又被分解成三所独立高校，即国立莫斯科第二医学院（今国立俄罗斯医科大学）、国立莫斯科精细化工学院（今国立莫斯科罗蒙诺索夫精细化工学院）及国立莫斯科师范学院（今国立莫斯科师范大学）。

## 三、俄罗斯女子院校的历史意义

俄罗斯的教育事业曾经长期落后于西方。从人口识字率看，19世纪末期俄罗斯男性识字率仅为31%，女性则为13%，而在农村女性识字率更低，仅为8.6%，这些指标都远低于西方国家的同期水平。

当时俄国受过高等教育的女性更是凤毛麟角。社会观念的保守直接导致了这一后果。直到19世纪中期，俄罗斯上层社会仍然普遍认为学习科学知识绝对应该是男性的事。因此，在很长时期内，俄罗斯女性根本就没有获得接受高等教育的机会。

19世纪后期成为俄罗斯妇女真正觉醒的时期，俄罗斯女性迎来了一个新时代。妇女解放运动与社会革命运动紧密结合，不仅为女子争得了享受高等教育的权利，也造就了女子高等院校的短暂繁荣。可以说，争取到妇女教育权，特别是高等教育权，是19世纪俄罗斯妇女的伟大成就。正是教育帮助了妇女，使得她们为自己挣得糊口之费，从而得以自主选择命运。

不少女子高校都为学生提供相对宽松、开明的环境，一种新的女性意识逐渐被培育起来。这种意识一开始只在少数受教育的妇女身上出现，但逐渐被更广大的女性群体所接受。妇女心目中先进女性的典型逐渐发生了变化，年轻一代女性渴望自由，追求自主选择行为方式的权利，开始拒绝被事先设计、限定的生活框框里。与新的历史条件相适应，女性学员的社会成分也发生了巨大变化，更多平民女子走近学校乃至大学，阶层壁垒出现了松动，进步思想有了更加便利的传播渠道。

需要强调的是，俄罗斯妇女追求自身权益、追求解放的斗争走得很远，远远超出了妇女运动的范围，许多女校学生都投入到当时的革命运动中去了。无论那些女活动家参加的是何种政治派别，是民意党还是马克思主义政党，有何历史功过，都必须肯定，女性投入社会变革大潮本身就是一个进步的标志。

十月革命后，俄罗斯女子高校不复存在，但其成果却得到了实质上的继承，在俄罗斯民族教育史上具有重大意义。许多女子高校被改组后以男女合校的新面孔被纳入到苏联的教育体系中，逐渐演变成今天俄罗斯和独联体其他部分国家的著名大学。更重要的是，女子高校追求的目标，即女性与男性享有同等的教育权利，今天在俄罗斯已经根深蒂固了，当前俄罗斯女性在学院或大学里接受教育成为理所当然的事情。今天的俄罗斯无论从居民整体上受教育的程度，还是妇女受教育的程度都位居世界前列。

现在每千名俄罗斯妇女中受过高等和中等教育的就有680人，受过高等教育的女性已经接近男子的水平，而且俄罗斯高校中有些专业女生的人数甚至超过了男生。就是那些传统上更多被看作男性传统领地的高校或专业，如警察、军事院校，女性的人数也越来越多。高学历的妇女在经济、政治、社会管理等领域发挥着越来越重要的作用，在俄罗斯的高等教育中55%的工作人员都是女性。女性在经济、卫生、教育等领域也都占据优势。可以说，俄罗斯重新崛起的最大资本不是石油、天然气，而是拥有高素质的国民，特别是受过良好教育的妇女队伍。有人说，俄罗斯21世纪的命运掌握在有文化的妇女手中，这可绝非全然是玩笑。

# 第六章　孟加拉国女子大学教育：在低调中引领风骚

孟加拉国为南亚地区的一个小国，其传统教育在中世纪兴起，但在中世纪晚期，深闺制度的盛行导致女子教育几乎停滞。随着孟加拉地区政治、经济的发展，社会迸发出对现代教育的需求。19世纪末，女子教育克服种种阻力获得发展和提高。亚洲女子大学和中央女子大学是孟加拉国的两所女子大学，二者的发展历程、学校概况及其办学理念，从一个侧面展现了孟加拉国女子高等教育的现状。女校不仅培训女性的专业技能，也在多方面塑造她们的人格魅力。在经济发展及现行教育体制下，孟加拉国女子大学教育任重而道远。

## 一、背景与历史概述：再穷不能穷教育

### 1. 孟加拉国概况

孟加拉人民共和国总面积147570平方公里，人口1.633亿，孟加拉族占98%，另有20多个少数民族。孟加拉语为国语，英语为官方语言，伊斯兰教为国教。孟加拉国经济发展较为滞后，国民经济以农业为主。近年来，孟加拉国政府均主张实行市场经济，推行私有化政策，改善投资环境，大力吸引外国投资，积极创建出口加工区，优先发展农业，这使孟加

拉国的经济一直保持平稳增长，人民生活水平有所提高。[①]

孟加拉国的社会经济成分、社会结构、人口以及宗教信仰较为复杂。这片土地在历史上曾经属于印度，19世纪它与印度其他地区同步发生着社会内部的变革，孟加拉地区最先为英国人占据，处于与西方文化接触的桥头堡地位，英国殖民者带来的新元素（包括新式教育）也最先对这个地区产生影响。孟加拉地区作为被英国人统治最早且时间最长的地区，其教育的现代化程度在印度地区也较为领先。[②]

2. 孟加拉国的女性

孟加拉国为穆斯林国家，加上其本地文化因素，使得该国的女性社会地位较为低下。孟加拉国的童婚率是世界上最高的国家之一。尽管18岁才是女性法定结婚年龄，但是10－19岁的女孩中超过2/3[③]，15—17岁的女孩中近40%都已成家。[④]此外，许多女孩子在19岁时便成为人母。让人寒心的是，许多女孩在生产时没有医生的接生、医院的护理与照顾，只能在家里完成生产。由此，每年大约有11000名妇女死于难产[⑤]。

图6-1 孟加拉国女性

在孟加拉国，女性经常受到性侵犯和家庭暴力。大约有55%已婚妇女没有单独外出的自由，一半以上的已婚男人认为对

① 参见http://www.chinavalue.net/Finance/Blog/2010-7-2/409107.aspx。

② 李越：《试论19世纪孟加拉地区的教育发展》，中国优秀硕士学位论文全文数据库，2008年5月。

③ 参见The State of World Population 2005，UNFPA。

④ UNICEF Bangladesh Country Programme document, 2005.

⑤ "Government of Bangladesh and UN ' Millennium Development Goals". Bangladesh Progress Report, 2005.

他们的妻子施行家庭暴力为理所应当。在一项健康调查中，将近一半男性说如果他们的妻子未告知他们就出门，将会引来暴力①。1/7的女性死亡是由家庭暴力引起的②。几十年来，尽管孟加拉国的男女寿命差距有所减小，但是仍然是世界上为数不多的女性寿命短于男性寿命的国家之一（男性平均寿命为68.6岁，女性平均寿命为68岁）③。

孟加拉国酬劳性别差异现象严重。近五分之一的农业生产力来自女性，然而，她们的工资仅为男性的70%。在其他领域，女性在总体劳动力中占22%，但是她们的工资甚至连男性同事的一半都不到（除公务员这个职业的工资水平是男女平等以外）④。此外，对于孟加拉国的12.5%女性而言，她们的工资如何花，往往是由她们的丈夫来决定⑤。

近年来，女性在孟加拉国政界扮演着重要角色。300名国会议员中，女性占有六名。重要政治党派的领导也是女性，她们是孟加拉国民族主义党的领导人卡莉达·齐亚（Begum Khaleda Zia）和孟加拉国人民联盟领导人谢赫·哈西娜（Sheikh Hasina）。在地方政府，大约有四分之一当选议员也是女性。⑥

3. 孟加拉国高等教育的发展

中世纪以来，穆斯林与印度教徒在融合与独立并存的环境中共建多元的孟加拉文化，传统教育便由此兴起，发挥着维护社会稳定和

---

① "Women and Girls in Bangladesh 2011".UNICEF.

② "Government of Bangladesh and UN ' Millennium Development Goals".Bangladesh Progress Report.2005.

③ UNICEF BCO PowerPoint 2007.

④ "Government of Bangladesh and UN ' Millennium Development Goals".Bangladesh Progress Report.2005.

⑤ "Bangladesh Demographic and Health Survey".2004, "National Institute of Population Research and Training".2005.

⑥ "Government of Bangladesh and UN ' Millennium Development Goals".Bangladesh Progress Report.2005.

维系文化传统的作用。在孟加拉地区，托尔[①]与帕特萨拉[②]两套学校体系形成了印度教精英教育与大众教育互补的完整系统，而马克塔卜（Marktab）与马德拉萨（Madrasa）[③]则构成伊斯兰教较为完整的初等与高等两级教育结构。这一时期的高等教育偏向于理性科学。当时，孟加拉地区人民并未意识到要通过教育获得实际利益，对受教育的权利并不看重，受教育多以自我修养为目的；教育对象的范围也很有限，存在等级与性别的歧视。

中世纪晚期，孟加拉社会盛行深闺制度，女子教育的发展几乎停滞。一般人家的女孩通常从父母那里接受早期教育，但到一定年龄，她们就不能再接受高一级的教育。此外，人们对女子教育存在极大偏见，例如，1863年孟加拉国教育报告就阐述道：没有男人愿意娶受过教育的女子，女子教育会导致许多单身女人的出现。显然，传统观念上，推行女子教育是禁忌，再加上“女子教育投入高却毫无回报，还转移了女人们对自身家庭责任的注意力”等观点的盛行，使得女子教育在孟加拉的发展更是困难重重。

孟加拉国传统社会对女性的歧视，直接影响了女子教育在孟加拉国的发展。当然，这也使女校的发展面临着机遇与挑战。一方面，人们已经意识到女性教育对女性自身、对家庭、对社会的重要意义；另一方面，女校的建设与发展也给当地政府带来巨大压力。

随着孟加拉地区政治、经济形势的变化，人们对教育领域的需求迸发，现代教育萌芽并快速发展。孟加拉高等教育的现代发展始于加尔各答大学的创建（1857年），并以加尔各答为中心辐射开来，各类学院兴起。数量最多的是文学院，同时出现工程学院、医学院和法学院。

---

① 托尔(tol)：孟加拉地区的梵语学习中心。托尔的精英教育模式作为孟加拉传统教育的组成部分，是孟加拉地区保存并传承印度经典文化的最重要的工具。

② 在11世纪左右的孟加拉，一个称为“帕特萨拉”（Pathsala)的本地语大众教育体系发展起来。16到18世纪间，帕特萨拉在孟加拉达到鼎盛，进一步促使了孟加拉语及其文学的成熟。

③ 马克塔卜相当于小学，这一阶段的学生首先要背诵《古兰经》，其次是学习读、写及简单的算术，小学毕业后升入相当于学院的马德拉萨接受高一级教育，由不同的老师讲授不同的课程，内容兼有宗教和世俗的知识。

加尔各答大学的附属学院有18所在孟加拉，其中10所是私立的。在此过程中，伦敦大学的组织模式、管理制度、教学内容得到孟加拉国大学的借鉴，加上生源扩大、毕业生职业化与社会化增强，都改变了孟加拉高等教育以往宗教精英教育的狭隘状况。此外，以印度传统知识为内容的高等教育也取得发展。[①]全新的现代大学得以发展，传统大学向更高水平发展，孟加拉高等教育迈向一个新台阶。

孟加拉国近代女子教育最初由基督教传教士拉开帷幕。传教士对妇女进行闺房教育，使一些中上层妇女得以越过深闺高墙并揭开头巾面纱，与外界沟通交流，这是孟加拉深闺制度下女子与英国妇女进行文化接触的起点，为她们提供了学习欧洲人的习惯甚至语言的机会。[②]可见，传教士的引导作用在女子教育中非常突出。

此外，孟加拉女子教育还得益于社会改革家的奔走呼号。随着改革的深入，孟加拉许多地区的妇女逐渐对自身教育提出要求。据记载，赞成女子教育的人中四分之一是女性，尤其是女孩和年轻的妻子，因为她们最可能成为女子教育的受益者[③]。于是，以提高妇女地位、推进社会进步为己任的社会改革家们推动了女子教育的发展。这样，女子教育在社会各方力量的支持下克服种种阻力，持续进步。

1854年，孟加拉国有288所女子学校，共有6869名在校学生[④]。1882年，孟加拉女子教育在初中等级阶段有一定扩展，女大学生数量虽然较少，但是女性接受师范教育为以后女子教育质量和数量的提高做了很好的铺垫。另外，该阶段男女生混合学校中的女生人数越来越多，孟加拉女子教育开始有效分享社会教育资源。

1882年后，在社会力量、政府力量以及人们自身的重视之下，女子教

---

① William Hunter, "Report of the Indian Education Commission.Superintendent of Government Printing", Calcutta, 1883, p.38.

② Meredith Borthwick, *The Changing Role of Women in Benga, 1849–1905*.Princeton University Press, 1984, p.71.

③ Meredith Borthwick, *The Changing Role of Women in Bengal, 1849–1905*.Princeton University Press, 1984, p.67.

④ William Hunter, *Report of the Indian Education Commission*.Superintendent of Government Printing, Calcutta, 1883, p.525.

育在19世纪末得到一定进展。到20世纪初，女子受教育人数增长较快，1903–1904年进入中学与大学的女生共162，260人，是男生人数的9.38%，其中上大学的有98名。此外，女生受教育程度也有很大提高，进入中学学习的女生在1903–1904年间达到162，162人，是男生人数的9.43%[①]。

总体而言，孟加拉女子教育从受排挤到受重视，意味着女性的社会地位与发展前景在提升。女性接受高等教育的数量与质量均得到提高，各方面的投入力度也在加大，女子教育初具规模，也取得了一定的成就，为孟加拉国乃至全世界的女子教育发展奠定了坚实的基础。

## 二、发展模式与理念：撑起女性的一片天空

19世纪末，女子教育克服种种阻力获得发展和提高。亚洲女子大学和中央女子大学是孟加拉国的两所女子大学，二者的发展历程、学校概况及其办学理念，从另一个侧面展现了孟加拉国女子高等教育的现状。

### 1. 亚洲女子大学

亚洲女子大学建于2008年，位于孟加拉国的吉大港市，是一所寄宿文理学院，提供文理学术本科课程。在2004年亚洲女子大学奠基仪式上，孟

图6–2 亚洲女子大学校徽

图6–3 亚洲女子大学学生毕业典礼

① George E.Eyre and William Spottiswoode. “Statistical Abstract Relating to British India” .1867–1922.

加拉国总理卡莉达·齐亚发表讲话指出："这所大学不仅将为孟加拉国、而且还将为亚洲其他国家的贫困女学生提供上大学的机会。"

（1）学校历史

2008年3月，亚洲女子大学启动了第一个学术预科班项目，共有130名来自孟加拉国、斯里兰卡、尼泊尔、印度、巴基斯坦和柬埔寨的年轻女学生参加了该课程。该课程项目第一个班的女学生于2009年7月毕业，继续攻读本科课程，于2013年大学毕业。据统计，截止到2012年，亚洲女子大学所招学生来自12个国家或地区：阿富汗、孟加拉、不丹、柬埔寨、中国、印度、缅甸、尼泊尔、巴基斯坦、巴勒斯坦、斯里兰卡和越南。[①]

图6-4 亚洲女子大学校园规划图

亚洲女子大学基金会是来自美国的一个非营利组织，主要为这所大学提供核心规划和资金来源。同时，该基金会还从其他国际组织或个人那里获得帮助，为亚洲女子大学招募高素质师资，并为女学生的优质教育而不懈努力。此外，来自教育、金融及其他领域的引领者组成的国际关系网络也在为这所学校的发展努力并寻求合

① 参见http：//www.asian-university.org/campus/plan.htm。

作。较为知名的顾问和赞助人有：诺贝尔奖获得者穆罕默德·尤努斯（Muhammad Yunus）、前哈佛大学艺术科学院院长亨利·罗索斯基（Henry Rosovsky），还有其他著名人士。亚洲女子大学还获得了来自澳大利亚、香港、日本和英国相关组织的援助，有益于大学资金运转、学术建设和其他相关事宜。亚洲女子大学是一所全球组织机构共同支持的大学，且该校的女大学生多为贫困家庭出身，少有接受高等教育的机会，因此，学校为她们设置了奖学金制度，作为对她们的奖赏、鼓励与肯定。

（2）学校现状

亚洲女子大学从世界各地吸纳优秀人才。现有教学人员40人，行政人员100人，学生500多人。该校营造了良好的学习氛围，以学生为中心，为学生提供最优质的教学质量。现有的教学项目中，有预科班、本科教学、实习就业及合作机构。

预科班为期11个月，主要是帮助学生为进入大学本科教育做好准备。从环境适应、文化适应、培养师生关系与技术创造力等各个方面全面锻炼学生，让她们成为个性张扬、自信的人。

本科教学为学生们提供既严格又宽松的课程教学，重在培养学生的批判性思维、解决问题的能力及领导力。该校设置了五个专业，分别为：亚洲研究、生物学、环境科学、哲学与政治经济学、公共健康。

实习就业是亚洲女子大学的学生教学安排中极为重要的环节。学校为学生们提供丰富的应用研究项目、学习实践和实习的机会。此外，学校非常重视国际合作。例如，斯坦福大学每年派遣两名博士后到亚洲女子大学教学。同时，亚洲女子大学与其他私人机构或非营利组织也建立了合作关系，为学生提供更多的实习机会。

亚洲女子大学志存高远，其办学宗旨是：培养下一代亚洲女性领导人。该宗旨又具体分为四个主要目标：

一是致力于使亚洲女性成为专业资深人士、领导者或区域服务人员，由此促进亚洲人民的跨文化交流和发展；

二是为来自不同文化、宗教背景的女性提供一个丰富多彩的学习场所，使她们的智慧与个性得到最大程度的绽放；

三是营造一个以学生为中心的学习环境，发展多元化的学科，包括人文、自然、社会科学学科，公共课与专业课的应用教学要求学生将理论与实践、时事、亚洲事务乃至世界发展的机遇与挑战联系起来；

四是重在提高学生的学习能力和领导力，培养她们以全方位的服务视角来洞察亚洲与世界的发展，打造全面的优秀人才。

可见，亚洲女子大学始终追求一个目标，即将女性培养成高技术、高创造力的专业人员，使她们在未来的工作中成为领导核心，从而促进亚洲乃至世界各国的跨文化交流、经济发展与可持续发展。

**名誉校长切丽·布莱尔**

切丽·布莱尔（Cherie Blair）是一位在国际上具有很大影响力的律师、人权倡导者。2011年3月2日，她被委任为亚洲女子大学名誉校长。

图6-5　切丽·布莱尔

几十年来，切丽·布莱尔积极参与到人权和妇女平等的事业中。她特别重视妇女和儿童方面的工作，与多家世界各地的慈善机构都有紧密联系。2008年，她建立了切丽·布莱尔妇女基金会，支持发展中国家妇女事业的发展。

作为亚洲女子大学的名誉校长，切丽·布莱尔不仅要拓展学校的国际影响力，还要常规性地出席学校的开学与毕业典礼。此外，她还被选为大学的国际支持委员会会员。亚洲女子大学是一个无论在行政上还是学术研究上都完全独立于政府的大学，因此，该校的校长在执政管理与权力上也是独立的，不受政府的制约。

切丽·布莱尔毕业于伦敦政治经济学院，大学期间主修法律专业。她任教于英国威斯敏斯特大学，1976年成为一名律师，1995年成为女皇的法律顾问。1999年7月，她被授予英国公开大学博士学位，并于1999–2006年期间被任命为利物浦约翰莫尔斯大学校长，2006年7月26日被授予“名誉校长”称号。她还担任过管理伦敦政治经济学院远程学校一职。但是，她仍然坚持自己的律师事业，致力于维护人权这一领域的研究，她的崇高理想和勇敢行为得到了社会各界的认可。

**玛丽·散萨隆校长**

图6-6 玛丽·散萨隆

2011年7月11日，玛丽·散萨隆（Mary J.Sansalone）被委任为亚洲女子大学校长。玛丽·散萨隆毕业于辛辛那提大学，大学期间主修文学和工程学，获得土木工程学士学位，其后在康奈尔大学获取工程学硕士和博士学位，并在哈佛大学肯尼迪政府学院获取公共行政硕士学位。她于1987年受聘于康奈尔大学，任教于工程学系，是第二个受聘任教于工程学院并且获得晋升成为首席教授的女性。玛丽·散萨隆曾在康奈尔大学出任土木与环境工程学院副院长和大学学术计划副教务长，其后她加盟圣路易斯市的华盛顿大学，出任工程学与应用科学院院长。

1992年，玛丽·散萨隆因“对本科生的生活与职业和当地社会的知识发展有非凡贡献”，被教育促进及支援委员会和康奈尔基金会评选为“年度最优秀的美国教授”。在1993年，康奈尔大学吸纳她为威尔斯院长级成员，以表扬她“以有效、富启发性的卓越方法教导本科生并对本科教育做出的非凡贡献”。玛丽·散萨隆以尽心培育学生著称。她长于规划、发展并执行优秀学术计划，所定的标准备受推崇，也因此备受敬重。

2. 中央女子大学

中央女子大学（Centrual Women's Unversity）成立于1993年，是孟加拉国第一所仅对女性开放的、以女性教育为目标而创建的大学。一段时期，中央女子大学由于运营管理不善，导致教学水平质量过低，曾是八所被孟加拉大学拨款委员会（University Grants Commission）要求关闭的大学之一。[①]好在2010年8月，经过判决，中央女子大学得到法律许可，得以在新的主管部门和教职员工支持下将其名称标注上“大学”字样，并可以在其选择确定的学科领域开设本科和研究生专业。

图6-7 中央女子大学校徽

中央女子大学秉承“智慧女性乃力量之源”（An Enlightened Woman is a Source of Power）的办学理念，致力于为年轻女子创造一个有益于她们理智、社交、道德全面发展的优良环境。作为一个提供高等教育与研究的机构，中央女子大学不仅推动道德伦理标准和价值观的提升，同时致力于机会均等、透明和无歧视的理念。

图6-8 学生们在图书馆讨论问题

① Ali, Tawfique. “40–45 varsities way behind prerequisites” .The Daily Star.Retrieved 2007-03-17.

图6-9　老师和同学们在计算机房上课

中央女子大学的办学目的是为女性提供一个在平等竞争下追求个人的、学术的及有职业目标的环境。目前设有英语文学、政治科学与政府研究、社会学与性别研究、地理学与环境研究四个专业。学校所设置的科目均与当前和未来的专业和社会需求息息相关。与此同时，中央女子学校尽可能降低高等教育的门槛，将学费保持在一个合理的标准水平。面对学生和职工的各种敏感性需求，中央女子学校始终致力于富有成效的学习和创新性思维的培养目标，提供人道主义的温和氛围，帮助女学生们将自身培养成具有独立思考能力和批判性思维的社会栋梁。

图6-10　泊哈桑

泊哈桑（Perween Hasan）为中央女子大学现任校长，同时任教于达卡大学伊斯兰历史与文化学院。她毕业于达卡大学英语专业，获得学士学位。随后，她在达卡大学和哈佛大学获得硕士学位，分别主修英语专业和区域研究专业。她在哈佛大学美术学院伊斯兰建筑专业上取得博士学位。

多年来，泊哈桑一直致力于“妇女与宗教”的关系研究。2005年，泊哈桑访问了穆斯林国家的南缅因大学，讲授伊斯兰艺术，并被授予“富布莱特访问专家”荣誉称号。此外，为使妇女研究更加国际化，她还与妇女研究部门合作开设相关课程工作室。2006年，在访问伯明翰大学期间，泊哈桑对“妇女和伊斯兰”课题展开研究。从1994年至今，泊哈桑一直致力于妇女和艺术、妇女和宗教领域的研究和教学。

## 三、发展综述：女子教育，全球教育

### 1. 女校发展的机遇与挑战

女性教育对促进社会发展的作用是毋庸置疑的，建设女校、投资女子教育是消灭贫穷的有力武器，教育引导女性争取自己的权利，教育改变女性的人生。女子教育、尤其是女子高等教育，使女人们能够摆脱单调乏味的家庭主妇生活，而活跃于政治、经济和公民社会领域中。在某种意义上讲，女性是比男性更理想的领导者，也有研究表明，相比于男性，女性能更理智地对有限资源进行合理分配，例如，女性能将大部分收入用于食物和孩子的教育方面，由此可见，加强女性在家庭、社会上的经济、政治地位，将直接使下一代受益。为女性提供优质的大学教育，就是为她们及孩子的未来做长远投资。因此，女子高等教育正在逐渐受到社会的认可与政府的重视，女子大学有很大的发展前景。

但是，在现实社会生活中，女子教育在孟加拉国的发展道路却都是十分坎坷，这主要源于女性在该国社会地位不高的历史传统。教育在性别上的不平衡，有其深刻的社会历史原因。孟加拉国的传统观念上，人们对女子接受学校教育存有强烈的偏见。尽管随着经济贸易的扩大，孟加拉国有识之士在与西方人接触中开阔了视野，开始反思自身，并开始着手支持女子教育，但是国内大部分人的思想仍然是保守禁锢的，接受不了女子受教育的现实。

还有，孟加拉国是亚洲的贫困国家，很多家庭连温饱都不能保证，更不会考虑对家里女孩进行教育投资了。虽然孟加拉国现有的两所女子大学都为学生提供奖学金资助，也为她们设了最优惠合理的学费，但社会上仍然有非常多的女孩只能“观望”。此外，虽然孟加拉国及世界各国组织团体或个人对女校予以了大力支持，但孟加拉国政府财政支持力度有限，女校的建设与发展困难重重。所有这些均构成了制约女校发展的障碍。

2. 女校对高等教育发展的意义

女校的建立与发展旨在为女性提供接受教育的机会，为她们营造轻松平等的学习环境与氛围。通过对女性的学术和行政能力上的锻炼与提高，使她们在文理科的造诣上得到均衡发展，继而为社会培养出更多优秀的女性人才，尤其是未来将投身于教育领域的女性们。女子教育在孟加拉国是个新兴领域，处于成长起步阶段，需要大量人力资源。不同于其他普通高校，女校的课程规划与行政管理须针对女性，设计出最有利于她们发展的模式，因此，孟加拉国女校的发展对其自身及世界其他女校而言，同样具有参照意义。

同时，女校的发展对提升整个高等教育的效力也发挥着不可忽视的作用。随着经济的发展、社会的改革，越来越多国家意识到女性在社会上所扮演的重要角色，越来越重视女性的发展，女性的社会地位也在逐渐提高，因此，在高等教育中，女子教育越来越受到青睐。作为输送女性高材生的源头，女校担负着艰巨的责任。可以说，在经济较为落后、性别意识较为淡漠的国家，女校自身的发展，已成为高等教育中独特而不可替代的另一中坚力量。

3. 女校对女性领导力、女性发展、女权意识的意义

当今社会充满机遇，但也面临多重挑战，如环境质量下降，食品危机，饮用水匮乏，贫富不均，人权侵犯，种族歧视，性别歧视等，在这些考验面前，女人往往比男人受到的冲击和影响更大、更具破坏性，这是人类的悲哀。作为家庭核心力量的女人，她们在社会上的地位往往被忽视，常常遭受不公平待遇。社会要进步和发展，必须给予女人与男人同等的机会与待遇，甚至扮演社会领导核心的角色。事实上，除了

提高女子教育，没有其他更好的方法能够改变女人的社会角色与社会地位。

妇女要提高自己的经济、政治权利，就必须通过社会的竞争，靠知识改变命运，靠自己的工作能力来证明自己，争取更多的机会。随着社会的发展，女性的职业范围已经不仅仅局限于教育、医疗护理、语言运用等方面，一些传统男性从事的职业对性别要求降低了。这使得越来越多的女性步入政坛，并在政治领域获得话语权。女校中所培养的女性创造力、批判思维与领导力，为女性的职业生涯奠定了基础。

据高盛集团（Goldman Sachs）调查，在南亚，如果男女教育差距缩小，则20年内该地区的人均收入将提高10%至15%。[①]可见，女性教育将促进社会经济的快速发展。政府、社会对女子教育的投资是消除贫穷的最佳解决方法，对女子教育投资对社会的进步与发展尤为重要。

此外，过去在孟加拉国，由于女权意识的薄弱，女性对于自己的收入并没有发言权与决定权。而接受高等教育的女性在自主性、积极性等方面都有所提高。许多女学生在接受教育过程中，逐渐意识到只有教育才能改变人生，意识到她们不再只是父母的好女儿、不再只是家庭的一分子而已，她们的人生目标也不仅仅只是做好一个贤妻良母，一辈子相夫教子，安于家事。通过接受女子大学的教育，她们懂得了生命的强大与人生的真谛，女大学生们明白教育的意义：教育能使她们发掘到自身无穷的潜力并加以运用。

女校不仅教给女性专业知识与技能为日后所用，而且它从自尊、自立、自强、自信等各方面塑造女性的独立人格，它旨在唤起女性自我意识的觉醒，让女性走上独立的道路，引导女性树立正确的人生观、价值观，最终实现自身的进步和发展。因此，女校肩负着社会重任和使命，它培养出来的女学生应该在品质、气质和才能上都出类拔萃，应该对妇女解放事业具有强烈的责任感和使命感，这样的女性才是社会所需要的顶梁柱，才能适应社会的发展。

---

① 参见http://search.japantimes.co.jp/cgi-bin/nn20090530f1.html

## 四、结 语

虽然女校的发展潜力与前景为人们所看好，但是孟加拉国的两所女子大学（亚洲女子大学和中央女子大学）尚处在刚刚起步的阶段，仍有许多问题亟须解决。亚洲女子大学的第一届女学生们还未毕业，她们的就业前景与发展态势成为孟加拉国乃至世界其他国家关注的焦点；中央女子大学曾经因为管理不善差一点被关闭，它们需要经受时间与社会的考验。

对于南亚的大多数女性而言，接受高等教育是一种奢侈。来自巴基斯坦的一位纪录片导演说，在巴基斯坦只有1%的女孩拥有接受英式教育的机会，而她们多来自上流社会或中产阶级，有着优越的家庭背景。[①]可见，普及女子教育，不仅要从人们的思想观念、价值观入手，让她们从根深蒂固的传统思想中解放出来，更重要的是为贫困家庭解决教育所带来的经济问题，只有这样，才能推动女性教育的顺利发展。

---

① 参见http://search.japantimes.co.jp/cgi-bin/nn20090530f1.html。

# 第七章　印度女子大学教育：无穷力量的源泉

印度是四大文明古国之一，与大部分拥有古老历史的国家一样，男尊女卑的传统观念在这里根深蒂固，人们相信结婚、生子、服务于家庭才是女性的义务。历史上童婚、闺禁等旨在维护男权主义的陈旧习俗使印度女性长期无缘学校教育。直到1947年印度独立后，女性教育才开始受到政府的重视，女子高校呈蓬勃发展之势。女性通过教育得以摆脱依附性的社会地位，赢得社会权利，因此，“赋权”成为众多印度女子院校的校训及使命。与此同时，在印度，女性教育被视为提高生产力和打破贫穷的重要手段，接受过高等教育的现代女性在印度社会发展中起着越来越不可替代的作用，正如印度第一所女子大学——SNDT女子大学（SNDT Women's University）创始人D.K卡夫（D.K.Karve）博士所言：“开明的妇女是无穷力量的源泉”。

## 一、背景与历史概述：印度女性教育的开端与挑战

### 1. 印度国家及教育概况

印度位于亚洲南部，国土面积约316万平方公里，是南亚次大陆

最大的国家；人口12.1亿，是世界排名第二的人口大国[①]；也是一个多民族国家，由十个大民族和几十个小民族组成，其中印度斯坦族占46.3%，其他民族包括泰卢固族、孟加拉族、马拉地族、泰米尔族等。约有80.5%的居民信奉印度教。印地语是官方语言，约30%印度人口使用。英语为全国性的通用语言，在政治和商业交往场合被广泛使用。

印度是历史悠久的四大文明古国之一，印度人曾经创造了光辉灿烂的印度河文明，印度具有丰富多彩的文化遗产和旅游资源。同时，印度还是世界三大宗教之一——佛教的发源地。

从11世纪起，印度就不断受到穆斯林民族的入侵，并一度受到穆斯林民族的统治。1398年蒙古族人由中亚侵入印度。1526年建立莫卧儿帝国，成为当时世界强国之一。1600年英国侵入，殖民者在印度建立起臭名昭著的东印度公司。1757年，印度和英国之间爆发了普拉西大战，印度战败，从此逐步沦为英国的殖民地，到1849年，英国已占领印度全境。1857年，印度爆发了反英大起义，但并未能撼动英国殖民者的统治，次年英国政府直接统治印度。1947年6月，英国通过"蒙巴顿方案"，将印度分为印度和巴基斯坦两个自治领地。同年8月15日，印度在与巴基斯坦分治后实现独立。直到1950年1月26日，印度才正式宣布独立，成立印度共和国，但仍为英联邦成员国[②]。

目前，印度是世界上经济发展最快的国家之一，是软件业出口的霸主，同时，也是金融、研究、技术服务等领域的重要出口国之一，同巴西、俄罗斯、南非和中国一起合称为"金砖国家"，但在快速发展的背后，印度也是一个社会财富分配极度不均的发展中国家。

在教育制度方面，印度采取12年一贯制中小学教育，高等教育共8年，其中包括3年学士课程、2年硕士课程和3年博士课程。此外还有各类职业技术教育、成人教育等非正规教育。其中，综合性大学约有350所，著名的包括德里大学、尼赫鲁大学、加尔各答大学等。

2007年，印度人口识字率达到75%，但成人文盲仍达3亿，居世界首位，因此印度不断在全国推广扫盲计划。

---

① 2011年3月印度人口普查委员会对印度全国进行的人口普查结果。

② 参见http://www.fmprc.gov.cn/chn/pds/gjhdq/gj/yz/1206_42/。

2009年，印度议会通过了适龄儿童接受免费义务教育的法案——《儿童免费义务教育权利法》，根据这一法律，各邦政府与地方机构在法律上有义务确保每个适龄儿童在所在地区学校接受免费义务教育。2010年4月1日，印度《儿童免费义务教育权利法》正式生效，这将使印度大约1000万没有上学的适龄儿童直接受益[①]。

2. 深受传统束缚的印度女性

在传统的印度家庭中，女性大多处于从属地位，被视为二等成员。社会上男尊女卑的观念、男人主宰家庭的传统依然盛行。印度传统的大家庭制度依然保持着其传统而稳固的家庭结构和家庭生活，这在农村家庭关系中表现得更为显著，这种无形的社会控制可谓达到了无孔不入的程度[②]。在中世纪，女性须服从男性，幼年从父，成年从夫、夫死从子，缺乏自主地位。在经济方面，女性对家庭财产也没有绝对的所有权和继承权，一种被社会上普遍认同的观念认为"女子属于谁，她挣的钱就属于谁。"[③]女性往往在家庭中承担着繁杂的家务劳动和哺育后代的重任，但她们在社会经济生活中并没有相应的地位，而是男性无足轻重的附属品。[④]印度社会普遍认为，女性无需自力更生寻求经济上的独立，结婚、生子、传宗接代才是其应尽的义务，女性应当把服务家庭放在首要的地位，而受教育不会更好地发挥女子在家庭中作为一个妻子和母亲的作用。当时印度社会甚至流传着这样的说法：受过教育的女性在婚后不久就会成为寡妇。因此，在男权当道的传统印度社会中，把对女子的教育作为一种谋生手段的积极想法并不存在，更谈不上发展女性教育。

此外，中世纪晚期的印度社会中还存在一些旨在维护男尊女卑的价值观念和保持妇女的从属地位不被颠覆的习俗，如童婚、深闺制度（Purdahystem）等，这都严重阻碍了印度女子教育的起步和发展[⑤]。

---

① 参见http://news.xinhuanet.com/world/2010-04/01/c_1212689.htm。

② 蒋忠新译：《摩奴法论》，中国社会科学出版社1986年版，第103页。

③ 同上。

④ 同上。

⑤ William Hunter, *Report of the Indian Education Commission*.Superintendent of Government Printing, Calcutta, 1883, P.521.

图7-1 身着传统服饰的印度女性

童婚在中世纪晚期的印度教和穆斯林家庭中广泛流行。许多印度家庭在孩子年幼时就为其订婚，女子一旦订婚或结婚就要以家庭和丈夫为中心。人们认为如果一个女孩接受了过多的教育，将会变得不安稳，从而无法被男性所驾驭。因此，一旦女孩成婚或者到12岁，她们就不能再随意跨出家庭的圈子到外界活动，更不会有接受教育的机会。[①]

而深闺制度（Purdah）则是印度中世纪以来关于妇女社会行为的一整套规范。13世纪穆斯林在印度建立统治之后，这一制度演化成一种普遍的社会行为规范。这一制度规定，妇女在公共场所都要以面纱遮盖脸孔和身体，已婚的印度教高等种姓妇女必须乘坐轿子才能外出，在家中也不能与男性亲属接触，甚至禁止当着婆婆和家中其他成年男性成员的面开口说话。对于大多数社会下层和低种姓妇女来说，尽管要求不是那么苛刻，但在生活中也要遵守回避和守贞的原则。深闺制度在穆斯林家庭中表现得更加苛刻，无论结婚与否，女性都要与外部世界隔绝。深闺制度及其塑造的一套社会价值观念加剧了印度本就严重的两性隔离，女性几乎与世隔绝[②]。

中世纪晚期印度社会的陈旧风俗和男尊女卑的观念，让女性学习变得完全没有必要，也使女性与男子一样接受教育变得不可能。因此，在很长一段时间内，印度女性接受教育的程度远远低于男性，而且女性教育很难与男性教育在同一屋檐下并行不悖，这也是导致印度采用女校这种独特教育形式的深层次原因，在内容和形式上也具有与时代

① 王雪：《19世纪印度现代女子教育研究》，华中师范大学硕士论文，2009年。
② 黎菱：《印度妇女：历史、现实、新觉醒》，世界知识出版社1986年版，第33页。

特征和社会文化相适应的特点。

## 二、发展模式与挑战：数量与质量的博弈

### 1. 印度女子院校的发展模式

印度现代女子学校教育发端于英国殖民者所兴建的教会女学。传教士开办女学起到了女子教育思想启蒙的作用，在客观上促进了印度女子教育的发展。随着20世纪20-30年代妇女解放运动的高涨、女性社会地位的提高，使新生的印度女子高等教育进入一个相对快速发展的时期。①

1947年印度独立后的宪法规定男女平等，要求社会各界采取各种措施推动社会女性观念的转变，同时大力倡导男女平等接受高等教育的观念，这些举措催生了印度女子高等教育的发展。为加快女性高等教育的发展速度，减少印度社会严重的性别歧视，印度政府对女性教育给予了特殊的关注。在随后的几个五年计划中都涉及女子教育，并在60年代发起了建立女子学校的运动。同时，为了鼓励保守的家长送女儿上学，运动中提倡从高中到大学实行男女分校。这一运动使女子学院的创办更容易地得到社会理解和认可。②

1950年至1951年度，印度有93所女子学院，十年后达到254所，1970年至1971年度更是达到430所。20年间，印度女子学院以平均每年17所的速度增长。以德里大学为例，20世纪90年代初总共有19所女子学院，其中有13所是50至70年代建立的。到2004年至2005年度，印度女子学院已发展到1849所，这几乎是印度独立时的19倍。③这些数字是印度女子高等教育的迅猛发展的佐证，但更重要的是越来越多的印度女性由此获得了更多的接受高等教育的机会。这些女子学院既有政府、大学出资兴建的，也有非政府组织机构、教会、协会建立的，有团

---

① 朱峰：《基督教与近代中国女子高等教育——金陵女大与华南女大比较研究》.福建教育出版社2002年版，第34页。

② 黎蓤：《印度妇女：历史·现实·新觉醒》，世界知识出版社1986年版，第 75页。

③ 安双宏：《印度女性接受高等教育的机会》，《比较教育研究》2001年第7期。

体筹款，也有个人注资，可以说，印度女校的蓬勃发展是多方努力、共同合作的结果，这些专门的女子学院成为印度女性接受高等教育的主要渠道。

在印度，除专门女子学院，女子高等教育中很重要的一部分是女子大学。在20世纪80年代初期，印度只有一所女子大学，即创建于1916年的SNDT女子大学，是由D.K卡夫（D.K.Karve）1896年为一些年轻寡妇建立的女子学院（Mahila Pathshala）发展而来，这所学校被认为是印度高等教育的发源地，成为后来印度女子大学的榜样。

从1983年起，印度境内又先后建立起三所女子大学，即1983年成立的SPMV女子大学，该大学是一所颁发学士、硕士、博士学位的综合性女子大学。1984年在泰米尔纳杜邦的科达伊卜那尔（Kodaikanal）成立的M.T女子大学，也提供从学士到博士学位等一系列课程；1988年，在印度南部城市科伊姆巴托（Coimbatoke）创立的林加姆女子家政和高等教育学院，它由爱国人士、教育家Dr.T.S.林加姆1957年建立的林加姆女子家政学院发展而来，是目前印度提供各层次家政教育的最大机构。以上四所女子大学是印度享有盛誉的女子大学。

目前，印度的女子大学主要分布在印度西部和南部。与各种专业女子学院相比，女子大学尽管数量很少，发展时间也相对较短，但并不能否定其在推进女子高等教育发展中的重要作用。女子大学与女子学院作为女性接受高等教育的主要途径，不仅为女性提供了接受高等教育的机会，更重要的是书写出了一部女性发展自己、服务社会的奋斗史，其所高扬的女子自尊、自立、自信、自强的理念推动着印度社会的进步。

2. 印度女子院校面临的挑战

印度是目前世界上女子院校较多的国家之一，众多女子院校为女性提供了与男子平等接受高等教育的机会。但女子院校也面临诸多问题和挑战。

首先，印度女子学院众多但规模很小，教育效率受到限制。据相关统计数据显示，在所调查的395所女子院校中，在校生数低于100人的有53所，占13.4%，在100–1000人之间的共250所，占63.6%，这就意味着，不足1000人的院校占了总量的77%。而超过1000人的只有92所，占23.3%。这92所学院中，学生数在1000–2000人的66所，2000–3000人的17所，3000–4000人的5所，4000–10000人的3所，10000人以上的只有1所[①]。数量众多的小规模女子院校分散了宝贵的教育资源，不仅带来了教育资源的浪费，也造成了教育效率的相对低下。

其次，女子院校分布不平衡，女子大学主要集中在西部和南部。受文化发展影响，这些地区对女性的社会约束力相对薄弱。如“隔离”习俗、深闺制度等在这些地区较为松动，抵制女子教育势力也较弱。此外，殖民地时期南部比北部更早开始正规教育。印度现有的女子学院在西部和南部各邦分布情况也很不均衡。安得拉邦、泰米尔纳杜邦、卡纳塔卡邦的女子院校最多，而特里普拉、那加兰、果阿、梅加拉雅等几乎没有女子高校，这些地区女性接受高等教育的比例也很低。除社会传统文化及习俗的影响，区域间经济发展水平的差异和当地政府对教育投入的多少也是造成这种差异的重要原因。

再次，印度女子院校中附属学院众多，在管理及科研上缺乏自主性，制约了女子院校的发展。印度在殖民地时期形成的学院附属于大学的“纳附制度”延续至今，学院依据与大学的关系和自主程度分为附属学院、自治学院、大学学院等类型，这也成为印度大学教育体制的一大特色。附属学院的学科、课程和教学活动等由所附属的大学安排，但这些大学往往因为附属学院过多而无力进行有效的管理和指导。附属学院由于自主性不高，缺少积极创新的动力，课程设置陈旧，师资力量薄弱，教学质量不高。另一方面，附属学院规模小，基础设施投入有限等客观存在的问题也限制了自身的发展与教学水平的提高。附属制曾经在推动高等教育的迅速发展，满足人们接受高等教育的需要等方面发挥了积极的作用，现在又因其自身具有的缺陷及实施过程中产生的问题而表现出消极影响。在所抽样的588所女子学院中，548所都是附属学院，比例高达93.2%，自治学院仅有4所，不足1%，大学学院或直属学院21所，占3.57%。[②]附属制度的缺陷严重阻碍了女子学院教学

① 郑桂珠：《印度独立后女子高等教育发展研究》，厦门大学高等教育学硕士论文，2006年。数据依据印度人力资源发展部网站数据http：//mhrd.gov.in/统计而来。

② 同上。

质量和办学水平的提升，给印度女性人才的培养也造成了非常不利的影响。新时代的女子高等教育呼唤更加符合现代教育特征和人才培养需求的办学体制，这既需要印度教育部门的积极推进，也离不开女子院校自身的努力与创新。

最后，当前印度女子院校的课程设置不全面，主要集中于适合女性的非专业性课程；许多印度女性接受高等教育的目的只是为了提高社会地位，甚至是为结婚做准备，这些都是印度女子院校乃至女子高等教育面临的问题。

## 三、印度著名女子高校一瞥

1. SNDT女子大学

SNDT女子大学（Shreemati Nathibai Damodar Thackersey Women's University）是印度第一所女子大学，也是东南亚的第一所女子大学，这所学校被视为印度女子院校的发源地。怀着对女性教育的崇高愿望，Dhondo Keshav Karve博士在1916年建立了这所学校，第一批5名学生于1921年从学校毕业。该校著名校友包括印地文作家奇特拉（Mudgal）、印度古典音乐歌手思鲁提（Sadolikar），以及印度古典音乐歌手Bharati Vaishampayan博士等。

图7-2 SNDT女子大学校徽

今天的SNDT已成为印度女性所能接受到的卓越高等教育的代名词。该校拥有三个校区，学校总部位于孟买的彻克盖特校园（Churchgate Campus），另外两个校园分别是孟买的珠瑚校区（Juhu Campus）和普纳校区（Pune Campus）。SNDT女子大学在校学生超过7万人，有26个学院、38个专业和11个系，并一直管理着三所女子中

图7-3　SNDT女子大学校园

图7-4　SNDT女子大学校园风光

学。同时，SNDT始终积极参与教学、科研和拓展活动，是马哈拉施特拉邦第一所获得国家评估和认证委员会（National Assessment and Accreditation Council of India，简称NAAC）五星评级的大学。

在过去的90多年中，SNDT大学的实力不断增长。D.K卡夫（D.K.Karve）博士“建立一个女性学习的堡垒”的宏愿已经成为这所大学的座右铭。“开明的妇女是无穷力量的源泉”（An Enlightened Woman is a Source of Infinite Strength）则是这所大学的校训。通过

图7-5 SNDT女子大学校园建筑

教育赋予妇女权力，是SNDT的使命。随着社会文化的变迁和科技的进步，学校的使命也在不断重新诠释，以便使学校教育更好地满足现代女性和社会发展的普遍需求。

现在这所女子大学对于自己的学校目标是这样描述的：为女性提供接受正规和非正规高等教育的渠道，包括成人教育和继续教育；为妇女提供广泛的专业和职业课程，以满足社会经济的需求；支持新兴的研究领域并提供奖学金，特别关注于女性视角的研究；通过一种理性的社会观向女性灌输积极的自我概念，唤起她们对女性问题和权利的意识；通过参加扩展活动，加强 “人的价值”和“社会责任”的目的教育；强调“精益求精”，在学科、科研和扩展活动中追求卓越。

图7-6 SNDT女子大学学术研讨活动

“SNDT女子大学致力于通过教育，特别是通过正式、非正式的高等教育赋于女性权力”。根据现代社会发展的需要，学校目前开设了广泛的专业和职业课程。学校开展的每一项活动都尽力实现人的价值和学校的社会责任，追求卓越，以现代化的女子教育践行着D.K.卡夫（D.K.Karve）博士的宏愿。

图7-7　SNDT女子大学学生风采

SNDT女子大学学科设置：

SNDT女子大学的专业设置较为齐全，既有文、理、商学等系，又有教育系、家政系、护理系，还开设了信息科学系和工学系。此外，还设有女性学与家政学两个研究机构，注重性别发展研究。该大学最主要的研究涉及妇女研究、食物与营养学、儿童与人类发展、护理、药剂学、图书馆（管理）学、英语与地方语言文学、社会与行为科学等。

在课程开设上，SNDT女子大学的课程较为丰富，学生可选择的范围较为广泛。而且课程既考虑了女性性别角色的需求，设置有家政、护理、儿童教育等课程，也注重女性作为社会人参与社会发展的需求，开设了大量人文社会科学类课程、自然科学类课程。可以说，SNDT女子大学的课程体系体现出适应女性特点、发挥女性特长、注重实用性、培养多样化人才等特点。

图7-8 SNDT女子大学学生在参加课外活动

**表7-1 SNDT女子大学科系设置**[①]

| 学院名称 | 学系 | 所属校区 |
| --- | --- | --- |
| 文学院 | 英语系 | 彻克盖特校区 |
| | 印地语系 | 彻克盖特校区<br>普纳校区 |
| | 古吉拉特语系 | 彻克盖特校区 |
| | 马拉地语系 | 彻克盖特校区<br>普纳校区 |
| | 梵语系 | 彻克盖特校区 |
| | 应用语言学系 | 彻克盖特校区 |
| 社会学院 | 继续教育与成人教育学院 | 彻克盖特校区 |
| | 地理学系 | 普纳校区 |
| | 历史学系 | 彻克盖特校区 |
| | 政治学系 | 彻克盖特校区 |
| | 经济学系 | 彻克盖特校区<br>普纳校区 |
| | 社会学系 | 彻克盖特校区 |
| | 心理学系 | 彻克盖特校区<br>普纳校区 |
| | 辅导与咨询学系 | 彻克盖特校区 |
| | 社会工作学系 | 彻克盖特校区 |

① 参见 http://sndt.ac.in/default.htm。

续表

| 学院名称 | 学系 | 所属校区 |
|---|---|---|
| 艺术学院 | 音乐系 | 彻克盖特校区<br>普纳校区 |
| | 美术系 | 彻克盖特校区<br>普纳校区 |
| 教育学院 | 教育学系 | 彻克盖特校区<br>普纳校区 |
| | 教育技术系 | 珠瑚校区 |
| | 特殊教育系 | 珠瑚校区 |
| 商学院 | 商学系 | 彻克盖特校区<br>普纳校区 |
| 家庭科学学院 | 食品与营养科学 | 珠瑚校区 |
| | 家庭资源管理 | 珠瑚校区 |
| | 人类发展 | 珠瑚校区 |
| | 纺织与成衣 | 珠瑚校区 |
| | 继续教育学系 | 珠瑚校区 |
| | 儿童与媒介 | 普纳校区 |
| 图书馆与信息学院 | 图书馆科学 | 彻克盖特校区 |
| 科学学院 | 分析化学 | 珠瑚校区 |
| 技术学院 | 计算机学系 | 珠瑚校区 |
| 管理学院 | 教育管理 | 珠瑚校区 |

另外，SNDT女子大学还有四个研究院和三个研究中心。

四个研究院：Usha Mittal 技术学院、SNDT女子大学附属工程学院（前身是女子技术学院）；Janaki Devi Bajaj 管理研究院（JDBIMS），能够授予管理学研究生学位；SHPT 图书馆科学学院，主要研究电子信息管理，以及数字图书馆技术；法学院，重点研究女性和儿童相关法律。

三个研究中心是：远程教育中心，教育内容包括通过远程教育进行自学教育，专业教育，以及工作技能的短期课程；女性研究中心，成立于1974年，是印度最大、成立时间最早的女性研究机构，在国际国内都具有很大影响力；社会包容与排斥政策研究中心，关注社会管理政策及其变迁。

图7-9 SNDT女子大学的学生在参加课外活动

同时SNDT女子大学还在马哈拉施特拉邦、古吉拉特邦、阿萨姆邦、果阿邦、中央邦、北方邦、比哈尔州邦、德里邦、联合邦均建有附属学院。

在潜心进行女性教育的同时，SNDT女子大学还与中央政府和地方政府、行业组织、国内和国际组织合作、开发和实施科研项目，并进行社区研究与工作。其合作伙伴包括马哈拉施特拉邦政府、印度政府各部委、大学教育资助委员会、联合国儿童基金会、英国文化协会、英联邦大学协会和瑞典国际开发署等。

SNDT女子大学的成长壮大是印度女子高等教育发展的一个写照，既培养了一大批女性人才，促进了印度女子高等教育的发展，又对此后建立的女子大学起了榜样作用。

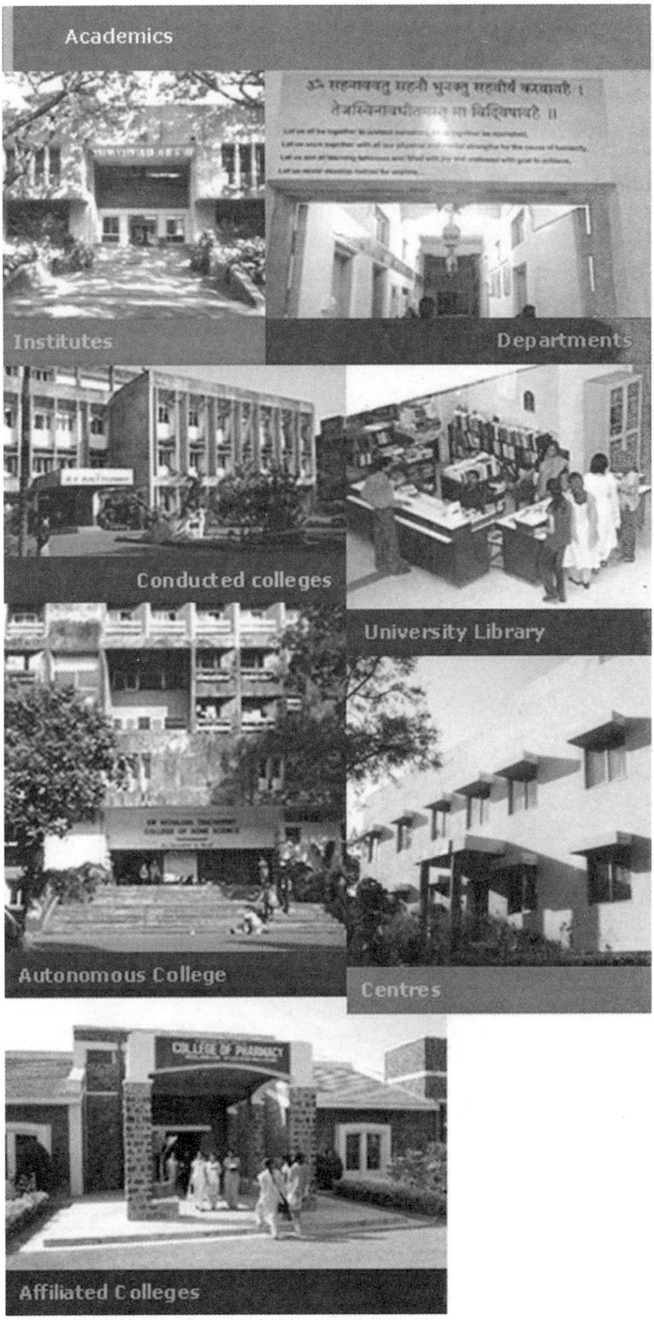


图7-10　SNDT女子大学校舍

图7-11 特里萨修女女子大学校徽

### 2. 特里萨修女女子大学

特里萨修女女子大学（Mother Teresa Women's University）是一所提供从学士学位到博士学位等一系列课程的综合性女子大学，位于印度南部泰米尔纳杜邦的科达伊卡那尔（Kodaikanal），坐落在Palani山中一个安静的所在。学校成立于1984年，旨在为全印度适龄女性提供教育，追求卓越的学术成就和个性发展，同时关注提升年轻女性的就业前景。把“促进各层次女性的素质教育，发现并顺应新的需求，促进女性参与和发展，研究有利于职业女性的政策”作为学校的使命。

图7-12 特里萨修女女子大学校园

同SNDT一样，特里萨修女女子大学也强调要“通过教育给女性以权利”的宗旨，并将此作为学校发展的愿景。与此相应，特里萨修女女子大学的座右铭也突出了强烈的女权色彩，强调“争取平等地位”（Towards Equal Status），这在男尊女卑传统思想观念根深蒂固的印度有着现实而迫切的意义。近年来，印度教育发展很快，但男性与女性在受教育方面的差异依然明显。据印度教育部门2001年的调查显示，印度接受过教育的女性只有54.16%。给女性以平等的社会权利，教育尤其是女子高等教育是实现这一社会目标的重要途径之一。

在特里萨修女女子大学网站的首页上有这样一句话：“昨天已经过去，明天还未到来，我们只有今天，让我们现在就开始。”正是肩负着让印度女性获得平等的社会地位、为女性赢得更多发展机会的强烈的责任感和紧迫感，特里萨修女女子大学成为印度女子高校中特色鲜明的一面旗帜。

图7-13 特里萨修女女子大学的师生在进行教师节庆祝活动

特里萨修女女子大学共设15个系，分别为：计算机科学系、经济学系、历史研究与旅游业管理系、音乐系、管理研究系、信息技术系、社会学系、视觉传播系、泰米尔语系、英语系、物理学系、生物工艺学系、教育学系、家庭日常管理系、妇女研究系，学科设置基本涵盖了文、理、商、工科、教育等学科。①

表7-2　特里萨修女女子大学研究生主要课程设置②

| | |
|---|---|
| 研究生课程(硕士) | 计算机应用、工商管理、信息技术、视觉传播、生物工艺学、物理学、指导与咨询、商务、旅游业与旅游管理、英语、泰米尔语研究、家庭资产管理、历史研究、音乐、妇女研究、社会学、国际企业经济学 |
| 哲学硕士课程 | 音乐、泰米尔语研究、历史研究、教育学、管理学、社会学、指导与咨询 |
| 普通与在职哲学博士课程 | 经济学、教育学、英语、家庭生活管理、历史研究、社会学、泰米尔语研究、妇女研究、指导与咨询、物理学 |

特里萨修女女子大学的课程设置除教育学、家庭资产管理、家庭日常管理等女子学院特色学科外，还包括人文、社科、艺术、语言、科技等课程，是一所学科设置相对完备的女子大学，同时侧重文、理、商、教育等通识教育，但并未涉及农科、兽医等专业教育。另外，与其他女子院校一样，特里萨修女女子大学也很重视性别研究，设立了女性研究中心，提供相关课程，不定期举办女性研究的工作和学术研讨会议，如2009年举办的“性别与发展”工作坊，2010年举办的“赋予女性权力”工作坊，以及2010年举办的“生态女权主义”国际研讨会。

表7-3　特里萨修女女子大学女性研究中心课程

| 哲学硕士 | 文凭和证书课程 | 基于技能的课程 |
|---|---|---|
| （1年） | 法律与性别（6个月和1年） | 企业家发展计划 |

3. 林家姆女子大学

林家姆女子大学（Avinashilingam University for Women）成立于1988年 6月，前身是成立于1957年的林家姆女子家政和高等教育学院（Avinashilingam Institute for Home Science and Higher

① 参见http://www.motherteresawomenuniv.ac.in/department.htm。
② 同上。

Education for Women)，为印度第四所女子大学，位于印度南部城市科伊姆巴托(Coimbatoke)，由爱国人士、教育家Dr.T.S.林加姆建立。该校是印度提供各层次家政教育的最大机构，共有7个学系，设有从学士到博士的综合性多学科课程。

图7-14　林家姆女子大学校徽

图7-15　林家姆女子大学校园

林家姆女子大学的办学宗旨是：通过现代化、科学化和以价值观为基础的教育赋予女性权利，发掘女性自我发展的潜力，让她们拥有丰富的精神世界和更有意义的生活。“面向科技发展和社会进步，向女性提供根植于印度价值观和传统文化的世界水平的高质量教育，致力于社会的进步、安宁、和谐和团结”，则是林家姆女子大学的使命。同SNDT和特里萨修女两所女校一样，林家姆女子大学同样强调“通过教育赋予女性权利”和“关注不同层次的女性教育”，同时，它还提出积极传播“主流价值”和“道德标准”，在性别研究之外，强调对“儿童”的研究。

图7-16 林家姆女子大学创始人 Dr.T.S.

在学院官方网站的显著位置，林家姆女子大学对学校目标进行了这样的表述：在学习中传播社会主流价值和道德标准；通过成人教育和非正规教育唤醒妇女的权利和地位意识；为学生提供全面发展的机会，在多学科中开展研究的能力，追求卓越；以一种全印度视角凝聚印度女性；发展妇女与儿童研究，促进女性和儿童的发展；向公众传播各种调查结果以促进女性发展。更宏观的研究视角和更全面的研究领域为林家姆女子大学赋予了与众不同的人文色彩。

林家姆女子大学院系设置涉及文、理、家政、教育、管理及工程等系科，其中以家政、理学、人文学等为主。

表7-4 林家姆女子大学院系设置情况①

| | |
|---|---|
| 家政学系 | 资源管理学、食品服务管理与饮食学、食品科学与营养、纺织与服装、人类发展、家政学及扩展知识、家庭与社区科学 |
| 理学系 | 生物化学、化学、动物学、植物学、物理学、数学、计算机科学 |
| 人文学系 | 经济学、泰米尔语学、英文学、印地文学、法文学、心理学、音乐学 |
| 管理研究系 | 工商管理学、商学学、旅游管理学 |
| 团队教育与企业家能力培养系 | 内外部设计学、信息技术学、服装与流行艺术设计学、视觉传播学 |
| 工程学系 | |

① 参见http://www.avinashilingam.edu/department.htm

图7-17　林家姆女子大学校园

作为一所综合性女子大学，林家姆女子大学科系设置较为齐全，涉及家政、理学、人文学、工程学、管理研究等6个系28个专业。课程设置广泛而多样，开设了从文凭、证书课程到学士、硕士、博士等层次较完整的课程，学生有较大的选择余地。该校还开设了本科生课程、研究生课程、文凭/证书课程、研究学位课程、其他课程等五个课程体系。而本科生课程又包括双修课程、单修课程、5年整合课程。研究生课程则除了一般性课程外，还根据不同学科特点开设不同年限的课程。同时，该大学除了提供全印度最完善的家政教育外，还开设了大量其他学科的课程，尤其是数、理、化、生物等理科类课程。

尤其值得一提的是，林家姆女子大学特别注重不同学科知识的融合及学生的全面发展。在本科中开设的双修课程就有不同学科的交叉，例如，内部设计与环境和心理学、家庭与社会科学和数学、食品科学与营养和生物化学、食品服务管理与饮食学和化学等课程，就是家政与理学、人文与理学的结合。

总体上看，该大学的科系与课程体系较为完善，但从普通教育与专业教育的角度看，林家姆女子大学仍以普通教育为主，专业教育较为薄弱，仅开设一些工程类课程。

从SNDT女子大学、特里萨修女女子大学、林家姆女子大学的科类设置和课程开设来看，印度女子高校的学科设置相对完善、课程也比较多元。以高等通识教育为主是女子院校最显著的特点，在专业学科教育方面则显得略微薄弱，尽管工程学、信息技术、医学等专业学科日益受到重视，但在全体学科中所占的比例还很小，而农业、兽医等学科则几乎没有设置。这些女子院校的专业开设具有鲜明的女校特色，一般都开设了人文、社会科学、家政、教育学等传统女性优势学科课程，反映出对女性社会角色的认知仍然相对传统。而工程、信息技术、法律、金融、商业等传统男性主导的学科则较少。最后，这些女子院校大多意识到性别研究的社会意义和重要性并开展了性别研究，注重女性社会角色、社会地位及发展、女性权利及相关法律的研究，有利于促进女性发展与性别意识的传播。

## 四、趋势与展望：赋权广大女性 推动社会发展

从选取的三所印度女子高校来看，虽然其在发展模式、学科设置上略有差异，但它们都不约而同提到一个词：赋权。“通过教育赋予妇女权力，是SNDT的使命”，无独有偶，特里萨修女女子大学的愿景也是“通过教育赋予妇女权力”在林家姆女子大学和其他女子院校的愿景与使命中也有类似的表述。她们几乎无一例外将增加女性接受高等教育的机会为己任，希望通过教育唤醒女性自我意识、促进女性发展、重视女性参与社会发展以促进社会进步。

女性占了印度总人口的50%，她们对于印度的发展进步至关重要。女性的发展被视为提高生产力和打破贫穷的重要手段，因此，女性教育水平的重要性尤为突出。印度传统社会中男尊女卑的观念和陈规陋俗曾严重地压制了女性参与社会的权利，女性作为社会中重要一极的作用远未得到发挥。

因此，印度女子院校的创立者都认识到女性参与社会发展的重要性，把促进女性发展以服务社会作为印度女子院校的教育目标，具有与其他国家不同的特色。这从印度女子高校的学科设置以及重视女性研究上也得到了体现。同时，由于印度独特的国情，关注不同层次女性的高等教育，大力发展在职教育、继续教育也是印度女子院校的一大特色。

尽管目前女子院校在学科设置上存在专业学科薄弱的现象，但一个大的趋势却是有越来越多的印度女性从通识学科中转移到了与工作和职业能力相关的专业。在本科生阶段对职业课程依然有很大需求。从管理部门的数据来看，女性似乎更偏爱人力资源管理与发展作为职业领域，与公共关系、业务流程外包相关的工作也似乎正在变成女性化的职业。印度女性正在经历着从选择学科到选择职业的变化。越来越多的女性进入工程和法律专业，但对于管理学位以及计算机相关学位和技能的热爱也有增无减。这也反映了社会对于性别态度的变迁，现代的印度女性已不再满足于提高个人文学等方面的修养，不再满足于把上大学作为未来寻找终身伴侣的筹码，越来越多的女性开始涉足技术性较强的专业领域，以求寻找一份较可靠的职业，提高自身的社会和经济地位。[①]

与其他国家女子院校和女子高等教育不同，“教育层次越高，女性比例越低”的规律在印度并未得到印证。相反，印度女性在本科、硕士、博士各层次中的比例比较均衡，相差并不明显，而且各层次中的女生比例增长趋势也较为一致。更为重要的是，女性受到高层次教育的比例也相对较高。这表明印度在社会发展、经济建设领域对女性高层次人才的需求，更体现了印度女子院校在发展女性高等教育事业上取得的累累硕果。

对于现代印度女性而言，她们是幸运的。在全球化的经济浪潮中，印度逐渐打破了对女性的各种枷锁。她们可以获得更好的教育、更多的工作和更大的晋升机会。正如印度女子院校的创始人D.K卡夫博士

① 参见http://www.shac.gov.cn/fwzx/hwzc/hwjy/201007/t20100727_1271580.html。

所说的那样“开明的妇女是无穷力量的源泉”，而在印度，女子高校正是这股源泉的发源地。在全球女子高校日渐式微的今天，印度女子高校却以其鲜明的特色和现实的发展目标而焕发出勃勃生机，这股清泉正汇聚成推动印度社会发展的无穷力量，在世界女性的舞台上散发出更耀眼的光芒。

**表7–5 印度女子大学名录及联系方式**

| 院校名称* | 院校网站 |
|---|---|
| Shreemati Nathibai Damodar Thackersey Women's University | sndt.ac.in/default.htm |
| Sri Padmavati Mahila Visvavidyalayam | www.spmvv.ac.in |
| Mother Teresa Women's University | www.motherteresawomenuniv.ac.in |
| Avinashilingam Institute for Home Science and Higher Education for Women | www.avinashilingam.edu/index.htm |
| Bhagat Phool Singh Mahila Vishwavidyalaya | www.bpswomenuniversity.ac.in |
| Jayoti Vidyapeeth Women's University | www.jvwomensuniv.com |
| Karnataka State Women's University | www.kswubij.ac.in |

**表7–6 印度女子学院名录及联系方式**

| 院校名称 | 院校网站 |
|---|---|
| Lady Shri Ram College for Women | www.lsr.edu.in |
| Miranda House | mh.du.ac.in |
| Gargi College | www.gargicollege.in |
| Indraprastha College for Women | www.ipcollege.org |
| Jesus and Mary College | www.jmc.ac.in |
| Mount Carmel College | www.mountcarmelpucollege.com |
| Bethune College | www.bethunecollege.ac.in |
| Gokhale Memorial Girls' College | www.gokhalecollegekolkata.com |
| Lady Brabourne College | www.ladybrabourne.com |
| Global Women's B.Ed College | |

续表

| 院校名称 | 院校网站 |
|---|---|
| South Calcutta Girls' College | Email: southcalcuttagirlscollege@yahoo.com |
| Kanodia Girls College | Jawaharlal Nehru Marg, Jaipur, Rajasthan |
| Government Mahila Engineering College | www.gweca.ac.in/ |
| E.M.G. Yadava Women's College | www.emgywomenscollege.in |
| Vivekanada College of Engineering for Women | www.vcenggw.org |
| Women's College | womenscollege.co.in |
| Sathya Sai College For Women | www.saicollegejaipur.org |
| L B S Institute of Technology for Women | lbsitw.ac.in |
| Christian Medical College | www.cmch-vellore.edu |
| Ethiraj College for Women | www.ethirajcollege.in |
| Rajasthan College of Engineering for Women | www.rcew.ac.in |
| Women's Christian College | www.wcc.edu.in |
| Anjamma Agi Reddy Engineering College for Women | www.anjamma.ac.in |
| Andhra Mahila Sabha School of Informatics | andhramahilasabha.org.in |
| Kasturba Gandhi College for Women | www.kasturbagandhicollege.com/ |

# 第八章 巴基斯坦女子大学教育：料峭春寒花将遍

历史上，巴基斯坦女性地位很低，传统的伊斯兰教义制约着她们进入学校学习并参与社会发展的机会。20世纪末，随着巴基斯坦高等教育发展热潮到来，女校初露端倪。近年来，在巴基斯坦政府和社会的特别关注下，该国著名女子大学已有七所。这不但为在男权社会的女性提供了受教育的机会，也使她们获得了独立而全面发展的可能。下面整体介绍巴基斯坦女子大学历史和现状，剖析巴基斯坦女子大学的发展模式、办学经验及对女性发展的积极影响。

## 一、背景与历史概述：穆斯林女性教育的历史长河

### 1. 巴基斯坦简介

巴基斯坦全称巴基斯坦伊斯兰共和国，是一个多民族宗教国家，包括旁遮普族、信德族、帕坦族、俾路支族等民族，民众大多信仰伊斯兰教，而印度教徒、基督教徒等则为少数教派。历史上，巴基斯坦同印度原为一体，后沦为英国殖民地。1947年6月，印巴根据《蒙巴顿方案》实行分治。同年8月14日，巴基斯坦宣告独立，而巴基斯坦东、西两部分则成为英联邦的自治领地。1956年3月23日，巴基斯坦伊斯兰共和国正式成立，仍为英联邦成员国。1971年3月，巴基斯坦东部宣布成立孟加

拉人民共和国，同年12月孟加拉国正式独立。[①]

2. 穆斯林女性

巴基斯坦人大多是信仰伊斯兰教的穆斯林。伊斯兰教先知穆罕默德之女法蒂玛一直以来被作为穆斯林女性的典范被崇拜与纪念，男女平等的观念也以法蒂玛的故事为载体，在巴基斯坦广泛流传。但传统的伊斯兰教义仍旧制约着妇女社会地位的提升与自身发展。与此同时，新的社会观念和法律规定也逐渐生成和扩散，与那些人们习以为常的传统共生共存，并相互磨合。

传统的穆斯林妇女大多恪守千古流传的闺阁制度，男女授受不亲。婚姻仍遵从父母之命、媒妁之言，但法律上也有保护妇女择偶权的规定。随着时代的进步，打破传统、自由恋爱的婚姻也缓缓浮现。在伊斯兰教法中，“男主外，女主内”的观念根深蒂固。婚姻是在宗教伦理道德基础上建立的一种契约关系，夫妻间互有权利和义务。夫妻双方都有财产管理权，但习惯上通常由丈夫管理夫妻共有财产，只有聘礼作为妻子的私有财产，由妻子管理；在妻须从夫的理念下，妻子须顺应丈夫的意志，而丈夫有赡养妻子的义务。《1961年巴基斯坦穆斯林家庭法法令》规定，不经第一个妻子允许和司法机构批准，丈夫不得再婚，这虽然是对一夫多妻制进行了某种意义上的保护，但收效甚微，因为离婚法规规定丈夫拥有绝对的休妻权。[②]

巴基斯坦共和国成立之后，政府采取多方面措施以提高妇女的社会地位和教育水平。巴基斯坦建国初期第一届制宪议会就包括两名妇女，妇女开始拥有普遍的选举权和保留席位。60年代，巴基斯坦颁布了若干保护妇女权利的法令，包括《1961年巴基斯坦穆斯林家庭法法令》和《1964年西巴基斯坦家庭法法令》等。这些法令均规定，穆斯林男女自愿登记结婚，丈夫不经前妻同意不能再婚。

在巴基斯坦第二和第三个五年计划期间（1960－1965、1965－1970），妇女的要求逐渐获得政府的重视。例如，女性因结婚被解雇、女性不能享有同男性同事一样的补贴等对职业妇女的不公平待遇得

① 参见http：//baike.baidu.com/view/6853.htm。

② 张玉兰：《南亚与东南亚穆斯林妇女的社会地位》，《南亚研究》1997年第1期。

到纠正。巴基斯坦于1973年颁布的宪法规定，男女地位平等，反对性别上的差别对待；此外，1976年还颁布了嫁妆和礼品法。这些法令对妇女的权利和法律地位都做了明确规定。与此同时，巴基斯坦开始重视提高妇女的受教育程度，依据该国的“社会行动计划”，在八五计划期间，巴基斯坦要普及小学教育和成人教育，其中女童教育要给予特别重视。该计划要在全国建立200所女子识字中心，成人识字率预计从35%提高到70%[①]。

3. 教育发展和女子大学概况

1978年前，巴基斯坦的教育体系一直保持着英、印统治时期的状态。1979年后，巴基斯坦出台了本国的教育政策，将教育体系改为三级——小学教育、中学教育和大学教育[②]。

巴基斯坦的中等教育和成人教育注重培养技能，尤其重视对女学生和成年妇女进行技能培训。目前，在各省都建立了综合性工艺学校。此外，在一些大城市建立成衣和编织培训中心，还在各地建立了1600多所社区级多功能中心，向妇女提供裁剪、缝纫、机器和手工刺绣、编织等各方面的便利；同时，还配备成人教育和宗教教育以及营养教育课程。越来越多的女大学生开始攻读更广泛的专业，除传统的人文学科外，教育、商业会计、商业管理等专业也成为她们的选择，而学习医学、计算机专业的女大学生人数也占有相当大的比例。[③]

历史上，巴基斯坦女性地位很低，并且被禁止进入学校学习。时至今日，巴基斯坦政府和社会对女子教育的认识已经大有改善。尽管女校发展的大环境还带有“初春”的料峭，但都大有“满园春色”之势。巴基斯坦境内现有七所女子大学，分布于不同省份和城市。

拉合尔学院女子大学历史悠久，成立于1922年，附属于旁遮普大学。金奈德女子学院成立于20世纪初，位于拉合尔市。此外，法蒂玛真那女子大学、真那女子大学这两所学校都成立于1998年，前者位于拉瓦品第，后者位于卡拉奇。2000年以后成立的学校则包括位于俾路支

① 参见http://en.wikipedia.org/wiki/Education_in_Pakistan。

② 盛炎、戚德亮：《发展中的巴基斯坦教育》，《外国教育动态》1982年第1期。

③ 张玉兰：《南亚与东南亚穆斯林妇女的社会地位》，《南亚研究》1997年第1期。

省省府奎达的萨达尔巴哈杜尔汗女子大学，以及位于伊斯兰堡的女子文理学院，隶属于私立性质的Riphah国际大学。在巴基斯坦高校发展史上，还出现过位于白瓦沙的Gawhar沙德大学、位于苏库尔的政府女子理工学院以及位于那瓦布沙的人民女子医学院。

法蒂玛真那女子大学虽成立于1998年，但自认为是巴基斯坦第一所女子大学。它最初成立于林荫路的老总统府遗址——拉瓦品第兵营的心脏位置，主要建筑以维多利亚女王时代风格为特色。该校下设艺术和社会科学学院、科学技术学院、法商管理学院、伊斯兰教和东方学学院以及教育学院。2008年法蒂玛真那女子大学在锡亚尔科特成立了分校。

拉合尔学院女子大学拥有8000名全日制注册学生，是巴基斯坦最负声望的教育机构之一，以理科教学研究和学生培养见长。目前，该校开展了植物学、化学、物理、动物学、生物技术、数学、经济学、统计学、电子、环境科学、计算机科学、医药都设有本科、硕士和博士学位的培养。

依据1998年通过的信得省参议会法案，真那女子大学成立。该校位于信得省的卡拉奇。学校是巴基斯坦高等教育委员会所认可的一所私立高校，有20个院系。

此外，萨达尔巴哈杜尔汗女子大学成立于2004年，位于俾路支省的奎达，这所学校开设了艺术和科学学位。学校名字则与前总督代理、俾路支省最高行政专员同名。

隶属于Riphah国际大学的女子文理学院成立于2003年，位于伊斯兰堡，首年招生的专业包括教育学、计算机科学和伊斯兰教研究，在之后的发展中又增加了不少新的科目和专业。该校的建设资金主要来自北美和欧洲的穆斯林组织的捐助和投资。[①]

① 参见http://en.wikipedia.org/wiki/List_of_current_and_historical_women%27s_universities_and_colleges#Pakistan。

## 二、发展模式与理念：赋权特色教育

### 1. 拉合尔学院女子大学：独立于沧桑之后

图8-1 拉合尔学院女子大学校徽

拉合尔学院女子大学（LCUW）是巴基斯坦历史最悠久的女子学院。1922年成立之初，它只是旁遮普大学下属的众多学院之一。当时该校没有本科教育，只提供本科前准备阶段的过渡生培养。学院成立之时，校舍位于拉合尔的豪欧（hall）路上，只有60个学生，13个教职工。尽管如此，在那个女性难有书读的年代，它为众多女性接受高等教育提供了一个难得的平台，不少优秀女性正是在通过拉合尔学院女子大学学习后得以进入旁遮普大学攻读学位的。

自成立之日起，拉合尔学院以不断进取的精神迅速发展，学院不断吸纳优秀教职工，入校学生的质量和数量在不断提升。1940年，学院首次开设英语研究生班；1949年，学院又引进五门高级课程。到1950年，学生增长到600名。与此同时，学院不再满足于培养预科生，开设了18门本科专业课程。同年，学院正式搬到金瓯路（jail），开始全新的发展，这也为以后的独立办学打下了实体基础。毋庸置疑，不断增设专业与不断改善教学质量是一所大学崛起的关键。1952年，拉合尔学院在原有的18门本科专业基础上，又增加14门课程；1955年，学院已具有授予理学学士学位资格；1966年开设了经济学和物理学专业的硕士课程，这意味着自1949年第一个英语研究生班开设之后，学校全面进入研究生层级的培养，学院办学重心由预科生教育转向大学本科与研究生教育。1979年，学校增设了伊斯兰研究、政治学和心理学等新的专业课程。

不断增长的拉合尔学院办学实力，酝酿着巴基斯坦女校史上真正的转折。1990年，学院拥有了管理和财政自主权，紧接着在当年8月，巴基斯坦政府承认拉合尔学院的学位授予资格。

梅花香自苦寒来，一所女子大学的长成需要时间的积淀和磨砺。直到2002年9月10日，拉合尔学院才转型为女子大学。从公开认可学位授予权到转型为大学，凝聚了拉合尔学院所有女性教职工和管理者十多年的努力与辛劳。作为一所女性大学，在地方政府的支持下，拉合尔学院提出了致力于维护女性公平和权利的理念，希望通过全方位高质量的教育来保障女性学习知识和技能的权利，进而使她们参与到巴基斯坦的经济建设中来，充分享受社会发展的成果，成为维护和平的、宽容的、具有责任意识的世界公民。

图8-2　拉合尔学院女子大学的礼堂

今天的拉合尔学院女子大学环境优雅、设施完善，在郁郁葱葱的花园式校园中，一栋栋新建的教学和研究大楼挺立在楼群里，还有实验室和教室中先进的教学设备，这些都为教学和学习提供了良好的环境和氛围，如图8-2。该大学目前拥有450名教师，其中有大约80名是从国外知名院校毕业的博士生。

拉合尔学院女子大学可以授予学士、硕士和博士学位，专业涵盖植物学、化学、物理、动物学、生物技术、数学、经济学、统计学、电子、环境科学、计算机科学、医药等。四年制理学学士培养实力雄厚、专业全面。但学校在理科上的优势并没有阻碍学校整体的发展，学校管理层深知社会人文科学对个体审美及社会整体发展的重要意义。在英语、美术、乌尔都语、旁遮普语、伊斯兰研究、国际关系、政治学、美术、巴基斯坦研究等文科专业的培养上，学校也已取得不少经验，培养了许多德才兼备的专业人员甚至行业领导者。[①]

2. 法蒂玛真那女子大学：追随国父兄妹的女性解放思想

法蒂玛真那女子大学以国母法蒂玛真那的名字命名，以此来纪念她对妇女解放事业做出的贡献。法蒂玛真那是一名女医生、传记作家，同时也是一名女政治家。她是新巴基斯坦主要的女性缔造者之一，同时也是巴基斯坦国父穆罕默德阿里的妹妹。她年轻时在加尔各答大学获得牙科医生的学士学位，之后随同哥哥一起投身政治，在与英属印度王国斗争，力争独立的运动中，成为了一名非常具有影响力的政治人物。

1940年公开宣布巴基斯坦决议之后，法蒂玛真那成为一名巴基斯坦独立运动的重要领导成员。她呼吁穆斯林国家的独立自治。在此期间，她在保障公民权利和引进女权运动上也发挥了关键作用。在巴基斯坦独立之后，法蒂玛真那创建了巴基斯坦妇女联盟，同时积极促进在新建国家里使用乌尔都语的广大人群的移民和安顿。她随后通过慈善机构和相关体系，从事巴基斯坦福利保障事业。1965年她重回政坛参加总统大选，在西巴基斯坦和东巴基斯坦旅行宣传她的政见，希望能够保障人权、普及教育，立誓解决能源危机。但是由于当时的对手阿尤布和他的儿子在选举上作弊，使她在选举中败下阵来。但这没有影响巴基斯坦人民对她的爱戴，1967年，法蒂玛因病在卡拉奇逝世，她被人民尊称为巴基斯坦夫人和国母[②]。

---

① 参见www.lcwu.edu.pk/ Lahore College。

② 参见http: //en.wikipedia.org/wiki/Fatima_Jinnah。

图8-3　法蒂玛真那女子大学校园风光

充满荣誉光辉的人物和具有历史沧桑的故事赋予法蒂玛真那女子大学独一无二的气质。早在1998年建立之初，学校就提出要为巴基斯坦女性提供高等教育与研究的场所和机会的目标，旨在提升巴基斯坦女性的学术水平和研究水平。学校提出女性也是重要的人力资源，对巴基斯坦的发展至关重要。这样，适应当今文化、政治、经济发展需要的教学和科研成为这所大学的优先教育项目。

法蒂玛真那女子大学发展至今，励精图治，从无到有。在不断提升自身教学和科研水平的道路上，法蒂玛真那女子大学进行过很多的尝试。1998年12月28日，第一批学生开始上课，她们来自全国各地，远到俾路支省、旁遮普省南部和信得省。当时的校园只有拉瓦品第军事区的一座具有维多利亚风格的古老建筑——曾经著名的锡克教两兄弟的住所和20世纪60年代的总统府。法蒂玛真那女子大学发展离不开政府的支持，旁遮普省联邦政府非常重

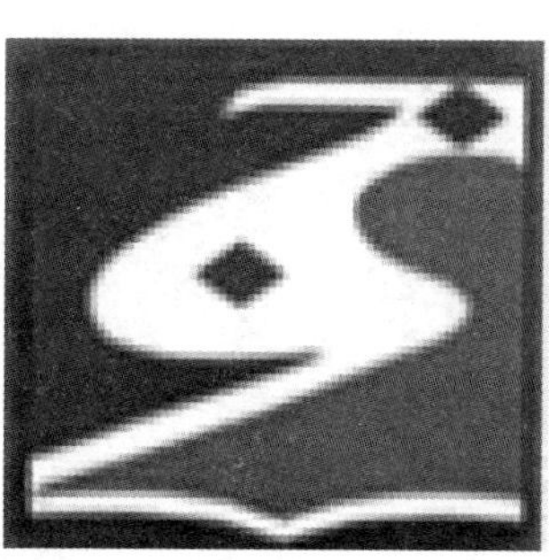

图8-4　法蒂玛真那女子大学校徽

视妇女教育和保障妇女权利，在女子大学建立和发展过程中给予了大量的资金和政策支持[①]。

频繁的国际联系和女子教育领域的合作使得该校在学生管理和培养上更加灵活多样。大学管理者们认为，不仅要培养女性学生的学术和专业水平，还要着力培养她们良好的道德素质和身体素质以及思想潜能。学校的女性学生能够参与到管理中，并且有机会参与国际培训，参加由世界各地妇女组织合作举办的交流学习项目。学校的专业设置上，也不断向综合性大学的方向发展。目前该大学设有行为科学系、工商管理系、传播和媒体研究系、计算机艺术系、计算机科学系、外交防御研究系、经济学系、教育学系、英语系、环境科学系、美术系、性别研究系、伊斯兰研究系、数学系、公共关系系、软件工程系。

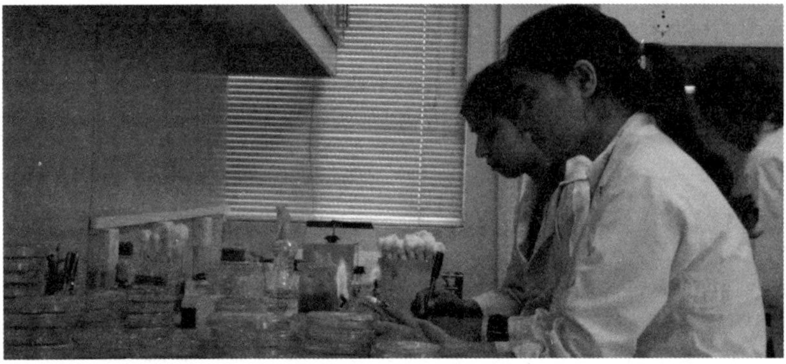

图8-5 法蒂玛真那女子大学的环境科学实验室

图8-6 萨达尔巴哈杜尔汗女子大学校徽

**3. 萨达尔巴哈杜尔汗女子大学：位于俾路支省的后起之秀**

俾路支省位于巴基斯坦的西南部，占国土面积的43.6%，人口却只占总人口的5%，是全国面积最大人口最少的省份，省府奎达。俾路支省北靠阿富汗，南邻伊朗，占据重要地理

① 参见http://www.fjwu.edu.pk/。

位置，但由于自然环境恶劣，经济状况在各省中垫底。俾路支省的经济总量只占巴全国经济总量的3.5%，人均收入多年来只占巴基斯坦全国人均收入的三分之二。农业、畜牧业、服务业是俾路支省的经济命脉，但缺乏支柱产业，社会发展水平也相对较低，教育、卫生、健康等10项指标中有9项排在最后，劳动力素质总体低于其他省份。[①]

萨达尔巴哈杜尔汗女子大学坐落在俾路支省的省府奎达，是该省的第一所女子大学。在经济、教育、文化落后的俾路支省创办这所女子大学，有着非同一般的意义。在总体劳动素质相对较低的俾路支省，成立女子大学提升女性素质，对于提升家庭教育水平有着直接的促进作用。家庭教育在一个人的成长中具有奠基性作用，优秀的家庭教育能够有效提升社会整体的教育和文化水平。

另外，提升女性劳动力的水平对于整个劳动者素质的提升和经济发展有着十分重要的作用。萨达尔巴哈杜尔汗女子大学作为俾路支省的重点建设院校，承担着提升整个省份人口的文化素养，培养女性专业科技人才的重担。学校的宗旨是不仅要给予学生们现代的高质量的教育，更要培养她们的优良品质，使其成为遵守伊斯兰教义的合格公民。

图8-7　学术评议大会颁奖

萨达尔巴哈杜尔汗是前任总督代理、俾路支省最高行政专员的名字，学校所在地原来是萨达尔巴哈杜尔汗疗养院。2004年8月26日，一所与这个疗养院同名的女子大学取代了它的位置，开始在9个专业中进行招生。随后，学校增设硕士研究生培养。

目前，来自俾路支省各地的3000多名女学生分布在13个专业，攻读本

① 参见http://baike.baidu.com/view/3412620.htm。

科和硕士学位。学校采取四学期制，以英语教学为主导，第一批学生于2006年7月毕业。现在学校四年制的本科教育专业有植物学、生物学、工商管理、教育学、商学、计算机科学、化学、英语、经济学、环境科学、美术、数学、巴基斯坦人研究、社会学、动物学。两年制的硕士研究生教育专业也很多样。每年七月召开的学术评议大会是该校的重要事项。在学术评议大会上，俾路支省的长官会向合格的毕业生授予学位。萨达尔巴哈杜尔汗女子大学位于经济较为落后的地区，这就促使短期的特色文凭教育也办得如火如荼。不少职业女性和家庭妇女通过参与这些课程培训获得了实用的技能。

学校机构健全，包括自然科学院、社会科学院、计算机和管理学院、学生事务处、考试评估处、图书馆、体育处。学校生活设施也比较完善，食堂、宾馆、健身房、医务室、托儿所和幼儿园样样俱全。这些设施为学生和教职工们的学习、生活提供了极大便利。[①]

## 三、促进女性发展：女性是国家进步的重要贡献者

### 1. 女性教育与就业

巴基斯坦女性的受教育率和就业率相对较低，1981年人口普查显示全国识字率仅为26.2%，其中妇女识字率占女性人口的16%。截至1995年，国民总体识字率为36.8%，其中妇女识字率占女性人口的23.5%。20世纪80年代初，巴基斯坦人口的劳动力参与率为31%，其中女性劳动力参与率占女性人口的7.9%。90年代初劳动力参与率为28.11%，其中女性劳动力参与率占女性人口的9.15%。从这两组数据可以看出，十年来，巴基斯坦妇女的受教育率和就业水平在缓慢增长中。[②]

尽管巴基斯坦妇女就业率不高，但具备一定学历特别是受过高等教育的妇女，还是有机会在众多领域从业。教育事业一直是女 性的最佳职业选择，女教师占女性就业人口的绝大多数。计算机化管理也为

---

① 参见http://www.sbkwu.edu.pk/。

② 《巴基斯坦年鉴》，1997年，第147页。

妇女提供了就业机会，如打字、程序编排和系统分析等工作。此外，相当一部分妇女在医疗卫生、新闻、广播、电视、科研和工程技术部门任职。还有一部分妇女在政府部门担任要职，他们当中有议员、外交官、法官等。前总理贝·布托是伊斯兰教国家的第一位女总理，她是杰出女性的重要代表。但是，能够在官方谋得职位的妇女毕竟是少数。为改善妇女的经济状况，巴基斯坦政府于1984年建立了第一家妇女银行，向妇女提供信贷需要，以便为更多的妇女提供创收机会①。

2. 校友会和杰出校友

巴基斯坦各个女子大学都有校友会组织，有专门的工作人员与毕业生进行联系，组织相关活动。校友会不仅可以增强上下届学生们之间的联系，同时还可以拓展学校的发展空间。通过与那些在各个工作岗位上的校友们加强联系，学校可以获得与社会机构的合作机会。校友会还会在学校有重大活动时邀请老校友参加，或者举办特定的活动，为在不同工作岗位上工作的各级校友们提供认识和沟通的机会。

校友会的工作对于在校学生的教育也具有非常大的作用。优秀的女性校友为学生们作出了良好榜样，激励她们在校努力学习。因为女性优秀毕业生可以彰显这样一个理念：女性也可以有成功的事业，也能够在工作岗位上做出一番成绩，是国家进步的重要贡献者。

拉合尔学院女子大学由于历史悠久，知名校友非常多。她们中既有杰出的文艺工作者，也有诗人、画家、大学者、政治家等。这些人都在拉合尔学院接受过不同程度的教育，也都从这里继承了女性的自尊自强精神，这使得她们在各自的岗位上勤勉向上、兢兢业业。

图8－8　布莎·阿萨里

**著名演员布莎·阿萨里**

布莎·阿萨里（Bushra_Ansari）少年就读于格里芬女子学校，随后进

① 张玉兰：《南亚与东南亚穆斯林妇女的社会地位》，《南亚研究》1997年第1期。

入拉合尔学院女子大学，作为中级预科生在此学习，于1977年获得拉瓦品第瓦克若尼所大学的学士学位。女子学院的教育则使得她更加自强与奋发。她既是一位演员，同时还具有歌唱家和制作人的身份。她年幼时就参加了不少戏剧演出，并且经常参加电视节目。她曾尝试多重角色的饰演，她的勤奋使她不仅能够演好正剧、歌剧，而且她还是一名优秀的喜剧演员，也尝试过写一些电视剧和戏剧的剧本。1989年，她被授予巴基斯坦的最佳表演奖，同时获得了总统奖励和女性成就奖。她主办和主持的与政治、经济、体育等著名人物深度对话的节目非常受欢迎，这也是她每年都能拿到巴基斯坦的力克士风格奖的重要原因。[①]

**诗人凯思沃·那赫德**

图8-9 凯思沃·那赫德

凯思沃·那赫德（Kishwar_Naheed）是巴基斯坦著名的乌尔都语诗人，以其开创性的女权诗歌而闻名。她出生于印度的不伦德舍赫尔，从小在战乱中目睹了对妇女的强奸拐卖等各种暴力行为，这为她后来成为女权诗人，以诗歌的力量呼吁女性解放和男女平等打下了基础。随着印巴分治，她跟随她的家庭搬到了巴基斯坦。在女性被禁止上学的时代，她为女性受教育权而抗争，自己通过在家自学拿到了高中水平的证书，随后她在拉合尔的旁遮普大学的女子学院拿到了经济学学士学位。

凯思沃曾在国家机构中担任管理工作，退休之前她曾担任巴基斯坦国家艺术委员会领导者；她还创办了一份享有声望的文学杂志*Mahe Naw*，并且成立了名叫“夏娃”的组织，目的是帮助那些没有经济来源

① 参见http://en.wikipedia.org/wiki/Bushra_Ansari。

的妇女通过家庭手工业和出售手工艺品实现经济上的独立。1969年到1990年间，她一共出版了六本诗集，同时还在巴基斯坦非常有名的全国性报纸——《战斗日报》开设儿童专栏。她的诗歌被翻译成英语和西班牙语，其中《我们罪恶的人》（*We Sinful Women*）一书被翻译成英语于1991年在伦敦由妇女出版社出版。[①]

**学者瑞法特·哈珊**

瑞法特·哈珊（Riffat Hassan）是一名美籍巴基斯坦神学家，也是《古兰经》研究者中一名杰出的穆斯林女权主义学者，1966年到1967年间，她在拉合尔的旁遮普大学女子学院任教。

哈珊1949年出生于巴基斯坦拉合尔的书香门第，拥有幸福的童年生活。但是，她的父亲观念传统，而母亲却拒绝墨守成规，两人之间争吵不断，这给她的童年留下了深刻印象。在之后的岁月中，她越发反对父亲对于女性的传统看法。她高中就读于英国国教教会学校，毕业后赴英国杜伦大学的马里兰圣玛丽学院学习英文和哲学。1968年她以一份有关穆罕默德理论的毕业论文拿到了杜伦大学的博士学位。1969年到1972年供职于巴基斯坦信息和广播署。1972年，她带着女儿移居美国，曾先后任教于美国的奥克拉荷马州立大学和哈佛大学，现任路易斯维尔大学的宗教研究教授。

哈珊的理论是伊斯兰教进步派的代表。她也是第一位接受伊斯兰女权主义者标签的学者。她认为《古兰经》是保障人权的宪章，保障所有人的平等权利。目前在一些伊斯兰社会中女性不平等的现象不是由于《古兰经》的规定，而是由于传统文化的影响。《古兰经》不能用来为不公正代言，因为它是神的旨意，是绝对公正的。同时《古兰经》不能被机械的翻译和遵守，它的内涵应当用阐释学的知识来理解，语句意思要在它被写下时的历史背景中来翻译。她还支持女性采取人工流产和使用避孕用品的权利。1999年2月，她在巴基斯坦发起成立了保障女性暴力受害者权利的国际组织，反对荣誉处决[②]。她声称荣誉处决

① 参见http: //en.wikipedia.org/wiki/Kishwar_Naheed。

② 荣誉处决是指凶手谋杀家庭成员以达到挽回家族荣誉的目的，受害者几乎都是女性，被杀害的原因主要是“失贞”和“不检点”。

是对伊斯兰教的扭曲理解，女性并不是比男性低级的动物。[1]

## 四、发展综述：女校的“初春图景”和“漫漫长路”

教育在于实现人的全面发展，高等教育在这方面可以发挥其生产和传播知识的作用[2]。巴基斯坦的高等教育在20世纪末才得到政府的重视和支持。2002年，巴基斯坦原高校拨款委员会改为高等教育委员会，主管高等教育各项事务，这进一步促进了巴基斯坦高等教育的发展，一些女校也在这一轮高等教育发展的热潮中得以建立。

巴基斯坦高等教育委员会的宗旨在于促进巴基斯坦高等教育系统地发展，将巴基斯坦的大学提升为教育和科研中心。其主要任务包括：教员培养，课程修订，高等教育基础设施建设，国内奖学金的提供，国外奖学金，专利资料的资助，旅行会议拨款，促进产学研结合，建设新的技术园区等。[3]巴基斯坦的女校在高等教育委员会的协调管理下发展迅速，已取得不少开创性的进步，面对挑战也在采取多种措施，积极转变办学思路。

### 1. 女子大学：男权社会中女性发展的港湾

巴基斯坦女子大学为在男权社会的女性们提供了受教育的机会，使她们能够接触到家庭“外面的世界”。各个学校都非常重视学生们的德育，很多大学都提出了促使学生积极参与社区建设，成为合格公民的理念。

法蒂玛真那女子大学每年都举办各种竞赛和体育赛事，并鼓励学生们积极参与。学校内部的竞赛在每年的秋季学期进行，冬季学期和春季学期的“女性周”期间也会举办与其他学校之间的联谊盛会。竞赛项目包括诵经、摄影、纪录片、乌尔都语诗歌会、双语演说、戏剧演出、画画、智多星测验、歌唱比赛、体育比赛等。这些竞赛为学生们展

---

① 参见http: //en.wikipedia.org/wiki/Riffat_Hassan。

② 引自联合国教科文组织驻华代表教育处主任毕斯塔在第五届世界大学女校长论坛上的讲话。

③ 参见http: //en.wikipedia.org/wiki/Higher_Education_Commission_of_Pakistan。

示她们的才华提供了舞台，优秀的学生会得到相应奖励。一些脱颖而出、才华横溢的学生们也被鼓励代表她们的学校去巴基斯坦各地的大学里比赛。

法蒂玛真那女子大学的调频电台VOWFM 96.6MHz于2006年8月14日起开始播送节目。这是传播和媒介研究学院与美国国际开发援助署的合作项目，同时也是第一个由女子大学运营和管理的调频电台。电台在特殊日期会有相应的广播项目。例如克什米尔日、伊拉克日以及“女性周”。校园电台由传播和媒介研究学院的主席担任总负责，而广播节目的制作则是由学生们在老师的指导下负责完成的。电台节目非常受欢迎，目前广播时间从最初的1小时延长至3小时。

法蒂玛真那女子大学的校园广播台具备社区电台的功能，可以发布社区大众关注的议题，为学生们提供具有教育性和资讯性的节目。更重要的是学校电台还为学生们锻炼传播技能和熟悉媒体工作环境提供了一个实践平台，为学生们提供声音制作、编辑和主播的实习培训。[①]

2. 女校的竞争压力与资源整合：培养特色、走向国际

据巴基斯坦权威教育就业网统计，目前全国被高等教育委员会认可的大学院校有127所。[②]早期女性接受高等教育的比例非常小，女校面临着生源紧张的问题。而如今高校的增多必然会带来激烈的竞争，而且随着社会发展，女性也可以选择进入综合性大学进行学习。这就对专门的女性大学带来了更大的挑战。与此同时，全球知识和学术领域的飞速进展，使得女子大学必须放眼世界，以全球的视野整合资源、增强特色、向国际化教育靠拢。

拉合尔学院女子大学在医药、电子科技、环境科学、美术、科技、大众传播和性别及发展众多领域，力争与国家产业部门合作，现已达成不少谅解备忘录，同时这些领域与国外高校的联系和交流也在不断增加。

女性学习和领导力研究院是拉合尔学院女子大学的特色研究院和代表性机构。研究院通过对女性学生们进行能力培养、领导力开

---

① 参见http：//www.fjwu.edu.pk/。

② 参见http：//www.jocation.com/institution_list.php。

发、科学研究以及团队协作训练，力图为女性毕业生、女性领导和专业人员的经济权利和个人赋权提供保障。研究所也为优秀的学员们提供奖学金。在各种项目参与和课程培训中，女性群体的力量得以提升和加强。众多的女性毕业生走向劳动市场，为经济发展和社会进步贡献自己的力量。

研究所下设四种课程：

第一种是性别与发展学位课程，进行学术研究，授理科硕士、哲学硕士及相关博士学位；

第二种是领导力培养学位课程，为女性毕业生提供特色培训以及发展机会，以帮助她们成为职场专业人士与合格公民；

第三种是职场和就业规划学位课程，为学校毕业生提供咨询，并帮助她们进行事业和职场定位；

第四种学位课程为研究及宣传，旨在为性别和相关法规的最新研究和传播提供机会，通过与妇女组织、机构和国内外讨论会进行合作，为女性毕业专业人员提供帮助[①]。

萨达尔巴哈杜尔汗女子大学位于经济并不不太发达的俾路支省，迅速提升技术能力和职业技能对于当地女性来说既实用又紧迫。在社会需求的推动下，大学设置了三种短期文凭教育课程。

第一种是绿洲玫瑰女子家政课程。该课程帮助女性高效勤俭持家、关爱自身、能够健康地和创造性地照顾家庭和孩子。课程每期四个月，一年有两期，费用相对来说比较合理。女性在家庭教育中的重要作用使得女子家政课程关乎下一代成长，所以，课程的意义远远不只限于培养家庭妇女，更重要的是为社会文明和教育事业奠基。

第二种是宝石和宝石学研究所课程，这是由白瓦沙宝石和宝石学协会（GGIP）与俾路支省中小企业发展机构合作的成果。该研究所由政府出资模仿GGIP而建立，接受GGIP的技术支持。课程主要教授有关宝石切割、抛光和雕刻技术，为俾路支省的女性工作者和学生提供技术培训。学生们通过课程的学习，将课堂的知识运用到现有工艺制

① 参见www.lcwu.edu.pk/ Lahore College。

作中。她们可以抛光打磨珍贵的宝石，制作大理石和花岗岩工艺品，并且使之进入商业流通。合格的毕业生还可以在宝石的加工和贸易行业中进行自主经营。学生只要通过入学考试就能参加为期四个月的宝石切割和抛光技术的课程，教课的老师们都是来自白瓦沙的专家，所以完全不必担心不能学到真本事。

第三种是英语语言和计算机中心提供的短期课程，目的在于使学生们能够与当今教育和社会发展保持同步[①]。

总之，促进性别平等，推动社会文明进步的确需要教育的力量，发展女性高等教育不仅是在明确的性别视角上促进女性发展的选择，同时在具体做法上也可以淡化性别差异，促进女性与男性一起成为社会财富共同的创造者、社会文明的推动者。在巴基斯坦，整个社会对女性的认识仍带有传统的观念，处于一种“春寒料峭”的状态之中，七所女校虽已预示着女性发展春天的到来，然而不可忽视的是，在这“初春图景”后的“漫漫长路”需要更多的热衷于或者是从事着女性高等教育的人们继续努力、共同奋斗。

① 参见http://www.sbkwu.edu.pk/。

# 第九章　菲律宾女子大学教育：群岛上似锦繁花

菲律宾高等教育的普及率一直远远走在亚洲前列，菲律宾女性接受高等教育的发端也早于其他东南亚国家。菲律宾在1946年独立后，教育事业发展迅速，新建了大批高校，这自然也为女性进入高等院校学习带来了更多的机会，最突出的表现就是女子院校的兴起和发展。这不仅与菲律宾社会政治经济的变革有关，也与当地宗教，尤其是天主教在菲律宾的传播、社会精英的推动及女性自身的觉醒有着密切的关系。女子院校的兴起和发展对女性自身的解放及社会变革有着积极而深远的影响。

## 一、背景与历史概述：殖民地上的教育活动以及女性参与

### 1. 殖民统治推动女子高等教育发展

菲律宾是一个坐落于环太平洋的热带群岛国家，气候环境造就了菲律宾丰富的自然资源和生物多样性。另外，菲律宾是天主教国家，天主教徒占菲律宾人口的83%。天主教自西班牙传入菲律宾五百年来，一直对菲律宾的政治和社会产生着巨大的影响。[①]

① 参见http：//baike.baidu.com/view/3222.htm。

菲律宾历史上曾多次沦为他国殖民地。早在菲律宾独立之前，就有很多宗教教育活动的开展和相关学校的创立。早期菲律宾受到西班牙殖民统治，从1898年美国占领菲律宾开始实行殖民统治到1942年被日本占领，菲律宾被美国统治长达40多年。这期间，菲律宾建立起了美国式的教育体系，创办了一批近代类型大学。

菲律宾女性参与高等教育在东南亚区域居于领先地位。1908年建立的菲律宾大学（University of Philippines，建校之初名为菲律宾美国大学，American University of the Philippines），从一开始就实行男女同校，学校的女生主要学习师范、家政、药剂师和护士专业，然而工科、农业等专业内女生则不见经传。1908年至1920年，菲律宾大学只有12名女毕业生，此后，女大学生逐渐增加。到1927年，该校总共给231位女生被授予了学位，包括医学学位12个、牙医7个、药剂师26个、科学7个、教育学88个、商业5个、哲学11个、人文科学75个。其他高校也逐渐向女生敞开了大门，如1924年，圣马斯大学的药剂专业开始招收女生，多明我兄弟会大学（Brother Dominican，建立于1620年）1949年也向女生打开了大门。[①]

其实，当时在东南亚，人们普遍认为妇女的职责是侍奉公婆、相夫教子、管好家庭，女子教育是可有可无的。很多更保守的人认为女子接受教育就会不安于室，有可能反对父母所包办的婚姻。即使是比较开明的人，也会认为女子应该受点教育，但能读会写就行了，接受大学教育对她们来说太高了。因此，只有极少数受西方文化影响较深的上流家庭的女子才有可能接受高等教育。

然而，由于菲律宾受到西班牙殖民统治时期的宗教影响，以及长达半个世纪之久的美国殖民统治时期的教育思想的影响，菲律宾国内女性的地位相对较高，这就一定程度上促进了对女子接受教育的重视。

**2. 战后的女子高等教育：快速发展，领跑东南亚**

二战以后，随着国家的独立，菲律宾高等教育事业也得到了飞速

---

① 范若兰：《试论东南亚妇女参与高等教育的前提和背景》，《东南亚》2000年第3—4期。

发展，取得了令人瞩目的成绩。从20世纪60年代开始，菲律宾高等教育进入了高速发展时期，新建了一系列的高校，高等教育的普及率得到了很大提高。

另外，同大多数东南亚国家一样，独立后菲律宾也在法律上确立了男女平等的原则，强调妇女在教育、就业和参与政治等方面享有与男子平等的权利。事实上，独立之前，菲律宾的女性已取得选举权，而独立后女性平等权利在宪法上进一步得到承认，政府在决策和立法上将平等问题放在重要地位，这是菲律宾等东南亚各国女性大量进入高等教育机构学习的重要原因。①

除新建大学之外，菲律宾原有的高校基本上都向女性敞开大门。从1949年开始，不少高校开始招收女生，女大学生人数不断增加，女生在大学生中的比例也比其他东南亚国家高。1955年，菲律宾女大学生已占高校学生总数的45%，1965年女大学生超过男大学生，占55%，而美国直到1979年女大学生才首次超过男大学生，达到50.7%②。可以说，菲律宾女性在二战后到20世纪70年代这段时期内接受高等教育的程度居世界之首。这一时期有甚至70%以上的女大学生学习专业集中在人文科学、教育和社会科学，而学习理工农医类的女大学生还是相对较少。

20世纪70年代后，菲律宾经济和高等教育不断发展，到了80年代，菲律宾女性接受高等教育的人数比50、60年代又有了极大的提高。自1994年以来，菲律宾高等教育在升学方面，女性无论是在数量还是在学龄人口入学比例上都超过菲律宾男性。③

值得关注的是，随着高等教育的大众化，在菲律宾高校大多数科目中，女生均占有优势。不仅在家政、师范等被认为是具有女性优势、适合女性特点的学科领域，在一些被认为是传统男性领域的科目，如计算机、自然科学、农学等学科，女生所占的比重也高于男生。菲律宾

---

① 范若兰：《试论东南亚妇女参与高等教育的前提和背景》，《东南亚》2000年第3—4期。

② 范若兰：《战后东南亚妇女接受高等教育的发展历程与类型》，中山大学性别教育论坛，2004年。参见http：//genders.sysu.edu.cn/News/1069-Content-1069.html。

③ 参见 http：//www.ched.gov.ph/chedwww/index.php/eng/Information/Statistics。

高校女生占优势的这个特点至少从目前看来是其他国家所没有的，因为大多数发展中国家甚至西方发达国家，女性一般只在具有女性优势的学科更擅长，而且大多数女子院校开设的课程也是具有女性特质的学科领域。

3. 菲律宾女子高等教育发展的影响因素

菲律宾女性在战后接受高等教育方面所取得的巨大进步，可以用两个标准来衡量。一是女大学生占所有大学生的比例在不断提高；二是女大学生在同龄人中的比率也有所提高。虽然就经济发展水平而言，菲律宾并不是东南亚地区经济发展水平最高的国家，但妇女接受高等教育的程度却最高，菲律宾高等教育的女性入学率高居东南亚第一，1975年已达28.5%。而新加坡的经济发展水平最高，但其女大学生比例却不是最高，原因主要有以下两点。

一是经济和社会因素。经济发展是促进妇女接受高等教育的重要因素，而社会公平和高等教育大众化的趋势对妇女大量接受高等教育也具有决定性的影响。菲律宾20世纪70年代就实现了高等教育的大众化，这为妇女大量接受高等教育奠定了牢固的基础，促进女大学生人数和比例极大提高。另外，在二战后的50年代至70年代，菲律宾与日本等同属亚洲富国。2006年，菲律宾被世界银行依购买力评价列为第36大经济体，其人均国民收入在1995年已达到1000美元以上，2007年约为1445美元，经济发展是其高等教育迅速发展的基础和前提。而越南、柬埔寨和老挝等国由于战乱和政府政策失误，经济发展长期停滞不前，1995年人均国民收入尚不足400美元，高等教育发展缓慢，自然要影响到妇女接受高等教育的程度；至于马来西亚和印度尼西亚则因奉行精英教育政策，妇女接受高等教育的比率也就较低。

二是文化传统对妇女接受高等教育的影响。菲律宾是东南亚唯一一个天主教国家，又经历了半个世纪之久的美国殖民统治，女性地位相对较高，在接受高等教育问题上，不存在女性受歧视的问题。同是东南亚国家，泰国信仰小乘佛教，讲究众生平等，泰国妇女地位一直较高，这对妇女接受高等教育是一个极为有利的因素。然而，新加坡和马来西亚尽管经济发展水平很高，但其女大学生比例反而低于菲律宾和泰国，是因为新加坡和马来西亚的三个主要民族——华人、马来人和印度人分别信仰儒家学说、伊斯兰教和印度教，这三种文化都存在对妇女极深的歧视，认为女子无才便是德，妇女的主要责任是相夫教子，不需要受太多教育，这些观念对于父母是否送女儿上大学有很大影响[①]。

可见，菲律宾女子接受高等教育的水平是受多种因素制约的，经济发展、社会公平、高等教育大众化趋势、专业设置和文化传统都对其有很大影响。

## 二、发展模式与理念：菲律宾女子院校的代表

菲律宾女性接受高等教育的途径，除通过男女同校的大学之外，最主要还是专门的女子学校。与东南亚甚至欧美国家相比，菲律宾国内专门的女子高校的数量和发展历史均处于领先地位。

目前菲律宾的女子高校主要有八所，大多创建于二战前后，可分为宗教（主要是天主教）教育学校和非宗教性的综合学院[②]。宗教教育学校一般是在西方天主教教皇指示下由修道院修女们创建并负责管理，也有由民间贵族或者社会精英发起创建的女子学校。开设的课程分为多个层级，满足了不同层次的女性教育需求，也保证了女性能够连续接受学校教育，对提高女子接受高等教育以及自身觉悟的提升有着重要的意义。菲律宾女子院校大多课程通常只有女子可以申请，而有一些女子大学也允许男生入学，但必须是选修研究生水平的如攻读硕、博士学位以及成人教育的课程。

和其他亚洲国家甚至发达国家相比，菲律宾的女子院校数目相当可观。其中比较有名的包括菲律宾女子大学（The Philippine Women's University）、菲律宾圣母升天学院（Assumption College Philippines）、康考迪亚学院（Colegio de la Inmaculada Concepcion de

① 范若兰：《试论东南亚妇女参与高等教育的前提和背景》，《东南亚》2000年第3—4期。

② 参见Category: Women's universities and colleges in the Philippines.

la Concordia）、马尼拉圣灵学院（College of the Holy Spirit Manila）、菲律宾奎松学院（Miriam College in Quezon City, Philippines）、马尼拉圣斯考拉斯蒂卡学院（St.Scholastica's College Manila）、宿务圣特丽萨学院（St.Theresa's College of Cebu City）。这些女子学校在菲律宾女子高等教育中发挥着重要作用。除菲律宾女子大学（The Philippine Women's University）是非宗教性质的大学以外，其余均为宗教性质的专门女子学校。以下是历史悠久的女子学校的代表。

1. **菲律宾女子大学**

（1）历史沿革

1919年，一群有着远见卓识的菲律宾女性建立了菲律宾女子学院。该校为非宗教性质、以培养学生的领导能力和服务能力为宗旨。建校初只有190名正式注册学员，到1932年已经发展成为一个综合性的大学，并获得美国殖民政府的承认，由菲律宾女子学院更名为“菲律宾女子大学”（The Philippine Women's University, PWU），成为由亚洲人自己创建的亚洲第一所女子大学①。

图9-1　菲律宾女子大学校徽

菲律宾女子大学在发展过程中勇于开拓创新，曾获得很多个“首创”称号。在发展成为综合性大学之前该校已成就斐然。例如，该校在1922年在菲律宾私立学校中首次成立了“学生委员会”组织；1924年首次开设药剂学专业；1926年在私立学校中首次开设四年制经营管理专业；1928年又首开家政学学士学位课程；1931年成立研究生院；1949年成立的社区学院也是第一个专门为职业女性开设晚间课程的学院，等等。

在升级为综合性大学后，菲律宾女子大学便逐渐开拓其教学领域和发展规模。1933年至1938年期间，菲律宾女子大学拥有数门精品学科，并拥有一流的教学质量，注重对学生的社会道德以及文化

① 参见http://www.pwu.edu.ph/about/pwu-history.html。

底蕴的培养。虽然饱受战争摧残，但它像凤凰涅槃一样在战火熄灭后于灰烬中重生，继续发展壮大，为众多青年人提供接受教育的机会。二战后菲律宾女子大学在全国其他城市设立分校，如维萨亚斯群岛（Visayas）的怡朗（Iloilo）以及棉兰老岛（Mindanao）上的达沃市（Davao City）等。

图9-2　菲律宾女子大学主校区

20世纪90年代，菲律宾女子大学开始招收男性学生，逐渐演变成了一所男女合校的大学。在马尼拉（Manila）、奎松（Quezon）、达沃（Davao City）等各个校区开设从幼儿到研究生的各级课程。1993年乔斯·贝尼特斯（Jose Benitez）博士成为菲律宾女子大学的第一位男校长，他在选举时提出了系统的教学改革计划，包括多样化教学以及利用信息技术跨越现实距离的限制，把更实用的教育带给每个人。2011年他的儿子弗朗西斯科·贝尼特斯博士（DR.Francisco B.Benitez）当选为菲律宾女子大学第九任也是第二位男校长。如今菲律宾女子大学已经是拥有约500名教职工，约10000名在校生的综合性大学。

总体来看，菲律宾女子大学力图通过精彩的教学、充满活力且富有意义的研究，以不断发展的新技术为支持，把每位学生培养成为具有全球竞争力的人才。

图9-3　菲律宾女子大学主楼近景

（2）历史贡献和成就

菲律宾女子大学在菲律宾的发展历史中做出过不少贡献。1969年和1980年，该校先后两次大批收留那些被大火侵袭的马尼拉人。另外，菲律宾女子大学对菲律宾的文化发展也有巨大的促进作用。菲律宾女子大学被视为那些在表演艺术事业上有梦想和追求的人们的象牙塔。在前议员海伦娜·贝尼特斯（Helena Z.Benitez）的帮助下，菲律宾女子大学成立了菲律宾百雅尼翰舞蹈公司（The Bayanihan Philippine Dance Company），并将之发展成为一个在世界上都享有一定声誉的表演团体。海伦娜·贝尼特斯（Helena Z.Benitez）和菲律宾国家音乐和艺术协会的灵魂人物鲁克蕾希亚·卡西拉格（Lucresia R.Kasilag）

（也曾经是百雅尼翰舞蹈公司的领导人及音乐总监），都为推动菲律宾文化发展，尤其是民族舞蹈的发展，做出了开拓性的贡献。另外值得一提的是，海伦娜·贝尼特斯（Helena Z.Benitez）议员也是菲律宾女子大学历史上第一位当选校长的女校友，她在校长的位置上为学校提供了超过30年的辛勤服务，并于1980年当选为校理事会主席。

现在，菲律宾女子大学已经成为多个国际和区域教育学术组织的成员。这些组织包括世界大学校长联合会（International Association of University Presidents，IAUP）、东南亚高等学术机构委员会（The Association of Southeast Asian Institutions of Higher Learning，ASAIHL）、国际天文学联合会（International Astronomical Union，IAU）、亚洲基督教大学协会（Association of Christian Universities and Colleges in Asia，ACUCA）等。

菲律宾女子大学强调学校发展的可持续性。直到今天，菲律宾女子大学依然在不断地开拓创新，即使是在资源匮乏的情况下也满怀热情，坚持为男女学员提供从幼儿到研究生的全套课程。通过对学生全面和系统的教育，使学生懂得珍惜文化遗产、培养个人品性、保持家庭团结、培养社会合作与专业领域内的领导能力的重要性等，从而成为一个对社会有用的人。

（3）菲律宾女子大学的专业设置及优势学科

菲律宾女子大学的专业设置分为医学、旅游、教育、商业、艺术和管理（见表9-1）。专业设置以应用性为主，结合当地实际，并兼顾女性的特点。这些学科设置虽然比较单薄，但科系设置与学校本身定位相契合，符合当地经济发展的要求。

菲律宾女子大学的优势专业有心理学、社会管理、社会人类学、社会生态学、社会科学、社会工作、社会学、农学、食品和营养学、食品技术、保健、酒店管理、护理学、专业保健、安全护理、专业疗法、手足病疗法、科学、旅游管理、护理、医疗技术、药学、营养、管理、艺术与科学、教育、美术与设计等。

表9-1　菲律宾女子大学重点专业设置一览

| 菲律宾女子大学重点专业设置 | | |
|---|---|---|
| 学院 | 专业名称 | 层次 |
| 医学院 | 护理学 | 本科-硕士 |
| | 医疗技术 | 本科-硕士 |
| | 药剂学 | 本科-硕士 |
| | 营养学 | 本科-硕士 |
| 旅游学院 | 酒店餐饮管理 | 本科-硕士 |
| | 旅游 | 本科 |
| | 旅游管理 | 本科-硕士 |
| 教育与人文学院 | 初等教育 | 本科 |
| | 幼儿教育 | 本科 |
| | 英语教育 | 本科 |
| | 心理学 | 本科-硕士 |
| | 教育管理 | 本科-博士 |
| | 社会发展 | 本科-博士 |
| 艺术学院 | 美术与设计 | 本科-硕士 |
| | 音乐 | 本科-硕士 |
| | 室内设计 | 本科 |
| 商业、环境、信息学院 | 管理科学 | 本科 |
| | 工商管理 | 本科-博士 |
| | 企业家学 | 本科 |
| | 环境科学 | 本科 |
| | 环境管理 | 本科-硕士 |
| | 信息与计算机学 | 本科 |

（资料来源：菲律宾女子大学网站）

（4）菲律宾女子大学的21世纪发展蓝图

历经战乱，一路风雨兼程，菲律宾女子大学发展至今实属不易。学校在21世纪积极地以市场为导向，同企业、政府以及非政府组织合作，以发展成为一个有高质量的教育和科学技术的综合性大学为目标。具体如下：①提升大学研究项目的实效性和影响力；②鼓励教职工及在校学生积极参与所有课程的基础性及应用性研究；③增设课程要反映和满足社会需求；④学校人才招聘尽可能的系统化、现代化，进一步完善学校人力资源；⑤创造良好的学习氛围，促进学生、教职工和其他相关人员之间的相互沟通交流；⑥加强对国内外社会群体的服务和认同；⑦通过加强国际交流合作，增加教职工和学生的交流互访机会；⑧完善学校基础设施，为学校吸引更多的资金支持。

2. 康考迪亚学院

(1)学院简介

图9-4 康考迪亚学院校徽

康考迪亚学院（The Colegio de la Inmaculada Concepcion de la Concordia，简称Concordia College），是位于菲律宾首都马尼拉市（Manila）柏高佩德罗吉尔（Pedro Gil, Paco）的一个私立天主教学校，成立于1868年。在"仁爱修女会"（Daughters of Charity）的掌舵下，该学院招收的学生日益增多。该校比较有名的学生有撒图米娜（Saturmina）、索拉达（Soleda）、奥林匹亚（Olympia）以及菲律宾国父何塞·黎萨（Jose Rizal）的姐妹们等。[①]

该校由玛格丽特·罗萨斯·德阿亚拉（Margarita Roxas de Ayala）夫人慷慨出资建设而成，目的是帮助天资聪颖却生活贫困的年轻女孩们能够接受天主教的教育。德阿亚拉还自己掏腰包，将位于马尼拉柏卡（Paco, Manila）郊区面积达三公顷半的自家住宅改建成学校。德阿亚拉夫人还邀请西班牙"仁爱修女会"（"Daughters of Charity"）的八位修女管理学校，并负担她们从西班牙到菲律宾的全部旅费。

1868年，这八位修女来到菲律宾开始负责学校的管理工作。最初，学校是免收学费的，大约只招收了60名正式注册的学生，所开设的课程与宗教、道德品行教育相关，旨在培养学生的读书、写作、算术、文化与艺术等生存技能，如缝补、刺绣、烹饪、裁剪以及家务劳

① 参见 http: //concordia.dcphilippines.org/。

动等。

在菲律宾解放战争以及美国殖民时期，康考迪亚学院经历了巨大的变革，这对其后来的教育发展影响极大。自1868年成立以来，菲律宾康考迪亚学院一直秉持天主教会的教义和精神，以生命、真理、美德、知识”（Life，Truth，Virtue，Knowledge）为校训，在发展中不断以遣使会的使命、愿景和核心价值观来教育指导学生以及教职工，甚至毕业生，并积极加强同教外人士的合作等。

图9-5 康考迪亚学院2011年开学典礼

（2）学院愿景、使命及其课程设置

康考迪亚学院以基督教教育为重心，以努力使教会中的学员发展成为有主见的遣使会领导者和穷人的支持拥护者为发展愿景。

学校主要为追求并努力完成以下使命而奋斗：①勇于追求基督教教育在课程和服务方面的创新；②通过连续教育和遣使会的发展壮大提升学员的领导能力，促进专业发展；③通过研究社会发展趋势、提供相应课程以及对应的社区延伸服务来促进学员的全面发展；④热情互助以维护共同的使命。

表9-2 康考迪亚学院的课程设置及学位授予情况一览

| 学部 | 学位 | 专业 |
|---|---|---|
| 基础教育 | 学前教育 | 幼儿园到十年级 |
| | 低级基础教育 | |
| | 高级基础教育 | |
| 高等教育 | 艺术学学士 | 英语 |
| | 初等教育学学士 | |
| | 中等教育学学士 | 英语 |
| | 社会工作学学士 | |
| | 护理学理学学士 | |
| | 商业管理理学学士 | 营销管理 |
| | | 人力资源开发 |
| 研究生学院 | 护理学理学硕士 | 护理管理 |
| | | 医疗外科护理 |
| | | 精神病护理 |
| | | 公共卫生护理 |
| | | 孕产妇与儿童护理 |

（3）"仁爱修女会"团体

1633年11月29日，在法国一座简陋的房子里，维森特·德·保罗（Vincent De Paul）受有着贵族血统的路易斯·德·马里拉克（Louise De Marillac）之托，成立了由12位修女组成的"仁爱修女会"团体（Daughters of Charity），以帮助那些受苦难的基督徒们。很快就有一些淳朴的乡村女孩加入进来。就像一粒种子长成参天大树一样，这个小团体也稳步发展起来。

图9-6
"仁爱修女会"团体最初主要成员

该团体最初规模虽然很小，但提供帮助和服务的范围却没有限制。在创始人圣维森特·德·保罗（St.Vincent De Paul）和圣路易斯·德·马里拉克（St.Louise De Marillac）的带领下，“仁爱修女会”致力于各种形式的扶贫活动。在很多学校、医院、难民营、社会服务中心和孤儿院里，以及教区建设活动和一般的社区服务中都可以看到她们的身影——哪里有穷人，哪里就有受到召唤的“仁爱修女会”成员。她们代表耶稣基督参与各种慈善活动，使穷人们在身体上和精神上都能感受到耶稣基督的存在。如今，在全世界范围内，包括在非洲、美洲、亚洲、澳洲以及欧洲，都有该团体内人士帮助那些贫穷的人们。

3. 马尼拉圣斯考拉斯蒂卡学院①

（1）学院简介

圣斯考拉斯蒂卡学院（St.Scholastica's College, Manila，简称SSC或称St.Scho）成立于1906年，是一所专门性的天主教女子学校。在圣本尼迪特修道会教皇代表唐·安布罗修斯阿久斯（Msgr. Dom Ambrosius Agius）和马尼拉大主教耶利米·詹姆斯·哈迪（Jeremiah James Harty）的指示下，五位年轻的德国修女创立了该校。

图9-7　马尼拉圣斯考拉斯蒂卡学院校徽

学校由本笃会修女们负责日常管理，主要为马尼拉生活穷困的儿童提供宗教教育。耶利米·詹姆斯·哈迪大主教同时也对基督教兄弟会（Brother of the Christian Schools，系1684年在法国创立的从事贫民教育的天主教世俗团体）发出了同样的指示，于是有了德拉萨学院（De La Salle College，1911年创建，只招收男学生）。圣斯考拉斯蒂卡学院最初只有6个交费学生和50个免学费学生，只提供初级课程。从1907年开始招收高中水平的学生，并于1920年成立大学部。圣斯考拉斯蒂卡学院于1907年成立音乐学院，是菲律宾最早提供正规音乐教育的学

① 参见http：//www.ssc.edu.ph/。

校。虽然圣斯考拉斯蒂卡学院是专门的女子院校，但是音乐、美术和室内设计等课程允许招收男生。

圣斯考拉斯蒂卡学院与其邻居德拉萨大学（De La Salle University Manila）在二战中均遭受重创，教学楼被损毁殆尽。1946年开始重建校园，九年后才修葺完毕。经过几十年的发展，圣斯考拉斯蒂卡学院目前已经是拥有400余名教职工、近5000名在校生的女子院校。

图9-8 圣斯考拉斯蒂卡学院–空中俯瞰校园全景

（2）学院院系设置

圣斯考拉斯蒂卡学院与德拉萨大学、菲律宾基督教大学（Philippine Christian University）、亚当森大学（Adamson University）、菲律宾师范大学（Philippine Normal University）和马尼拉圣保罗大学（St.Paul University–Manila）一样都是马尼拉南部学校组织的成员，这些学校的学生可以跨校选修一些公认的课程。圣斯考拉斯蒂卡学院也是女子联合学院（Women's Consortium Colleges）

的一部分，该学院包括位于卡蒂普南（Katipunan）的米瑞安学院（Miriam College）；位于马卡迪圣劳伦斯（Makati St.Lawrence）的圣母升天学院（Assumption College），位于奎松市的圣保罗大学（Saint Paul University）以及位于门迪奥拉（Mendiola）的圣灵学院（College of the Holy Spirit）。

SSC下设有以下几个学院：文理学院（人文科学学院）、商学院、会计学院、音乐学院、服装学院、餐饮管理与交际艺术学院、国际经济与贸易学院等。

图9-9 圣斯考拉斯蒂卡学院校园

4. 菲律宾女子研究院

提到圣斯考拉斯蒂卡学院（见图9-9），不得不提及菲律宾女子研究院（Institute of Women's Studies Philippines，简称IWS）。为完成其教育使命，圣斯考拉斯蒂卡学院在20世纪70年代（这一时期发生过“菲律宾妇女运动”）确立了“社会本位”的方针。1985年，为庆祝“教育助推社会改革”政策推行十周年，该校发起了一个女子研究项目。女性对妇女运动的积极参与直接促成了一个专门针对女性进行课程介绍的教学项目。而女子们对该项目的积极响应使其直接被纳入

图9-10 菲律宾女子研究院老师在给女学生上课

该校的综合教育课程，而后者本来是专门为高年级的毕业生设置的。1988年，圣斯考拉斯蒂卡学院成立妇女研究院（IWS）作为该大学的一个附属机构。

该妇女研究院的主要目标为：（1）通过正式和非正式的选择性教育策略，使人们意识到并能够理解妇女遇到的问题；（2）参与性别问题的研究，支持女性相关的事业项目；（3）实施延伸性的服务项目，为正规教育机构之外的女性提供服务。而妇女研究院主要开展的教育课程及培训项目包括：研讨会与培训、调查研究与图书出版、资源与开发；广播制作；（4）妇女全面发展中心。

其中，资源与开发项目或称图书馆项目在建立之初主要是为研究院的各种项目以及圣斯考拉斯蒂卡学院的妇女研究课程提供相关活动支持。该项目旨在为师生提供各种参考书籍、文档和音视频资料等；同时还设立了一个菲律宾女性档案中心，收集与女性问题有关的培训、诉讼等的信息与资料。

1993年，随着该女子研究院的发展，其图书馆服务逐渐对马尼拉其他学校的学生和教授开放。一段时期内，该图书馆向需要与性别相关信息的政府和非政府组织提供了大量服务，包括大众传媒、政党、外国组织与大学、宗教组织以及个人等。

该女子研究院所搜集的档案信息对质询现有的世俗观念、承认女性在社会上所具有的重要作用等，意义重大。从传统史学来看，殖民时期的制度化宗教，女性是被边缘化的群体。历史上强调的而且也确实存在着的是处于主导地位的男性特权，这在社会习俗和历史小说中都有所表现和描绘。事实上，根据历史资料记载，无论是战时还是和平时期，大多基于性别的所谓剥削、镇压以及女性歧视等相关例子都夸大了男性的统治和女性的弱势。

另外，IWS的资料也有助于菲律宾女性了解宗教的社会作用——宗教对菲律宾文化和思想以及对女性的观点和态度的形成等方面有着巨大的影响；使人们在接受历史教育时能够理解这个国家女性受压抑的根源，同时看清女性在塑造历史中的作用，从而更加坚定为女性解放而努力工作的决心。

由于内外部的需求，该图书馆不仅收集印刷资料，而且也收集电子资料。为了在全国各大女性资源中心组织中增强竞争力，该研究院专门在有紧密联系的地区搜集关于宗教的、历史上的女性以及特殊地区的女性遭受暴力等情况的相关资料。现在该图书馆总共搜集到2500本相关书籍、80个专题资料、纪录片电影以及50幅相关图片等。

## 三、促进女性发展：并无“男尊女卑”观念的菲律宾社会

### 1. 菲律宾女性的社会地位：女子能顶半边天

2008年，中国前驻菲律宾大使黄桂芳在做客中国网“中国访谈”时指出：菲律宾女性领导人物层出不穷，企业界女性也越来越多。菲律宾历史上的十几任总统中有两任是女总统：阿基诺和阿罗约。曾经一度，菲律宾的财长、预算部长、环境部长、海关总署署长都是女性，每个部都有副部长，还有司级干部、还有大使等，也都有女性任职。1997年5月份成立的“菲律宾女企业家理事会”就由女企业家、歌唱家等组成。此外，菲律宾有2000多所大学，除女子大学外，很多普通大学的校长也为女性。菲律宾中学一般分成男校、女校，而女校校长均为女性。

菲律宾大学女生数量占学生总数的近70%。

有人就说，菲律宾将是女人的天下。菲律宾女子从小就接受教育，而菲律宾妇女的勤劳、温和，她们不单是家庭的顶梁柱，也是社会财富的创造者。她们的参政意识很强，在议会、政府里，都有她们的代表人物和发言人。在菲律宾担任领导职务的女性越来越多。在菲律宾社会里，尤其是在城市里，很少有“男尊女卑”的观念。此外，菲律宾人大多信奉天主教，很少有性别歧视。男孩子去打工，女孩子去上大学，这在菲律宾是普遍存在的一种现象。在此基础上，必然有很多女性的领导和代表性人物①。

**2. 女子教育的杰出成就：才女辈出**

在菲律宾，女子院校的毕业生在各自的领域内努力进取，有的甚至成为了内阁部长、议员、成功的商业女性、女实业家、教育家以及政府和非政府组织的领导人等。例如，菲律宾女子大学已有19位校友被评选为“感动菲律宾杰出女性”（TOWNS）。

（1）菲律宾第一位女总统——阿基诺夫人

阿基诺夫人（Maria Corazon C.Aquino，1933−2009）曾就读于圣斯考拉斯蒂卡学院研究生院，在1943年作为学生代表在毕业典礼上致辞。她是菲律宾的第11任总统（1986年至1992年），她在竞选中成功战胜统治了菲律宾20年之久的费迪南德·马科斯（Ferdinand E.Marcos），成为菲律宾历史上第一位女总统，同时也是亚洲历史上的第一位女总统。她一直倡导民主，对宗教信仰非常虔诚，为女权运动及世界和平到处奔走呼号，并获得了很多荣誉和表彰，其中包括连续被《时代》周刊评为1986年“年度女性风云人物”，1999年“20世纪亚洲最具影响力的二十大风云人物”以及2006年的亚洲65位英雄之一，同时入选最后这一榜单的还有中国的邓小平和印度的圣雄甘地等；另外还获得“2008年世界民主运动积极倡导者”之一（共计有15位获得者）的殊荣等。

---

① 参见http://www.china.com.cn/international/txt/2008−04/08/content_14535258.html。

图9-11　菲律宾第一位女总统阿基诺夫人①

（2）菲律宾天主教女子大学副校长尼尔达·赫契诺娃

菲律宾天主教女子大学副校长尼尔达·赫契诺娃修女，毕业于比萨扬州立大学并获得教育学学士学位（一等荣誉生）及艺术硕士学位。获得马里丘神学院的神学硕士学位（一等荣誉生）以及比利时鲁汶天主教大学的应用伦理学硕士学位（荣誉生）。在马尼拉德拉萨大学获教育学（宗教与价值教育）博士学位。目前担任菲律宾天主教女子大学校长兼高等教育署副主席。

尼尔达·赫契诺娃曾于1971年至1976年在怡朗天主教学校担任初级教师，并于1974年至1976年担任该校的教学协调员；1981年至1995年任安蒂波罗市（Antipolo City）天主教学院的主协调员与宗教协调员，并于1999年任天主教大学神学教师，2000年任怡朗州妇女职业培训项目负责人；并于1999年至今一直担任圣洛伦索神学院（San Lorenzo Theological College）文学系系主任。

赫契诺娃多次参加诸如学校管理、教学手段及教育趋势、生态问

① 参见http：//www.changbaidao.net/show.aspx? id=2702&cid=8）。

图9–12 菲律宾天主教女子大学副校长赫契诺娃在中国传媒大学举办的“第三届世界大学女校长论坛”上发言

题等方面的研讨会，曾赴比利时、法国、意大利、荷兰、泰国、印度尼西亚、韩国等国访问。

3. 受过高等教育的“菲佣”：菲律宾的经济英雄

菲佣素有“世界上最专业的保姆”之美誉，一般指来自菲律宾的高级佣工，也就是家政服务专业人员。菲佣一般受过教育、稍懂英语。在世界家政行业中可以算得上是一个世界知名品牌，是国际劳务市场中的一大亮点。[①]

上世纪70年代，菲律宾经济发展落后，国内就业困难。当时的菲总统费迪南德·马科斯颁布《劳动法》，鼓励菲国人外出务工，帮补国困，菲律宾人开始大迁徙。此后，菲佣为国家赚回了大量外汇，一度占到菲律宾GDP的5%到6%。

1992年5月，拉莫斯接任阿基诺当上总统以后，他说，“菲律宾女佣是新国家英雄。”因为每一个劳工，每一个女佣养活了至少5个家乡的亲人。实际上她们不仅仅是国家财富的创造者，早在1999年，菲佣的年收入就达到了80亿，占菲律宾国内生产总值的百分之十几，可以说菲佣是菲律宾的经济支柱之一。

为了实现年轻女子的外出务工梦想，菲律宾政府和就业机构花了不少心血。在菲律宾各中学女校和近3000所大专院校中，一律把家政学列为必修课。社区大学中，还会将《雇主心理学》以及各种急救知识

① 参见http：//baike.baidu.com/view/264609.htm。

列入课程，从身心方面将菲佣打造为“超级保姆”。目前，在菲律宾技能培训和开发部门登记的培训中心就多达4000多个。

而且，菲佣在出国工作前都要进行1到3个月的上岗培训，主要包括技能培训和语言文化培训两大类。其中，在培训学校接受216个小时技能培训是成为合格菲佣的“针线包”，项目涵盖了各种常用的家用电器的使用、洗熨衣物、清理房间、烹饪和照顾老人与孩子等。

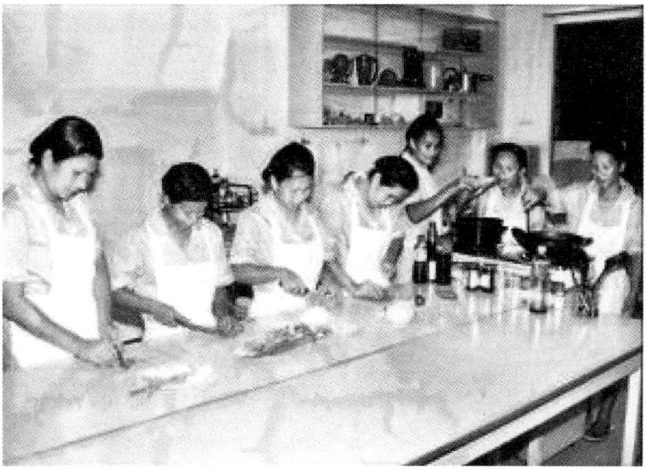

图9-13　菲律宾女性在接受技能培训[①]

菲佣之所以在国际劳务市场上广受欢迎，第一个原因是受教育程度高。菲律宾1994年的师资率是35%，大专院校能够提供教育学、幼儿心理学、财会、唱歌等方面的专业和技能培训，这些都为菲佣提供良好的家政服务打下了坚实的专业基础。第二个原因是菲佣所具有的特定素质。首先是菲律宾妇女性格比较谦和、礼貌、责任心强，而且生活习惯是早睡早起；第三个也是最重要的原因是专业培训。菲律宾的2000多所大学把家政学作为女生的必修课，以此提升基本服务技能。

2012年的中菲争端使得菲佣在中国平静的淘金生活受到很大打击，很多菲佣因为雇主的无端降薪而不得不放弃工作。而当菲律宾的香蕉又重新出口到中国之后，菲佣们的苦日子也很快就会过去，不久

① 参见http://money.cnstock.com/invest/top/201206/2054355.htm? page=16。

之后，那些在中菲争端中被迫丢弃工作的菲佣们又会尽快找到一份新的工作，穿梭在中国的人流中了。[①]

## 四、发展综述：菲律宾女子高等教育的先天优势与后天意识

### 1. 女子院校：满足教育需求，培养独立意识

从本章列举出的各大女子院校的发展情况来看，菲律宾大多数专门的女子院校多成立于二战前后，开设的多层级课程，满足了不同层次的菲律宾女性的教育需求，保证了女性能够连续接受学校教育，这对提高女子接受高等教育的水平以及自身觉悟有着重要的意义。

菲律宾女子院校之所以能够兴起并不断发展壮大，即算历经1898年菲律宾革命以及二战的重创最终仍然能够重新唤发生机，与菲律宾的社会文化传统、西方的殖民统治以及本国的教育发展有着密切的联系。

菲律宾虽然受到印度文化、儒家文化、殖民文化和现代西方文化的影响，但与妇女地位密切相关的家庭制度依然保持着许多母系氏族的遗风。在很多传统的菲律宾家庭里，至今仍然是实行与妇女地位密切相关的双系亲属制习俗。而这些习俗使得妇女、特别是已婚妇女在家庭中享有较高的地位，这为女性接受教育提供了前提。

菲律宾曾经是美国的殖民地，深受西方文化的影响。该国的妇女在经商和财产继承等方面，均与男性一样拥有平等的权利。同时，菲律宾妇女自身有着很强的独立意识。良好的教育是妇女独立的重要基础，知识的积累对于将来生活起重要的辅助作用。因此，在接受教育方面女性有着很高的自觉性。

### 2. 女子高等教育：女性占据高等教育大半壁江山

一般而言，初等和中等教育的普及程度越低，女性接受高等教育的人数就越少，反之亦然。菲律宾2010年底人口已达9401万，男女比例大致相同。菲律宾初等教育普及率较高，并且在初级教育阶段女性的

---

① 参见http：//money.cnstock.com/invest/top/201206/2054355.htm? page=16。

入学率高于男性。中等教育阶段，这个差异不但没有缩小，反而有所扩大，女性的中等教育入学率高于男性。由于从初级教育到中等教育阶段男性的入学比例始终低于女性，所以到高等教育阶段女性比例自然会高于男性，这也为高等院校包括专门的女子学院提供了足够的生源并保证了学生质量。菲律宾女子在参与高等教育上与东南亚甚至发达国家相比都有与众不同之处，女大学生、女硕士、女博士、女教师、高级职称的女教师比例都超过男性，与发达国家的女性受教育程度相比也毫不逊色。

菲律宾女教师在高等教育中独占优势。首先，在菲律宾，教师是一个受人尊敬但待遇相对较低的职业，通常男性更倾向于收入高的职业，如律师、政府官员、商人等。所以，中小学和大学中女教师均占多数。其次，高校女教师数量高也与接受过大学教育的女学生人数众多有关。高等院校对求职者只有学历要求，而无性别要求，这对于在硕士和博士中占多数的女生是个有利的就业因素。此外，教育层次越高，性别歧视越少。高等教育是菲律宾妇女参与程度较高的领域，因此，女性在晋升副教授、教授等高级职称时受到的歧视较之其他国家要低得多，这是菲律宾女教师在高等教育中占优势的根本原因。

女性教育工作者在高等教育中的较高地位对菲律宾女大学生具有鼓励作用。大学最高层管理岗位、高级职称、各个学科领域都有女教师的参与，而且起着重要作用，这将有助于女大学生发挥学习潜力。教师和学生互为促进，形成菲律宾女性占据高等教育大半壁江山的局面。

3. 菲律宾女子高等教育的思考

菲律宾女子教育自二战以来虽然取得了长足的发展，但其人才培养与经济发展之间还有诸多的不协调。由于受价值取向的影响，大多院校专业的设置和社会发展相脱节。从各院校的专业设置来看，虽然已经步入21世纪，但大多学校的专业依然多集中于教育、商业、管理、人文科学、护理等基础学科，并强化突出女性特质，在哲学、法学、经济学、理学、工学等一级学科的专业设置上少之又少，让女性更加难以进入男性统治的领域，而且学校师资规模等也有待进一步提高。

另外，教育与经济发展的最佳状态是相互协调、彼此促进。而在菲律宾女子高等教育飞速发展的同时，经济发展却相对滞后，不能提供更多就业机会，使得很多女性只能出国打工，如“菲佣”。目前，菲律宾到外国打工的男女比例是1∶12，原因是受就业市场的刺激，但这反过来又促使菲律宾女性更加愿意接受高等教育，从而对女子院校提供了更多改进和发展的机会。

菲律宾女性通过获得相对平等的教育机会，扮演起社会和经济中的重要角色，并催生出更加包容的政策。由此可以看出，通过改善妇女的地位能够增加她们对子女的教育投入以及家庭和社会经济的贡献，这一点，非常值得中国、韩国、日本等男女地位相对不平等的国家借鉴和学习。

# 第十章　巴林女子大学教育：海湾女性赋权的璀璨明珠

巴林被誉为“中东的香港”，经济以金融、工业及旅游为主，基础教育以男女分校为主要模式，教职员工与学生也是相同性别，良好的基础教育为高等教育发展奠定了基础。巴林女子高等教育起步较晚，女子大学则是在人类进入21世纪之后才开始建立。巴林皇家女子大学虽建校较晚，但已经初具规模，成为巴林国内及周边国家女子接受高等教育深造的首选。下面试从巴林教育入手，结合巴林皇家女子大学的教学模式，探寻巴林女子教育的变化轨迹和历史意义及其对巴林女性发展的影响。

## 一、背景与历史概述：由传统走向现代

### 1. 独立于刀光剑影的巴林王国

巴林至今已有5000多年的悠久历史，由于地处战略要地，历史上曾被波斯帝国、萨珊王朝、阿拉伯帝国、阿拔斯王朝、葡萄牙和伊朗萨菲王朝占领，1783年以酋长艾哈迈德为首的阿特班部族的阿拉伯人攻入巴林，赶走波斯人，创立了阿特班部族哈里发家族王朝。这一王朝一直延续至今。

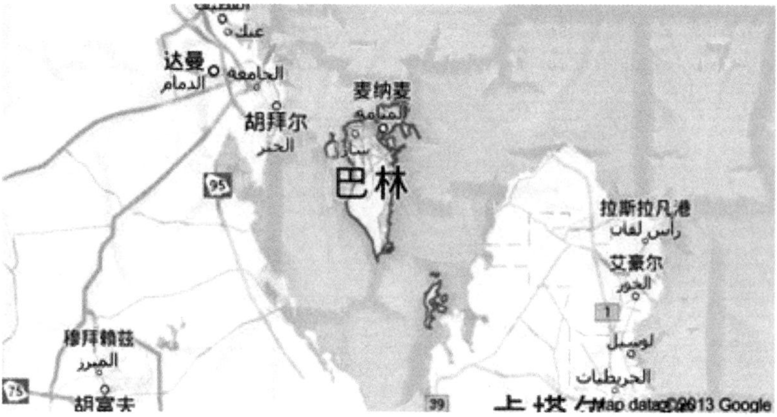


图10-1　巴林地图

巴林的国家元首由哈利法家族世袭，执掌国家的政治、经济和军事大权。19世纪末巴林沦为英国的保护国。20世纪初波斯湾发现石油，引起了美国、英国和伊朗的垂涎，英美相继在巴林建立了军事基地，伊朗于1957年宣布巴林为伊朗的第14省。巴林人民为争取国家独立和民族解放进行了长期斗争，于1971年 8月14日正式宣布独立。

饱受战火而走上独立道路的巴林并没有走全盘西化的道路，经过30年的努力，巴林人民利用石油、天然气资源，发展资本能源密集型和出口外向型工业及相关服务业。尽管人口少、面积小，自然资源非常有限，但在相对短的时间内国家的经济、社会、教育得到了快速发展。金融业、通信技术、公共服务、医疗服务和教育等达到了世界先进水平。其中金融业、工业与旅游业已成为今日巴林经济的三大支柱产业。[①]

2. 巴林教育的历史背景与现状

直到20世纪初，巴林的唯一教育形式是朗诵《古兰经》的学校——母阿里穆（Muallem，来自阿拉伯语，指老师所在的地方）。该学校是为培养儿童和青年人朗诵伊斯兰教的圣书《古兰经》而建立的。二战后，由于当时为英国的殖民地，巴林受到了西方文化的影响，社会

① 周放：《走进巴林》，《回族文学》2011年第2期。

和政治发生了深刻的变化，进而形成了新的文化审美意识。这样，改革原有的教育制度成为社会热点议题，其中，改变原来的课程和教育目标及朗诵《古兰经》的传统学校成为当务之急。

1919年，巴林政府在穆哈拉格市建立了第一所正规学校"河达稚男生学校"；1928年，在首都麦纳麦建立了第二男生学校。随后，于1928年建立了巴林的第一所女生学校，巴林王国因此也成为阿拉伯海湾地区的第一个建立女生学校的国家[①]。巴林王国的外交部长Nazar Sadeq Al Bahama博士就此曾不无骄傲地对外介绍："早在1919年，我们就建立了公共教育系统，而这个系统在1928年对所有的女性开放"。

巴林目前仅有100多万人口，其中一半是本地人，另一半是外籍居民，但却拥有7所大学，3个IT、金融培训中心，以及200多所中小学——其中30所为私立国际学校。

## 二、巴林教育的发展模式与理念：扎实基础助推女性教育发展

### 1. 教育制度全面保障学生入学

巴林王国采用6、3、3的教育制度，由9年基础教育和3年高级教育组成。其中，基础教育包括6年初级教育（相当于中国的小学，以下称为小学）和3年中级教育（相当于中国的初级中学，以下称为初中），高级教育（相当于中国的高级中学，以下称为高中），一共12年。[②]

在巴林的教育阶梯中，高中教育分为普通专业、商学专业、工业专业和实用业专业。其中普通专业中分理科和文科，实用业专业中分纺织科目和广告科目。这不同于国内高中阶段的文理科学习，学生可进行多方面的选择。也为女性学生提供了更多的选择机会，而不会陷入女性只能够去选择文科这样的被动局面。从另一方面来说，它促进了教育的相对公平。

---

① 亚斯：《巴林王国的教育概况》，《外国中小学教育》2006年第1期。

② 同上。

表10-1 巴林教育阶梯

<table>
<tr><td>年级</td><td>年龄</td><td colspan="6">教育阶段</td></tr>
<tr><td>12</td><td>17</td><td colspan="6">高中阶段</td></tr>
<tr><td>11</td><td>16</td><td colspan="2">普通</td><td rowspan="2">商学</td><td rowspan="2">工业</td><td colspan="2">实用专业</td></tr>
<tr><td>10</td><td>15</td><td>理科</td><td>文学</td><td>纺织</td><td>广告</td></tr>
<tr><td>9</td><td>14</td><td colspan="6" rowspan="3">基础教育<br>第三循环（初中）</td></tr>
<tr><td>8</td><td>13</td></tr>
<tr><td>7</td><td>12</td></tr>
<tr><td>6</td><td>11</td><td colspan="6" rowspan="3">第二循环（小学）</td></tr>
<tr><td>5</td><td>10</td></tr>
<tr><td>4</td><td>9</td></tr>
<tr><td>3</td><td>8</td><td colspan="6" rowspan="3">第一循环（小学）</td></tr>
<tr><td>2</td><td>7</td></tr>
<tr><td>1</td><td>6</td></tr>
</table>

巴林不是义务教育，但是到了上学年龄的学生都会自愿入学，就读公立学校或者私立学校，残疾的孩子还可以就读于特殊学校，而私立学校的教学日由各学校自定。

2. 男女分校特点显著

从表10-1可以看出，巴林的基础教育分为两个阶段：小学阶段和初中阶段。小学阶段覆盖6-11岁的学生组，持续6年。该阶段分为两个周期，即第一循环和第二循环。第一循环：最初3年为小学低年级，应用“课堂教师”方法，同一教师教授除了英语、设计与技术、体育和音乐以外的所有课程。一般情况下，具有大学本科学历者都可以加入课堂教师体系当教师，但是只能教阿拉伯语、伊斯兰教、数学、科学、家庭科学和美术课程。第二循环：另外的3年为小学高年级，应用“科目教师”方法，每门科目都有专门的教师来教。[①]

巴林的学校直到高中均为男女分校，学校的教学人员、学校管理员工和学生都是同性。但是，据2003/2004年教育部进行的统计，小学31%的学校均为女性管理。实际上，这是政府对新毕业的女教师提供的就业渠道之一，也是因为缺乏有资格当课堂教师的男性使然。

① 亚斯：《巴林王国的教育概况》，《外国中小学教育》2006年第1期。

初中阶段在教育阶梯中也占有非常重要的地位，它是教育阶梯的第三个循环，覆盖12–14岁的学生组，持续3年时间。本阶段实行“科目教师”的方法来教学。巴林教育部出版的《综合课程文件》中为初中制定的必修科目是：伊斯兰教育、阿拉伯语、英语、数学、科学与技术、社会科学和体育。技术方面的课程，如美术、歌曲与音乐、木工技术、电脑技术和农业技术则为选修课程。[①]根据2000–2004学年在公立学校入学的基础教育的学生的数量统计，在第一循环、第二循环和第三循环的基础教育中在校女生的数量均超过男生[②]。

高中阶段是基础教育的补充和延续，持续3年的时间。高中实行学分制，学校为学生提供广泛的科目和课程，学生可以按照毕业以后的发展方向来制定自己的学习计划，选择学习方向。根据2000–2004学年的学生进入高中的数量统计，在普通专业和商业专业中，女生所占的比例超过60%，在所有学生中女生所占的比例也超过50%，这为女性教育的发展奠定了较好的基础。

3. 非正式教育增添受教育机会

巴林教育部把非正式教育（相当于中国的成人教育）和正式教育平行起来，毕业证和正式的一样，这增强了成人读书和继续学习的机会。教育部主要为两种学生组织成人教育计划：第一种是文盲，第二种是识字并想继续念书的人。成人教育和根除文盲计划分为读写能力培养阶段，跟随阶段和巩固阶段三部分，每部分各2年，持续6年。教育部也安排了其他的成人教育计划，以覆盖更多的成年学生。表10–2表现了不同阶段中男女参加非正式教育的数量以及成人教学中心增长的情况。

从表中可以得知，在读写能力的培养阶段，女性要多于男性。在跟随阶段，二者数量相当。在巩固阶段，男性要多于女性。从最后的总数来看，接受成人教育的男性要多于女性。值得肯定的一点是，从2000年到2004年，总人数在下降。究其原因，很重要的因素是基础教育普及，文盲减少。

---

① 亚斯：《巴林王国的教育概况》，《外国中小学教育》2006年第1期。
② 同上。

表10-2 根据性别和阶段表示学生加入非正式教育的学生和教学中心的数量的发展

| 数据 | 读写能力培养阶段 | | 跟随阶段 | | 巩固阶段 | | 总数 | | 中心数量 | |
|---|---|---|---|---|---|---|---|---|---|---|
| 学年 | 男 | 女 | 男 | 女 | 男 | 女 | 男 | 女 | 男 | 女 |
| 2000/2001 | 274 | 759 | 401 | 404 | 1924 | 553 | 2599 | 1716 | 17 | 25 |
| 2001/2002 | 288 | 870 | 379 | 379 | 1891 | 647 | 2558 | 1869 | 17 | 26 |
| 2002/2003 | 123 | 513 | 218 | 218 | 1545 | 422 | 1886 | 1161 | 16 | 16 |
| 2003/2004 | 141 | 497 | 170 | 170 | 1301 | 334 | 1612 | 1060 | 16 | 14 |

总的来说，巴林王国实行普及九年一贯制的中等教育制度为巴林的高等教育打下了坚实的基础。其普及和完善教育种类的教育宗旨大大提高了教学水平。在良好的基础教育和中等教育的基础上，为巴林国可持续地发展自己的高等教育创造了良好的条件。最早的巴林大学和阿拉伯海湾大学（由海湾合作委员会资助）分别于1978年和1987年建成开学。此外还有上述各成人教育中心。巴林文盲率为4.9%，15至25岁青年受教育率达99%，是中东海湾地区受教育程度最高的国家。

## 三、巴林女性高等教育的典范：皇家女子大学

### 1. 使命与培养目标：培养杰出女性的摇篮

巴林皇家女子大学成立于2005年，它是海湾地区第一所专门为女子提供高等教育的私立大学，简称RUW。目前它已得到了巴林本国、科威特及沙特等国的承认。

巴林皇家女子大学发展历程不同寻常。2002年2月，以法赫德·阿尔·扎米尔为主席的委员会召开了有关成立巴林皇家女子大学的会议，当年11月，“皇家女子大学”的名称获得巴林法院许可，而直至2005年10月，位于巴林里发（Riffa）的校园才正式开园。最初，巴林皇家女子大学是通过与两所享有盛誉的学校合作颁发学位，一所是加拿大麦吉尔大学，另外一所是英国米德塞克斯大学。巴林皇家女子大学正式通过制定项目管理纲要和教学大纲，并吸收英国米德塞克斯大学

在设计和计算机学科上的教学经验，才一步步发展至今。

巴林皇家女子大学一直以来致力于营造一个别出心裁而又结合东西方价值观的环境。学校建立了一支高素质的教师队伍，学生不仅能获得学术上的进步，更能得到自身发展。巴林皇家女子大学旨在培养女学生们成为性格鲜明、具有独立思想、团结而又有领导力的人，以使她们在未来获得成功。RUW的校长法赫德·阿东·扎米尔（Fahad Al Zamil）自信直言："这是一所培养杰出女性的校园"（Where women excel）。

图10-2　巴林皇家女子大学校徽

2. 院系设置：与国际接轨

巴林皇家女子大学共有五个学院，分别为艺术设计学院、商业与金融科学院、通识教育中心、通信技术学院、法学院。

图10-3　巴林皇家女子大学校长法赫德·阿尔·扎米尔

在艺术、设计、媒体和计算机领域，巴林皇家女子大学的艺术和设计学院致力于成为针对女性的高水平教育和培训基地。学院提供有关知识、技术和艺术的各类项目以吸引学生和教职员工，从而实现社区合作、对话和发现。艺术设计学院颁发学士学位和硕士学位。针对本科生，学院开设了平面设计、时尚设计以及室内设计这三个专业；针对研究生，开设了设计管理专业和绘画与美术纯艺术专业。

图10-4　艺术设计学院学生作品

商业与金融科学院的主要目标是培养学生成为商业组织中办事高效的人才和高水平的管理人才。而要达到这一目标，学生必须具备批判性思维能力、综合运用各学科知识的能力，以及善于将理论运用于实际商业案例的能力。该学院共开设了4个针对本科生的专业来提升学生的这些素质，分别是金融银行学、人力资源管理、市场营销及国际贸易管理专业。

通识教育中心致力于为不符合皇家女子大学英语语言水平要求的学生提供定向计划。同时，该中心也为该大学的学生开设一些一般性的入门课程。这些课程一般被认为是文科专业所要求的课程。这些课程可以提升学生的语言能力以及学习的能力，可以帮助学生更好地达到她们的课业和学术要求。

通信技术学院致力于培养女性的优秀才能，并通过在这样一个独一无二的女性教育机构中提供具有国际化水平的项目，将她们吸引到与技术相关的领域。目前，该学院开设了计算机专业和信息技术专业。

法学院所开设的法学专业和提供的项目面向全球，一方面可以解决当地的市场需求，同时也可以帮助学生开拓国际生涯。所开设的课程60%为英文授课，学校认为流利的英语是学生走向成功的关键。学生在该学院也会接触到各个支系的法律，有机会调查各类法律主题，有助于她们解决各类法律事务。

图10-5　皇家女子大学校园风光

综上可见，巴林皇家女子大学开设的院系较为全面，文理科都有。同时学校也十分注意学习的梯度与进程，通过设立通识教育中心帮助学生打好语言基础和学科基础，努力将学校打造成一所具有国际化水准的女子学院。

3. 巴林皇家女子大学：海湾璀璨的明珠

巴林素有珍珠王国之称，古罗马历史学家普利尼（Pliny）早在公元一世纪的著述中就曾提到，忒洛斯（古希腊人称巴林岛为“忒洛斯岛”）以珍珠闻名。而如今的皇家女子大学也正是从这样的文明历史长河中洗淘出来的一颗明珠。

巴林的黄金海滩、椰林棕树、绵延沙漠等自然风光美不胜收，而皇家女子大学的校园风光更美。米黄色的楼宇带有中东特有的建筑风格，镂空的窗台将阳光变幻成各种曼妙图景映照于阁楼壁廊。这样的美与中东女性的那种含羞绽放的姿态融为一体，相信在此学习的女子也会吸收到这里的地之灵气，饱满成长。

依托于巴林发展迅速的经济，皇家女子大学已经全面实行信息化

图10-6　皇家女子大学办公大楼

技术的教学。整个校园拥有自己的局域网并有WIFI覆盖，每个教室都配有液晶投影仪、智能黑板和白板。值得一提的是，信息技术学院还拥有三间装备齐全的实验室。尽管RUW建校时间不长，但是不管是硬件设施的装备还是教师队伍的配备，都是以国际化的标准来建设的，并积极寻求与国外院校的合作。

2007年学校设置了质量保证和认证办公室（Quality Assurance & Accreditation Unit，以下简称QAAU），受校长办公室委托，专门负责学校的日常运行和学术质量的管理。具体来说，QAAU有三个层面的工作，一是发展RUW的教学框架及开展实施质量管理的实践，确保教学质量的持续改进；二是确保符合大学国家监管机构即高等教育委员会（HEC）和QAAET-HERU的预期指标；三是努力为大学获得国际认证。

在过去的几年里，QAAU为RUW提供了一系列的管理和学术方面的保障。QAAU的目标是确保和维护"适用性"，即帮助获得国际认证。这些具有挑战性的雄心来自于皇家女子大学的使命宣言："实现我们教学、研究和服务的承诺"。

正是在QAAU的努力下，RUW已经获得了具有里程碑意义的发展。RUW已经达到了教育和培训质量保证机关——高等教育复习单元（QAAET-HERU）制定的关键绩效指标。所有的部门，不管是行政机构还是教学单位都通过了预期的考核，这让RUW的所有成员欢欣鼓舞。

正如学校宗旨所倡导的——成为培养杰出女性的地方，RUW十分注重培养学生的独立性与管理能力。学校特设皇家女子大学学生委员会，专门管理学生事务（包括起居和日常生活），旨在让学生成为RUW的主人，它倡导的是一种家人、朋友的生活文化。在RUW，学生生活十分方便与舒适，可以享有公共的厨房、客厅、健身馆、游泳馆等，一应俱全。

除此之外，RUW的图书馆也值得一提，笔者在此并不是要描述它的面积有多大，藏书量有多丰富。相反，这些表面的东西往往比不上一个先进的观念与求学的态度。RUW的馆长就指出：图书馆的首要任务是提供一些书籍、期刊和其他印刷材料以支持学生的课程，让她们成为具有信息素养的公民，但是相比于网络，图书馆所能提供的信息就显得九牛一毛。所以最重要的是学生自己要养成一种能力，为了寻求自己想知道的信息，去努力寻找的能力。大家可以在这里交流各自的思想，产生思想的火花，从而培养起终身学习的能力。

图10-7　皇家女子大学图书馆

RUW是一所将外在学习氛围与内在心灵感受结合得十分完美的学校，也正是基于它完善的办学环境和先进的治学理念以及现代化的管理方式，皇家女子大学获得了瞩目的关注，她彰显的不只是一所学校的特色，她映射的更是现代女性的魅力与气质。

## 四、巴林教育促进女性发展：为何让“娘子军团”刮目相看？

### 1. 民主开化的教育促进职业女性的成长

皇家女子大学这样的教育模式下成长起来的女性到了社会中呈现的将是怎样的一派气象呢？首先我们可以从实际的案例中获得一些数据。据巴林经济发展委员会（EDB）的全球总监拉尼亚（Rania）介绍，“巴林的一大竞争优势就是工作女性。政府公务员里有46%左右是女性，EDB的中层管理人员中，女性比例甚至超过50%，而且她们的薪水还普遍比男性高。”在金融业发达的巴林，1000多家金融机构中，37%的本地员工是女性[①]。

或许这样的数据出现在类似于美国一样的现代化国家不足为奇，但是在中东地区，巴林的确创造了一个神话。与长袍黑纱裹足遮面的其他阿拉伯地区相比，巴林女子热情大方的微笑的确令人侧目。而这一现象得以呈现的一个很重要的原因就是巴林日趋完善和成熟的教育和培训体系。

那么，这样的教育体系又是怎样锤炼出来的呢？有学者就提出中东女子受教育影响的三大因素：伊斯兰教、传统文化和石油财富。在这三个因素中或许显得最为偶然的就是石油财富。并不是所有中东地区的国家都拥有石油财富资源，也正是因为石油这一稀缺资源将中东地区的国家划分成了三个层次：不发达国家（低收入，自然和人口资源贫乏，比如苏丹）；中等收入国家、不产油国家（以人口资源为基础，人口众多，但自然资源贫乏，比如埃及）；产油国家（人口少且具有大量的

① 李攀：《巴林：女子撑起半边天》，《21世纪经济报道》2009年8月。

财富剩余，并经常出资援助中东其他地区的发展，比如科威特）[①]。

巴林属于第三类国家，而且目前巴林的首都麦纳麦（Manama）已成为许多国际公司在中东设立据点的首选地。所以巴林由石油助推的经济发展为其他教育、服务等公共事业打下了良好的基础，而且当人文环境逐渐开化后，又带动了新的经济增长点，如吸引外资公司的入驻。从侧面来看，公司的增加必定带动人员的招聘，这又为巴林的劳动力市场注入了活力。就在这样的良性循环中，巴林的女性也成为受益者。

2. 宗教底蕴助推女性教育开展

在巴林，伊斯兰教为国教，绝大多数居民信奉伊斯兰教，而且国内普遍实行一日5次的礼拜及其他宗教仪式。《古兰经》是伊斯兰教信仰者的圣经，作为受到母阿里穆（教授《古兰经》的学校）教育很多世纪的巴林女性来说，《古兰经》对女性的影响可谓根深蒂固。它指导着信奉者的日常生活，其中也不乏对女子的一些规定。它规定女子具有和男性平等的权利。在教育上，它强调女性同男性具有平等接受教育的权利。穆罕默德曾说："求知，是男女穆斯林的天职。"[②]这不仅表明女性和男性具有平等地接受教育的权利，还强调男女穆斯林有接受教育的义务，因而从古至今中东的女子教育从未间断过。

但是在从未间断的这一过程中有一点是值得警醒的，教义永远是羊皮或者纸张上的印记，只有人们去行动了，才会把人类祖先积累的经验变活也即传承。所以不能片面地认为伊斯兰教对中东的女性教育产生了某种单一的影响或者全面的影响，因为不同的地区对《古兰经》中的教义执行的情况并不相同。而且同样是《古兰经》，它在强调男女受教育平等的同时，它也提出允许一夫四妻制。

但从巴林王国女性发展的现状来看，《古兰经》中传统男女受教育平等的思想无疑帮助女性获得了部分权利，并获得良好的受教育机会。

① 水志国：《浅析中东女子教育影响因素》，《中华女子学院山东分院学报》2003年第4期。

② 李安辉：《伊斯兰教妇女观初探》，《中南民族学院学报》2000年第2期。

3. 政治权利与教育权利齐头并进

除了经济与宗教对巴林的教育产生影响，良好的政治环境也不能被忽视，它从根本上影响着妇女的主权问题。在巴林，男女平等并不是一句空口号。现任首相哈利法·本·萨勒曼·阿勒哈利法（Khalifa Bin Salman Al-Khalifa）在十年前继位后就实行君主立宪制的改革。2001年，巴林成为海湾地区第一个实现民主普选的国家，并在宪法中进一步确定了妇女的权利。他的妻子撒比卡王后呼吁进行更多的司法改革，来帮助改善妇女权利。身为巴林"最高妇女委员会"主席的撒比卡，在2012年召开的"第二届妇女人道权利"会议开幕式上指出："巴林的妇女担负着很多爱国责任，司法需要进行更多改革，来保护家庭、妇女的社会地位。"①

两位领导人倡导的是相对先进的观念，这也是现代化文化发展的趋势与要求。传统观念，尤其是父权至上的传统观念对女性的发展起到了阻碍作用。但是，在今天的巴林，尽管女性以家庭为重的传统思想仍然占据主要地位，女性的权益和地位还是得到了很大的提升。

## 五、发展综述：教育助推平等，巴林女子撑起半边天

美国总统奥巴马曾在开罗向全球穆斯林发表"示好"宣言时说："我不认同西方某些人士的观点：女性把自己的头发用布包起来，就意味着某种程度的不平等。但我确信：如果女性被剥夺了受教育权，那么她就真的丧失了获得平等的权利。"②巴林女性教育的发展以及巴林女性现在的工作状态正是证明奥巴马这番话语的一个最佳案例。

从巴林女子教育的发展轨迹中可以总结三点：一是扎实的基础教育；二是平稳的中等教育；三是先进的高等教育理念。在基础教育阶段，巴林少有性别歧视，实行全面的教育。虽然由于历史文化的传统，沿袭了男女分校的制度，但是基础教育的梯度明确，阶段性学习显著，

① 参见http://news.ifeng.com/gundong/detail_2012_06/20/15446423_0.shtml。
② 李攀：《巴林：女子撑起半边天》，《21世纪经济报道》2009年8月。

可以做到步步为营。

巴林的中等教育，即高中，与中国高中不同的一点是分科更加细致。不同于我国高中的简单的文理分科，巴林的高中实行学分制，学生可以选择广泛的科目和课程，如理科课程、文学课程、商业课程、技术课程、印刷广告课程以及纺织与服装课程（女生）。学生可以按照毕业以后的发展方向来制订自己的学习计划，选择学习方向。这增加了学生的自主性及选择空间，有助于学生选择大学的学习方向，对于女生来说更是如此。

图10-8　巴林皇家女子大学学生

巴林皇家女子大学先进的教学理念和优良的教学环境，或许与我们过去对中东女性教育的刻板印象截然不同。作为海湾地区教育的一朵奇葩，巴林的女子高等教育有其特殊性与典范性。其中，受到巴林国民经济与市场需求的影响，女子大学注重英语语言的学习与国际化的交流，这是顺应时代的需求，我们不得不感叹巴林皇家女子大学的确走在时代的前沿。我们看到，在良好的教育体制下，巴林的女性走入了现代女性的行列，独当一面，显示出她们的独立、自信与开放。

# 第十一章 伊朗女子大学教育：女性自我意识的培育园地

作为中东地区拥有悠久历史的“波斯帝国”，伊朗从古至今都在方方面面吸引着全世界的目光。其在医学、天文学、数学、农业、建筑、文学、艺术、音乐等各个领域都为世界做出了巨大的贡献。伊朗诗词之优雅，建筑之精美，工艺之独特，都令人神往。这一切成就都与该国的教育密不可分。然而作为伊朗女性，从“被限制社会活动”，到“像男性一样上学”，再到“扮演起社会活动中的重要角色”，这一路竟伴随了伊朗国家政治、宗教、文化等各领域的各种变革。艾尔扎赫拉大学（Alzahra University）是伊朗知名的女子高等学校，在其50年的发展历程中，培养出了在政治、经济、文化、艺术等多个领域都有杰出建树的女性校友。伊朗各阶段的社会发展，也见证了该国女性地位从服从到自我意识觉醒的过程。

## 一、背景与历史概述：神秘的面纱，揭开还是蒙上？

### 1. 伊朗女性地位的变化与发展

走在伊朗街头，感受最深的可能就是“男女有别”这四个字。女性用面纱遮住头发和耳朵，穿着及膝的长款上衣；公交车、地铁等交通工具设有女性专用车厢；游泳池等公共活动场所也分女性专用区域……即使是国外来的女性游客也必须入乡随俗。

伊朗女性的社会地位受到了历史、地理、宗教、政治、文化等多方面的影响，经历了一系列的变化和发展，大体可以分为以下几个阶段。

（1）19世纪：从服从到要求革命

19世纪的伊朗社会经历了多个发展阶段。19世纪初，在以游牧为生的部族社会里，男女隔离执行得并不是很严格，女性在生产中发挥重要作用，没有继承和经济权利，允许多妻制婚姻，女性结婚的年龄较小。在吉兰、马赞德兰省等农业地区，女性的活动较为自由，可以身着鲜艳的衣服，一边在稻田里劳动，一边大声说笑唱歌。然而，在另外一些地区，女性必须从头到脚蒙着纱，不与外人交流，专心编制地毯①。这一时期不同社会阶层和不同地区的女性在社会地位上有较大差异，但基本都处于服从地位②。

30年代初，在伊朗占主要地位的什叶派保守宗教人士要求加强对妇女的严格控制，反对妇女接受教育，认为识字的妇女会反对伊斯兰教，对社会有危害。比较保守的家庭要求妇女不能单独出行，走到室外从头到脚都不能外露。

19世纪末，伊朗面对俄国和英国的霸权侵略，社会结构发生明显变化，女性在社会生产中的地位也相应改变。中下层妇女开始在商品短缺和物价上涨的时候响应号召，走上街头要求变革。当时爆发的巴布教运动，号召社会改革，限制多妻制，反对妇女被隔离和蒙面。著名的巴布教女领袖塔赫尔哈·戈拉特·奥埃扬具有渊博的宗教和波斯文学方面的知识。她离开丈夫和孩子献身宗教事业，不蒙面纱进行传道，引起轰动。③到了20世纪初，女性主义开始兴起，中下层妇女积极参加立宪革命。然而，因为没有形成统一的组织，缺乏明确的女权目标，遭到了保守派的反对。

---

① Parvin Paidar, *Women and the Political Process in Twentieth－Century Iran*.Cambridge University Press, 1997, p.32.

② 伍庆玲：《现代中东妇女问题》，云南大学出版社2004年版，第158页。

③ Parvin Paidar, *Women and the Political Process in Twentieth–Century Iran*.Cambridge University Press, 1997, p.45.

(2)巴列维王朝时期：女性的世俗化改革

1921年，礼萨·汗发动政变，宣布建立共和制度。他为弱化伊斯兰教什叶派在国家政治和社会生活中的影响，大力提倡改变传统观念，进行了以西方化、世俗化为目的的改革。妇女解放是世俗化社会改革的主要内容。当时土耳其国父凯末尔致力于提高妇女地位，废除了多妻制，并给予妇女平等的法律地位和选举权。1928年，礼萨·汗访问土耳其之后，伊朗社会出现了“土耳其能够，伊朗为什么不能”的呼声。[①]

世俗化改革期间，政府曾两次立法进行服饰改革，禁止女性戴面纱和穿传统长袍；准许女性进入大学接受教育；妇女可在学校、医院、工厂和国家机关工作。伊朗接受过现代教育的女性开始在国家社会和经济生活中发挥越来越大的作用。1963年，伊朗通过新的“选举法”，给予女性与男子平等的选举权和被选举权。至此，伊朗妇女首次获得参政权。1967年，伊朗又通过了“保护妇女家庭法”，废除了男子可以随意休妻的特权。1968年颁布的“妇女社会服务法”，为妇女就业提供保障。

1936年1月8日，礼萨·汗在女子教师培训学院发表演说：“在蒙面纱的时代，波斯妇女们被排除在社会外，没有机会发表观点、表现才能，不能为国家服务，为人民作出贡献与牺牲。今天，妇女们除了母亲这一重要职责之外，还获得机会享有其他社会权利。我的女儿和姐妹们，你们现在已经开始在为国家履行职责。未来的繁荣掌握在你们手里，培养下一代，做一名优秀教师，培养人才，我对你们这些知识女性寄予厚望。你们将要踏入世界，了解你们的责任和权利，服务你们的国家。”[②]

礼萨·汗推行的世俗化改革，初步奠定了伊朗现代国家发展的基础。但在推行世俗化的过程中，他忽视了伊斯兰教对伊朗社会的深厚影响，遭到什叶派教士和穆斯林民众反对。

---

① Ruth, F.Woodsmall, “Women in the changing Islamic System,” Bimla, 1983, p.392.

② Afsaneh Najmabadi, ed by Albert Hourani ed. “Hazard of Modernity and Morality: Women, State and Ideology in Contemporary Iran” .The Modern Middle East: a Reader, I.B.Tauris.1993.

（3）伊斯兰革命后：传统观念逐渐改变

20世纪70年代初，伊朗社会各种潜在矛盾空前激化。1979年，伊斯兰革命爆发，结束了巴列维家族对伊朗长达半个世纪的统治，取而代之的是政教合一的“伊朗伊斯兰共和国”。新政权希望借助伊斯兰教什叶派的意识形态改造伊朗，禁止西方文化，严格按照伊斯兰教的原教旨推行社会伊斯兰化。伊斯兰教渗透到社会的每一个角落，昔日巴列维王朝时期时尚的伊朗妇女再一次蒙上面纱，穿上长袍。

伊斯兰革命后，伊朗女性的社会地位发生了变化。革命后掌握政权的传统中产阶级在妇女地位问题上主张传统立场，但这种传统观念已经不断受到挑战，特别是来自中上阶层的挑战。

80年代中期，随着社会政治氛围的逐渐宽松，女性主义者发起伊斯兰改革主义，试图去理解在伊斯兰框架内女性存在的含义和责任。90年代初，前总理侯赛因·穆萨维的妻子宰赫拉·拉赫纳维德曾说：“在我们国家，对女性有一种复杂的误解，进而产生了一种不平等的文化。这有悖于先知的伊斯兰教。虽然妇女在任何社会背景下都在政治上支持国家，但过去十年以来，她们被禁止在国家社会经济中发挥应有的作用，导致妇女地位低下和轻视妇女的某些行动，尽管是在伊斯兰的名义下发生，但这些只有伊斯兰的外表，没有伊斯兰的实质。如果我们追随真正的先知的伊斯兰教，妇女们就不会有麻烦了。”①

现如今，伊朗妇女走出家门、参加工作和社会活动已经非常普遍，也越来越受到社会的认可。由于已婚的女性受到来自家庭和丈夫的约束和限制较多，越来越多的年轻职业妇女开始对婚姻三思而行。她们不愿受这个约束，希望独立，因此晚婚和独身的女性在伊朗也越来越普遍。根据2007年人口年龄结构调查显示：2007年女性的结婚年龄比1997年增长了0.8岁，比30年前增长了3.5岁。

伊朗女性已认识到提高自己社会地位的重要性，接受良好的教育是改善社会地位的基础。今天伊朗大学里女学生要多于男学生，这与过去形成鲜明对照，也说明了伊朗传统观念的改变。

---

① Valentine, M.Moghadam, Modernizing Women, Gender and Social Change in the Middle East.p.180～p.181.

2. 伊朗女性高等教育的发展

伊斯兰教传入伊朗后，国民教育主要是以《古兰经》、什叶派圣训和伊斯兰教法为基本内容的宗教教育。1907年，由妇女开办的伊朗第一所女子私立学校在德黑兰成立。该学校主要由女性提供资金和教学力量，女性教育开始从隐蔽走向公开。陆续又有几所女子学校成立。1918年，伊朗第一所女子国立学校成立。1929年至1933年，各类女子学校数目增长了三倍。

巴列维王朝时期，礼萨·汗制定了贯彻初等义务教育的计划，大幅度增加教育投入，增建现代学校。1925年，医学院、农学院、师范学院、法律学院、文学院和政治学院等6所高等世俗学校的在校学生不足600人。1934年，这6所学院合并成立了德黑兰大学，后又增加了美术、自然科学和工程等学院，并开始允许男生和女生在同一所学校学习。到1941年，德黑兰大学的在校学生人数超过3300人。同时各类世俗学校，如体育学校、音乐学院、技术学校、商贸学校等相继开办，并向外派遣留学生。

伊斯兰革命胜利后，女性高等教育逐渐开始改革，80年代初曾一度对女性关闭的科目重新开放。1986年，有19个专业可以由女性选择。政府宣布伊斯兰教育对于女性没有任何限制。1987年女性占大学本科生的32.2%，研究生的24.3%，博士生的32.68%。霍梅尼的女儿本人就是博士，并在1989年成立了穆斯林妇女协会，积极支持女性接受高等教育。她认为伊朗社会偏重男性教育是错误的传统，违背伊斯兰，声称她父亲一直号召妇女接受教育。两伊战争结束以后，女性在大学就读的比例没有下降，1992年大学本科女生占42%。[①]

2007年至2008年，伊朗国家高等教育学院接收的女学生总人数为285634人，与十年前相比增加了三倍，与三十年前相比增加了20倍。2008年官方各大学招收的女大学生，职业学校占44.27%，本科占63.4%，研究生占42.3%，博士生占44.7%。

---

① Nesta Ramazani. “Women in Iran: The Revolutionary Ebb and Flow” .Int.J.Middle East Stud47.1993.

## 二、发展模式与理念：与时俱进，存异也要求同

艾尔扎赫拉大学（Alzahra University）是伊朗知名的女子高等学校之一，拥有近50年的历史。该大学致力于培养综合型的女性高等教育人才，设置的学科涵盖人文、科学、理工、经济等多个领域，学术要求与国际标准保持一致，培养出了在政治、经济、文化、艺术等多个领域都有杰出建树的女性校友。

图11-1　艾尔扎赫拉大学校徽

### 1. 学校的发展历史与现状

位于伊朗首都德黑兰市的艾尔扎赫拉大学是一所国立的女子大学。它的前身是成立于1964年的私立女子高等教育学院，曾以礼萨·巴列维的妻子名字命名，称“法拉·巴列维大学”。第一批90名学生就读于翻译、文秘及心理学三个专业。第二年该学校增加了家政专业，为更多的学生提供学习机会。

1975年至1976学年，该女子高等教育学院扩大成为拥有基础科学、文学、人文、经济、行政管理学四个学院的综合型大学。

伊朗伊斯兰革命胜利之后，该大学成为国立大学，并以伊斯兰教先知穆罕默德的女儿法蒂玛·扎赫拉命名，更名为“艾尔扎赫拉大学”（Alzahra University）。

目前，该大学共设有8个学院，分别是文学、语言、历史学院，神学学院，体育学院，社会经济学学院，基础科学学院，教育和心理学学院，技术工程学院以及艺术学院。学校拥有306名长期教职员工，以及

图11-2　艾尔扎赫拉大学校门

图11-3 艾尔扎赫拉大学校园

300多名客座教授，为67个专业的学生讲课。2002年至2003学年第二学期，该大学学员总数达8332名，分别就读于35个本科专业，26个硕士专业以及6个博士专业。1997年，艾尔扎赫拉大学成立了女子教育研究中心。

占地约9公顷的艾尔扎赫拉大学校园环境设施齐全，设有游泳池、露天剧场、餐厅、体育馆、银行、邮局等配套建筑。本科级别的IT专业是由技术工程和社会经济学两个学院联合参与的跨学科项目。①

图11-4 艾尔扎赫拉大学校园一角

① 参见http: //www.alzahra.ac.ir。

2. 学校战略框架与发展前景

艾尔扎赫拉大学一直致力于拓展研究生及博士生级别的教育，学校的决策层将主要目标定为“最大程度发展研究生计划”，以及“设立越来越多的基于现代技术的新兴现代化研究专业”。学校增设了研究生级别的伊朗政治学、生物工程学和手工艺文化专业，以及博士生级别的物理学专业，并计划成立新的研究专业领域，包括伊斯兰波和斯绘画、建筑和戏剧研究，硕士学位级别的电子商务和通信工程专业，以及博士学位级别的图书馆学，文学，生物工程，物理和数学专业等。

学校为在科学、艺术、体育等各领域的教育能取得更突出的成绩，设置了各种科学、文化、艺术中心，包括宫廷画家贝赫扎德画廊，心理学临床及咨询所，艺术类短期扩展课程等。这些研究中心为学校目前及将来在科学、文化等领域的发展起到了辅助作用，为学校达到国家级和国际水平奠定基础。

图11-5 艾尔扎赫拉大学校园

艾尔扎赫拉大学计划进一步建立和扩大与各个世界级大学科研中心的相互沟通交流。目前，该学校已同德国、韩国、法国、俄罗斯、英国、印度、南非、吉尔吉斯斯坦等国家的有关大学开展交流。教学设施齐全的艾尔扎赫拉大学从2003年学年第二学期开始面向国际招生。通过宣传片、宣传手册等材料的推广介绍，该大学已被世界各学术团体所熟知。学校还计划成立外国学生语言学习中心，为国际学生提供语言教学课程。

图11-6 艾尔扎赫拉大学图书馆

总体来说，艾尔扎赫拉大学因其“女子人学”的身份，加之伊斯兰国家宗教的影响，与世界其他大学相比有着鲜明的特色。但在课程设置、学院构成、前景规划等方面可以看出，该大学同样致力于加强学术研究及高级别的教育事业，以拓宽发展道路，力求达到国家级和国际化的标准。学校的办学理念强调可持续发展，注重培养学生及学科设置的完整性和延续性，这样有助于学校在教学水平和科研水平上与社会发展保持一致。

## 三、促进女性发展：寻求新的自我价值

1. 女子高等院校的杰出代表

**伊斯兰革命后首位女性大学校长扎赫拉·拉赫纳瓦尔德**

艾尔扎赫拉大学前校长扎赫拉·拉赫纳瓦尔德（Zahra Rahnavard）是伊朗伊斯兰革命之后第一位被任命大学校长的伊朗女性，同时也是一位杰出的艺术家和政治家。她毕业于德黑兰大学，获得了艺术专业学士学位和建筑专业硕士学位，同时还在伊斯兰阿扎德大学攻读了政治学的硕士和博士学位。她是早期反对国王派政治家之一。

1998年至2006年，她被伊朗前科学技术部部长任命为伊朗女子大学艾尔扎赫拉大学的校长，同时还身兼伊朗前总统穆罕默德·哈塔米的政治顾问。她著有15本书，并在《隐秘之美与美之隐秘》一书中写

道："社会对于女性的要求，女性对于自身的要求，以及男性对于女性的要求，似乎都与肉体的美丽相关。但其实真正的美丽在于，社会、男性与女性都开始寻求女性的灵魂，精神，人品和天赋。肉体注定是要腐烂，化为尘归于土。肉体巅峰的美丽其实阻挡了人们寻求真正内在美的道路。隐秘之美，在于摒弃肉体外形，去寻求女性在社会中真正的自我价值。"①

**敢说敢做的女性政治家法埃泽·哈什米·拉夫桑贾尼**

法埃泽·哈什米·拉夫桑贾尼（Faezeh Hashemi Rafsanjani）生于1962年。作为伊朗前总统拉夫桑贾尼的女儿，她同时还是一位记者、女权运动者，以及前伊朗议会成员。

图11-7　法埃泽·哈什米·拉夫桑贾尼带领民众参加抗议活动

她创办了伊朗女性报纸《妇女》。她致力于争取妇女权利，并呼吁放宽对妇女着装的严格要求。虽然她自己喜欢穿戴长袍，但认为这些约束不应该强加于百姓。她游历欧洲、非洲各国，并致力于加强各地区间的联系，促进各地区间的对话。她撰写了关于纳尔逊·曼德拉、马丁·路德·金及甘地等政治家及反种族运动领导人的文章。由于她在政治领域的活跃表现，曾被《福布斯》杂志评为世界最具影响力的100位女性。

① 参见http://www.al-islam.org/beautyofconcealment/。

### 融合传统与现代的女性画家诺琳·莫塔玛德

诺琳·莫塔玛德（Noreen Motamed）是一位杰出的伊朗女性画家。她出生于伊朗阿巴丹市，在首都德黑兰读完了小学和中学，并在德黑兰大学获得艺术专业的文学学士学位。此后，她进入艾尔扎赫拉大学继续深造，学习绘画，取得了艺术专业硕士学位。在高等院校专注于学习深造，为她后来绘画事业的发展打下了坚实的基础。

图11-8　诺琳·莫塔玛德的作品

▲ 图11-9　诺琳·莫塔玛德的作品

◀ 图11-10　诺琳·莫塔玛德自画像

1983年，诺琳·莫塔玛德开始以职业画家的身份活跃于艺术界，逐渐形成了自己融抽象和造型为一体的风格，描绘对象多为波斯地毯编织女工，以及人物画和自然风景画。她近期的作品通过从波斯传统细密画中汲取灵感，诠释伊朗传统与现代完美结合的风格。她在美国生活期间逐渐受到西方艺术的影响，并在最新的作品里融入了浪漫主义色彩。她在伊朗和美国都曾多次举办个人画展和联合展览，作品受到很高评价。

**囊括各项国际大奖的女导演法尔洪德·托拉比**

图11-11　法尔洪德·托拉比

法尔洪德·托拉比（Farkhondeh Torabi）是国际知名的伊朗动画导演。她于20世纪80年代中期就读于艾尔扎赫拉大学的心理学专业，之后进入伊朗儿童和青少年智力发展研究所（IIDCYA）学习动画理论和电影制作。

从1991年起，她开始尝试自己制作动画短片。她的作品曾在包括德黑兰国际动画电影节、法国安纳西国际动画电影节、芝加哥国际儿童电影节、开罗国际电影节等国际电影节上荣获“最佳动画电影”等奖项。

图11-12　法尔洪德·托拉比的动画

2. 从数据看女性事业发展

伊斯兰革命后，随着政府的重视和社会的发展，越来越多的伊朗女性接受高等教育，并且毕业后从事的工作范围也越来越广。女性在经济、文化、科技、体育等各个领域都有很好的发展。根据相关数据显示：2007年至2008年在国家高等教育学院接受教育的女学生为285634 人，与十年前相比增加了三倍，与30年前相比增加了20倍。2008年官方各大学招收的女大学生，职业学校占44.27%，本科占63.4%，研究生占42.3%，博士占44.7%。

在就业方面，根据2009年妇女工作人数的统计情况，过去十年，妇女就业率增加了87.6%，在20年前只增加了13.5%。31.6%的妇女在服务行业，31.8%的在工业领域，31.6%的妇女从事农业。其中在私企工作的妇女占59.7%，在政府部门工作的妇女占37.3%。

越来越多的女性在出版及媒体行业发挥自己的才能，也有越来越多的媒体开始将受众定位为女性。2008年在伊朗全国出版发行的各种杂志中，有11%是由妇女负责主编出版。有关妇女和家庭的书籍与十年前相比大幅增长。女性作家占到全国作家总数的16.66%。由女性执导的影视作品占总数的44.44%，与两年前相比增加了51.10%。

对于艺术有着独特视角和审美的女性在该领域的表现也越来越突出。2008年在雕塑艺术展中关于妇女和家庭内容的作品有500件，与2004年相比增加了三倍。有30部女性作品在国内雕塑艺术节上获奖，与2004年相比翻了一倍。越来越多的女性加入了演员协会、画家协会和电影评论者协会等文艺团体，表达自己的思想与见解。

在体育领域，伊朗女性也有突出表现。2007年伊朗体操组织下属的体育队女运动员人数达300多万人，体育女教练和裁判官达7万多人。此外，女性也积极参加到各种体育活动中去，无论是专业还是非专业运动员都有明显增加。

女性议政在以前恐怕也是难以想象的事情，如今却再正常不过。报名参加第八届议会议员选举的妇女人数是585人，与第一届议会议员选举相比增加了7倍。该届伊斯兰议会中共有8名女性当选议员。

伊朗妇女在《古兰经》背诵和研究领域占一定的比例。现在全国关于《古兰经》的一万种研究课题和论文中，由女性参与完成的占大约六成。[①]

---

① 参见http：//www.musilin.net.cn/2011/0307/64252.html。

## 四、发展综述：寻找合适的办学特色

### 1. 女子高等院校对于女性发展的影响

伊朗女性在社会中扮演的角色，在各领域所从事的活动，很大程度上受到了宗教和政治的影响。伊朗女性自我意识的觉醒，和女权主义从萌芽到发展，都与伊朗历史上几次变革有着紧密联系。从巴列维王朝时期，到伊斯兰革命，再到今日的伊朗，女性在接受高等教育和实现就业等方面的情况都在不断改善。随着社会的不断发展以及与国外各地区联系的日益紧密，世俗对于女性的观念也在渐渐发生作用。目前，伊朗每年经过高考进入大学院校学习的女生比例超过男生。女子高等院校的发展对于这些变化都起到了不可忽视的作用。

对于伊朗来说，女子高等院校的发展模式其实比较符合伊斯兰教义对于女性的一些要求和约束。主流的教育体系中往往会忽视学生性别上的差异，而实行没有性别差异的教育方式，灌输没有性别差异的教育理念。女子学校的发展在一定程度上保证了女性接受高等教育的比例，为女性学生提供了一个较为自由宽松的发展环境，针对女性设置更加适合她们身心发展的课程和专业。伊朗社会对于女性就业仍存在一些约束，女子高校可以针对具体情况为学生进行职业指导，提供更加广阔的就业领域。

女子高等院校除了给予女性平等的教育机会，同时也为女性自我意识的觉醒和发展提供了良好的环境。学生在学习理论知识的同时，开始学会思考社会、政治、家庭、教育等各方面的问题。在政治领域，女性开始有更高的政治参与度，将自己摆在“平等的社会成员”的位置，而不再是从前“社会附属品”的概念。比如前文提到的艾尔扎赫拉大学的一些杰出校友中，就不乏伊朗知名的女性政治家。她们积极参与政治活动，有着鲜明的立场和观点，敢于发出自己的声音。学术研究领域，女性学生的自尊、自信、自主能力都在一定程度上得到了激发，对自我有了更全面客观的认知，可以以平等的心态同男性合作或是竞争。

### 2. 女子院校的发展方向

女子高等院校的发展，最主要的是找到独特而有建设性的办学特色，而不仅仅只打“性别差异”牌。女子高等院校因其性别限制，很容易被外界认为会形成一个独立的小圈子，难以与男女共同参与的社会相融。“仅限女生就读”这一条件并不能为女子高校发展带来更多的机遇。因此，女子院校应该突破这一世俗观念，与时俱进，从独特的办学特色出发找到适合自己的发展道路。

以前面介绍的德黑兰艾尔扎赫拉大学为例，“可持续发展”以及“拓展研究生等高等级教育”是该校一直强调的两个特色办学理念。学校提出“最大程度发展研究生计划”，以及“设立越来越多的基于现代技术的新兴现代化研究专业”的战略目标，基于传统文化结合现代科技，为攻读硕士学位和博士学位的女性学生增设了伊斯兰波斯绘画、建筑和戏剧研究、生物工程、物理、数学等专业。

学校在保持稳步发展的同时寻求突破。除了常规的本科、硕士和博士的教育工作，艾尔扎赫拉大学还注重研究机构的发展，计划成立艺术研究中心、伊斯兰经济学国际研究中心、儿童教育中心等研究机构。这些研究机构的设立和发展，将为女性学生深入思考、拓展观念提供一个良好的平台。同时，学校也注重同世界不同地区的教育机构的交流，既能学习优秀的办学经验，也能为自己做宣传。

伊朗作为政教合一的国家，与我国相比，各方面受宗教影响更为深远，因此国情、教育体制和女性社会地位方面也有很大的差异。但针对社会特点，找到属于合适自己的办学理念，强调“独特性”和“突出性”，是女子高等院校进一步发展可以借鉴的方法。

# 第十二章　科威特女子大学教育：宗教与民主的并蒂莲

科威特女子教育起步较晚，在着重发展基础教育的同时，科威特政府意识到发展女子高等教育的重要性，积极支持建设科威特女子高等院校。其中，科威特大学和科威特博克斯希尔女子学院（Box Hill College Kuwait）的女性高等教育颇具代表意义。其中，科威特博克斯希尔女子学院面向全世界招生，同时致力于促进科威特女性在更多领域参与社会服务并实现自我发展，办学特色鲜明。我们看到，科威特女性正用自己的勤奋与智慧，与世界各国女性一起，在求学与发展之路上稳步前进。

## 一、背景与历史概述：富裕的海湾小国

### 1. 国家简介：蓝黑交汇下的渔港星城

科威特（阿拉伯语：الكويت），国号全名科威特国（阿拉伯语：دولة الكويت，英语：The State of Kuwait），是一个位于西南亚阿拉伯半岛东北部、波斯湾西北部的国家，首都科威特城与国名相同。科威特是君主世袭制酋长国，埃米尔是国家元首兼武装部队最高统帅，一切法律以及与外国签订的条约和协定均由埃米尔批准后才能生效。而且国内禁止一切政党活动，内阁重要职务也由王室成员担

任。此外，科威特是一个完全独立的阿拉伯国家，伊斯兰教为国教，其教义是立法的基础，埃米尔接任者必须由穆巴拉克·萨巴赫后裔世袭。

历史上的科威特不过是阿拉伯半岛茫茫沙漠中的一个普通小渔村，海陆相连，居民多以捕鱼、航海、采珠和经商为生，或随季节更替在沙漠中过着游牧生活。但是澎湃的大海暗藏着无限的危机，因此采珠在当时被视为最危险、最艰苦的职业之一。然而，离开海洋，回到广袤的沙漠，炎热又干燥的自然环境让科威特人的生存变得十分不容易。[①]直到20世纪中叶，通过石油资源的开发与利用才使得科威特的社会面貌发生了翻天覆地的变化。

科威特的石油和天然气资源丰富，它拥有占世界第四位的石油储量，曾创造了令世人感叹的“沙漠奇迹”。1961年刚独立不久的科威特，在发现石油的最初几年里，就由国家牵头建立了“科威特发展阿拉伯经济基金会”。这意味着本身尚处在国内基础设施建设之际的科威特，因为石油资源所带来的经济收益，还能向第三世界的阿拉伯兄弟国提供帮助。此外，丰富的能源也让科威特人均国内生产总值位居世界前列，这个地处阿拉伯半岛东北隅的沙漠小国，实现了由一个普通渔港向现代化富邦的演变，成为了具有雄厚财富的国家。

可以说，当代科威特人的生活被蓝黑两种颜色深刻影响着，海湾纯净湛蓝的海水与地下流淌着的黑色石油。这也促使寥无人烟的沙漠之国如今变成世界金融中心。然而，当石油带给科威特人民无穷财富与繁荣之时，也带来了纷争、冲突与无止境的争斗。它是该地区人民走向富裕的基础，也是使之备受折磨的根源，海湾战争也使其一度成为世界关注的焦点。

### 2. 科威特的高等教育：万众一心育人才

科威特国的现代化进程不仅仅是以石油作为铺路石，更不忘对人才的投资与培养。开采与出口石油的确能立即使大量资金变现，而该国政府在很早的时候就意识到了投资教育才是更好地实现投资收

---

① 苏莱曼·奥斯卡里、穆罕默德·鲁米哈著，许智博译：《海湾明珠科威特》，《阿拉伯世界》2008年第2期。

益的形式。正是由于这种重视教育的举国理念，使得科威特的教育发展在海湾国家中十分突出。在很早的时候科威特就建立了许多正规学校，并普及电脑教学，鼓励海外交流。在20年的时间里，由于科威特重视成人教育与扫盲，使得该国文盲人数从一度的接近50%下降到上世纪90年代的11.5%。[①]

科威特的高等教育旨在培养未来各个不同领域与专业的科学家、思想家，并使其能够引领地区和世界。现阶段科威特有两个机构向国家输送具有高等技术和职业水平的本国劳动力。一个是以科威特大学为代表的高等院校，另一个是应用教育与训练总局。事实上，科威特的学术与科学的开放不仅仅归功于政府，也离不开民间机构与有识之士的积极努力。在文化爱好者的推动与努力下，文化机构与文化奖项层出不穷，让阿拉伯世界也渐渐刮起了文学之风。

在众多学术机构中，科威特学术进步基金会特别值得一提。这个由该国多家经济机构资助的学术机构，每年都颁发给区域优秀的学者、思想家与科学家学术进步奖，以保护与促进阿拉伯科学、伊斯兰文化遗产等方面的研究。该国皇室公主、著名女诗人苏阿德·萨巴赫还成立了以她名字命名的出版社，并已出版了颇有价值的刊物。她还设立阿拉伯创作奖，以鼓励年轻人求知创作的欲望。此外，科威特著名实业家兼诗人阿卜杜·阿齐兹·巴比顿设立了阿拉伯诗人奖，收录并出版阿拉伯当代所有诗人的作品，并在阿拉伯各国首都推行文化节的举办，使得那些伟大的诗人与思想家的光辉照耀在阿拉伯上空。正是政府、社会组织的各方努力，才使得科威特的高等教育发展显著，也助推了科威特人才的培养与文化氛围的形成。

3. 科威特女权运动：政治主权助推男女平等

在科威特的现代化进程中，妇女所发挥的作用不可或缺。在教育获得大力发展之前，科威特人还过着男人们出海航行的日子时，科威特的母亲们用坚强与刚毅维持了社会安定，保存了社会传统。由此，在科威特国的传统中，妇女向来享有特殊的社会地位。而科威特妇女在整

① 苏莱曼·奥斯卡里、穆罕默德·鲁米哈著，许智博译：《海湾明珠科威特》，《回族文学》2008年第2期。

个海湾地区的国家里，也是最先走出家庭进入教育领域和工作领域，出任高级管理职位、出任女性大使以及大学校长等高级职务。

然而，科威特妇女取得今天的成绩却历时半个世纪的时间。按照科威特1962年宪法，妇女和男人享有平等权利。但科威特选举法规定，只有年满18周岁以上的男性公民才享有选举权和被选举权。直到1999年5月，时任该国第一副手兼外交大臣的埃米尔谢赫贾比尔·艾哈迈德·贾比尔·萨巴赫发布政令宣布，妇女在2003年的科威特议会选举中可以获得选举权和被选举权。这一历史性的决定，意味着科威特政府成为海湾合作委员会六国中第一个同意妇女参加议会选举的政府。遗憾的是，在这个男性占绝对主导地位的国家里，保守势力仍十分强大。

按照科威特法律，埃米尔的法令能否实施必须经过国民议会审议通过。而这支由清一色男子组成的议会十分反对妇女参政议政，加之议会和政府由来已久的矛盾，使得这项提议遭到了否决。但议员中的支持派并不认输，他们随后又提出了与埃米尔政令基本相同的议案，并要求在7天后重新表决。支持派与反对派在经过长达半年的博弈后，终于在当年的11月底，科威特国民议会再次就妇女选举权与被选举权进行投票。这次的投票结果虽然还是以失败而告终，但是人们看到了一丝曙光。因为64位议员中，32人投反对票，30人投赞成票，2人弃权。与上次投票相比，支持比率大增。

争取议会投票事件之后，科威特女权运动的焦点再次聚集在一年后的“三八”妇女节。当时一批妇女来到一家法院，告内政部和议会违犯宪法，拒绝给妇女选举权和被选举权。

这两次行动虽未成功，但极大地影响了舆论导向。五年之后，2005年4月19日，科威特国民议会终于以26票赞成、20票反对、3票弃权的结果通过科威特市政法第三款，允许妇女参与科威特市政议会的选举。而不到一个月之后的5月16日，国民议会再次对1962年颁布的选举法第一款修正案进行投票表决，结果以35票赞成、23票反对、1票弃权通过了这项修正案。

科威特女权运动的这一重大胜利的取得，除妇女本身的不懈努力外，与埃米尔、王储、首相和大多数内阁成员的支持也是分不开的。埃米尔决心在他任期内解决妇女选举权问题。他曾自豪地说："我很幸运，科威特妇女能在我在位期间获得政治权利。"王储在得知妇女获得了选举权和被选举权后，兴奋地说："事情已经结束，让那些反对者们去烦恼吧！"前首相萨阿德·阿卜杜拉·萨利姆·萨巴赫更是一直在为女权造势。议会每次开会讨论妇女政治权利，他都希望议员们正视妇女在社会中的重要作用，支持埃米尔政令，给予妇女选举权和被选举权。内阁大臣们经常出席国民议会，也都为争取妇女权益呐喊助威。

## 二、发展模式与理念：别出心裁出新意

科威特妇女占全国总人口的58%。在大学生中，女性占在校生的75%。今天，90%以上的科威特妇女已走出与世隔绝的高墙深院，涉足社会生活的各个领域，在教学、医疗、新闻、金融、商贸和公共服务等行业中发挥着重要作用。在政府机关和社会团体中，妇女比率已超过1/3。科威特社会各界普遍认为，科威特妇女对社会作出的贡献越来越大。在科威特国内，有两所大学对该国女性高等教育的发展与推进作出了重要贡献。

### 1. 科威特大学

（1）学校基本情况

图12-1　科威特大学校徽

科威特大学始建于1966年10月15日，属全国综合性大学。本科共有16所学院（如表12-1），研究生院拥有硕士学位学院和博士学位学院。此外，该校还开设了7个研究中心（信息系统研究中心、社区服务与继续教育教学中心、政策与未来学研究中心、远程学习中心、阿拉伯半岛与海湾研究中心、阿拉伯地区环境法律研究中心、Khawarizmi培训中心）。[①]

① 参见 http://www.kuniv.edu/ku/Colleges/CollegeofWomen/index.htm。

表12-1 科威特大学本科学院设置

| 本科学院简介 | |
|---|---|
| 科学学院（College of Science） | 法学院（College of Law） |
| 艺术学院（College of Arts） | 医学院（College of Medicine） |
| 工程与石油学院（College of Engineering and Petroleum） | 联合健康科学学院（College of Allied Health Science） |
| 教育学院（College of Education） | 伊斯兰教与伊斯兰研究学院（College of Sharia and Islamic Studies） |
| 企业管理学院（College of Business Administration） | 药学院（College of Pharmacy） |
| 牙医学院（College of Dentistry） | 社会科学学院（College of Social Science） |
| 女子学院（College of Women） | 建筑学院（College of Architecture） |
| 电脑科学与工程学院（College of Computer Science and Engineering） | 本科学位学院（College of Undergraduate |

学生人数由刚创办时的350人增加到目前的3万人以上，其中科威特学生占68%以上。科大主要从高中毕业生中招收学生，各院招生标准不一。以医学院为最高，一般成绩在90分以上。而学生大多为走读生，其中95%以上都是乘私人小车上学，家庭经济拮据的学生则是半工半读，他们上午上学，下午做临时工。

在科威特大学本科的16所学院中，一些学院获得了世界级的学术认证，能够在硕士和博士教学阶段和研究水平上提供经过自然科学和人文科学认证的教学计划，大学现在有1319位优秀的有国际资格认证的教师，其中讲师和教授80%是外籍人士，埃及人占多数。科威特大学管理委员会有3723名职工，大学对这些职工定期培训以不断提高他们的职业和管理水平。

科大也很重视国际交流。每年招收许多外国留学生，迄今已有3000人左右，其中大部分是巴勒斯坦人和海湾等国学生，还有200多名非洲籍学生，东南亚学生100人，美国、苏联、英国也有一些学生在科大学习阿拉伯文。科大本校学生中大部分男生均被派到国外留学，因此学校的女生人数占60%以上。

科威特大学除了学科分类齐全、教师资源丰富、国际交流频繁等特点之外，现代化的教学大楼和校内建筑物，先进的设备，高技术的实验室，先进的图书馆构成了学习、发展和创新的和谐环境，所有这些组成了一所能够提供高质量的研究项目，有着卓越的表现和学术开放性，并能够在世界学术界取得显赫地位的大学。

图12-2　科威特大学校园风光

（2）独树一帜的女子学院

科威特大学可以称得上科威特首屈一指的大学。之所以说它对科威特女性的发展起到了重要的作用，不仅是因为它为占全校人数60%以上的女生提供了一个较好的发展平台，更值得一提的是科威特大学于2003年在本科学院下设立女子学院（College of Women），如图12-3。科威特大学委员会于2011年6月23日同意大力发展这一女子学院，以提供科学的计划和教程来满足发展女性知识分子的要求以及就业市场的需求。

图12-3　科威特大学女子学院大楼

学院的课程要求学生在毕业时重点掌握信息素养与通信、信息技术、批判性思维和解决问题、团队合作与领导和全球意识这五个方面的知识，它们对学生的发展来说不可或缺。学院目前有四个专业——艺术与设计、通信科学与语言、家庭科学和信息科学。

该学院重点培养学生如何在这个变化迅速的国内外环境中应用当代知识、具备高尚的人道主义价值观、熟练掌握基本信息技术和计算机技术。学院旨在培养合格的毕业生，使其终身致力于学习最标准的阿拉伯语和伊斯兰伦理，并肩负起社会责任。

**2. 科威特博克斯希尔女子学院**

（1）学校基本情况

科威特博克斯希尔女子学院（简称为BHCK），专门为女性提供特色教育，它是澳大利亚博士山高等技术学院在全球的分支学院之一，博士山高等技术学院（Boxhill Institute of TAFE）创建于1924年，目前是澳洲最大的职业技术教育学校之一。学院以其高质量和国际水平的教育赢得了良好的声誉，并积极在国际市场与各国政府支持的教育团体开展合作办学，以满足教育全球化的需要。目前，已同中国、日本、韩国、菲律宾、泰国、新加坡、印度、马来西亚等20多个国家和地区开展了合作。

图12-4 科威特博克斯希尔女子学院院徽

博士山高等技术学院在全球各地的分校致力于为当地的学生提供能够在他们本国就能够完成学习并获得国际认可的学位的学习机会，这些学生可以不用到国外攻读学位，这种方式能够为他们节省一大笔开支。

科威特博克斯希尔女子学院目前可以颁发六个领域的文凭：市场营销，银行服务管理，平面设计，室内设计及装饰和网站开发。此外，BHCK还通过转移和衔接协议与科威特当地大学的本科学位课程进行合作。学院在未来还要与学生一起壮大发展，以便能够颁发更多领域的学位。

图12-5
科威特博克斯希尔
女子学院学生时装秀

学院的课程和教学大纲旨在通过理论研究和具体实践相结合的科学的现代化的教学方法和方式教会学生必要的知识和技能，这些知识和技能能够保证他们在未来的职业生涯中表现突出。学院颁发的资格和学位证书可以保证学生们职业上的成功。科威特博克斯希尔女子学院拥有最先进的智能设备和最先进的现代化图书馆，除此之外，学院还能够提供一系列能够帮助学生进行教学实践的服务。

作为立志将科威特女性变成有名望群体中的一部分，科威特博克斯希尔女子学院一直在努力提高自己的教育水平与教学质量，为科威特女子增进职业技能和获取职业资格，追求学术提高，创造一个全方位的教育环境。科威特博克斯希尔女子学院面向全球招生，为不同年龄段不同层次的学生提供全方位的学习发展空间，根据学生个体条件

图12-6
图形设计专业
的学生在做演示

图12-7 学校主席：阿卜杜拉赫曼

的不同为其提升定制教学计划，为女子接受教育提供个性化的教学方案。

（2）先进的教学理念与完备的管理机制

科威特博克斯希尔女子学院以“知识与技能铸就未来”作为校训，作为科威特唯一的女子私立高等教育学校，该校致力于创造一个优良的学习环境，为学生提供获得必要的知识和技能的机会，使她们在当地就业市场中脱颖而出，也为她们追求更进一步的高等教育奠定基础。

阿卜杜拉赫曼（Abdulrahman Al-Shaiji）是目前的学校主席及国际综合教育服务（IIES）董事总经理。阿卜杜拉赫曼拥有电子工程学士学位，从科罗拉多理工大学获得管理科学学士学位和博士学位以及伊斯兰金融硕士学位。他带领的教学团队和管理团队致力于为学生提供国际化的优质服务。

学校教务处团队致力于创造一个促进学生学习、学术成果及学术水平得到提高的环境；同时，它也关注教师的专业知识提高以及教师和工作人员的多样性，为教师和员工的职业发展提供学术课程。此外，它还寻求社区合作的多种方法，促进教育与公共、私人和高等教育机构之间的合作。

教务处的主要职责是：①专业有效地管理学术事务；②提供满足科威特社会的需要和市场要求的高质量学术课程；③吸引专家学者，营造具有国际高标准的教学质量的环境；④制定以学生和技术为中心的教学课程；⑤提升学术多样化，确保课程质量。

除了教务处，学校还设立学生事务部，为学生的个人及事业发展提供帮助，保证学生获得丰富的资源、校园服务，帮助学生找到自己的根基，丰富她们的校园生活，其致力于与学生、校友、家长、教师，工作人员和校外社会工作人员一起努力，为学生提供发掘自己潜能的方

图12-8　科威特博克斯希尔女子学院学生

法。

学生事务部的主要任务是加强所有学生在课堂内外学习环境的管理和扩大学习机会，营造尊重多样性的校园环境，培养学生领导力，促进和支持文明、互相尊重，以及社会和工作场所的多样性，提供各种机会，让学生参与本地，国内和国际活动。

在新媒体环境下，学校还设立了自己的Facebook、Twitter和Instagram账号，以便与校内外交流，以及扩大学校影响力，很好地对外展示了学校学生的生活和学习。

图12-9　科威特博克斯希尔女子学院facebook主页

科威特博克斯希尔女子学院通过对上述国际化理念、现代化管理方式和信息媒体工具的使用，来努力打造一所别出心裁的女子院校。互通有无就是该校的一大特色，科威特的女性不再只是活动于家庭之内的主妇，而是变身成为新一代思想先进、素质不凡的气质女性。

## 三、杰出代表：现代化与传统价值齐头并进

科威特是海湾地区重视发展教育的国家之一，从历史发展的传统进程来看，该国一直重视伊斯兰和阿拉伯文化的教育。随着石油的开发和挖掘带来的巨大财富的增加，科威特的人们接触到越来越多的先进文化，这对他们来说无疑是一个冲击。但是，不只是科威特，海湾地区的巴林、沙特等国也同样面临着这样的难题：如何协调现代化的要求和传统价值之间的关系。[①]长期以来，这一地区的公共教育主要关注的是宗教、语言和历史。虽然这些学科对保持现有文化必不可少，但它们必须适当补充科技和信息方面的多样性。[②]

这一难题，不只得到科威特政府的关注，民间机构和有志之士积极探索破解之法。所以在科威特，教育的发展拥有很大的空间，文化性和科学性也得到了较好的把握。女性是这一环境的受益者，在传统领域和现代化科学领域人才辈出。

### 文化气息的传播者：科威特女诗人苏阿德·萨巴赫

#### 不愿背靠王室 选择出国留学

萨巴赫出生在科威特的萨巴赫家族。虽然贵为王室公主，但她不愿依赖于王室的特权生活，而是选择了勤奋求知的道路。在巴黎的阿拉伯妇女参与研究中心，作为第二届阿拉伯杰出女性之一的她获得文学艺术奖。

1970年，萨巴赫留学埃及，就读于开罗大学政治经济学院。毕业后，她再次远离家乡，到英国攻读经济学博士。期间，她发表过数

---

① G.巴赫贾特著，周岳峰、石学斌译：《海湾六国教育回顾与展望》，《国际教育研究》2000年第7期。

② 同上。

百篇有关石油经济、国际政治、海湾妇女的文章和论文，受到专家的好评。

萨巴赫出生的年代正是阿拉伯文化开放的时代，各种思潮活跃，诞生了不少著名的文学家和诗人。萨巴赫本人也受到千余年阿拉伯诗歌文化的影响，创作了大量的诗歌。自1961年至1999年，她一共出版了14本诗集，其中《希冀》、《女儿颂》等都已被翻译成中文。

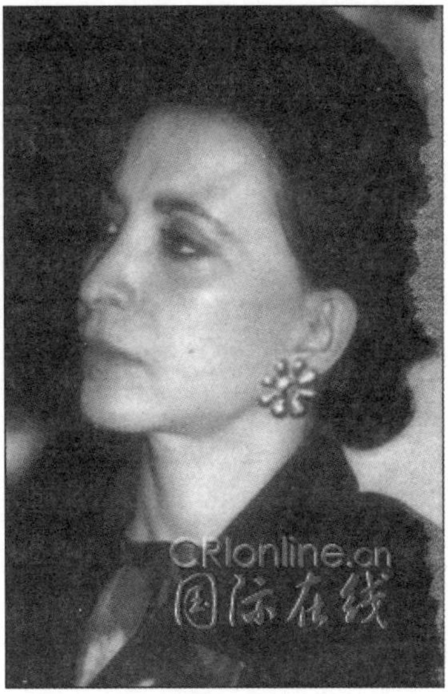

图12-10 苏阿德·萨巴赫

**诗文充满爱国之情**

翻开萨巴赫的诗集，每篇诗文的字里行间都贯穿着一个“爱”字，而爱祖国是萨巴赫创作中永恒的主题。

1990年，伊拉克入侵科威特期间，流亡伦敦的萨巴赫出版了诗集《致电祖国》，以表达她对祖国的赤诚之心和对入侵者的无比愤慨。此外，她还撰写了大量杂文，这些文章后来集结成册，取名为《难道不许我爱国吗？》。

科威特妇女占全国总人口的58%，妇女已涉足社会各领域，但长期以来，她们的政治权利被剥夺。对于这种现状，萨巴赫十分不满。她说：“妇女是半个社会，但不是争权夺利的政党。我们应该重视她们对政治、经济建设和社会发展各方面的参与。”萨巴赫长期为妇女权益斗争的努力终于有了成果。最后科威特国民议会通过了一项允许科威特妇女享有选举权和被选举权的法律修正案。

萨巴赫还积极参与为海湾国家妇女争取权益的活动，因此被誉为“科威特最出色的女使节”。1995年，她曾率领科威特妇女代表团来北京参加世界妇女大会。

**科学领域的先驱者：女科学家法伊扎·哈拉菲**

法伊扎·哈拉菲（Professor Faiza AL-KHARAFI）荣获2011年欧

图12-11
法伊扎·哈拉菲

莱雅–联合国教科文组织“世界杰出女科学家成就奖”。

如今的哈拉菲已成长为该国国内乃至阿拉伯世界的科技权威——她担任过科威特大学的校长，是阿拉伯世界中首位在著名大学中担任领导的女性；她也曾担任联合国会员国大学理事会会员及发展中国家理科学院副会长；2005年，她被福布斯杂志评选为“中东地区100个最具影响力的女性”之一。[①]

哈拉菲于埃及的艾因夏姆斯大学（Ain Shams）获得学士学位，随后于科威特大学获得了硕士和博士学位，并在1967年加入该校成为一名教员。同年，哈拉菲在科威特大学设立第一所研究腐蚀作用和电子化学实验室，其后致力于研究铜和铂金这两种在工业领域广泛应用的金属。

作为女性，哈拉菲也十分关心世界科学界的女同胞们，她曾指出“许多人低估了女性在科研方面的能力”。在世界杰出女科学家的颁奖典礼上，她强调：“在科威特大学的科学学院中，女性职员及学生的比例超过40%，她们对科研的贡献是不可或缺的。” 作为母亲，哈拉菲对科研“妈妈”这一角色也有着深刻的体会，她说：“除了科研，女性的另一项重大挑战是在工作与照顾家人、孩子中找到平衡；在努力工作，

① 郭奉孝：《法伊扎·哈拉菲：女性的力量》，《中国科学报》2013年5月17日，第8版。

奉献和承诺以及适当的时间管理和对家人的帮助中找到平衡。”

从化学研究，到科研管理，再到孩子的母亲，哈拉菲通过自己的经历告诉世人，尽管科研生活中可能面对这样那样的难题，但女性科学家仍可以直面挑战，并最终成为科学界不可忽视的力量。

## 四、发展综述：开放的姿态令人翘首以盼

科威特只是个波斯湾西北角的小城，但是却散发着巨大的魅力。科威特的教育融合了传统文化和现代文化的精髓，为国家的发展也为女性的开化提供了良好的发展环境。在这样的环境中，科威特女性的地位得到了明显的提升，这是一些教育发展落后的邻国所不能相提并论的。

在海湾地区，科威特人自诩是海湾乃至阿拉伯地区最民主的国家。在科威特，民主归民主，宗教归宗教，两者缺一不可。科威特女性享有较为开放的社会发展机会，既有由女性担任的政府内阁次长，也有女大使，科威特最高学府科威特大学的校长职务也曾由女性担任。女性就业的比例在海湾地区居于前列。

20世纪70年代初，科威特妇女已享受到沙特妇女享受不到的自由，如科威特的年轻妇女可西装革履、不戴面纱在大街上自由行走、上学读书、由政府安排就业。在海湾君主制国家中，科威特无疑在推动妇女从传统向现代化转变方面起步较早。[①]因此，发展至今，已涌现出科威特高等教育部次长丽莎·萨巴赫、科威特大学部长级校长法法伊扎·哈拉菲博士、科威特新闻部次长助理等出类拔萃的女性。

追踪其原因，一是得益于科威特开明的社会风气。濒临大海的科威特没有农业，甚至粮食也从外界进口。随着石油资源的开采，科威特更加热衷于与世界各国进行贸易往来。在开放和沟通的过程中科威特易于接受变化，这对当代科威特妇女的转变也产生了十分重要的作用。二是政治方面的开放程度较高。以萨巴赫家族为首的科威特政府，对

① 伍庆玲：《科威特妇女的社会地位》，《阿拉伯世界》1996年第4期。

妇女解放的态度较为开明。从1962年其宪法规定的男女平等的权益和科威特妇女追求选举权的持久的女权运动就可见一斑。三是受到西方国家的影响。影响途径包括来自英国的统治和来自接受西方文化较多的埃及、约旦和黎巴嫩的影响。举例来说，1956年科威特妇女就掀起"烧毁面纱"运动，毅然穿上现代服装。①

但是科威特女性在就业方面还遇到一个瓶颈，大部分女性就业于政府部门或只愿从事文科、社会科学、家政和教师职业培训，她们大多在政府部门供职，如内政部、交通部，多数女性还只是从事简单的劳动强度低的工作，如打字、盖章、整理资料等。科威特女性一般不涉足服务性行业，虽然不能做到与男性同工同酬，但足以贴补家用。

或许这是现代化进程中许多国家都会遇到的一个问题，只是各国发展的程度不一样而已。但是科威特开放的姿态依然可圈可点，是值得学习的榜样。

① 伍庆玲：《科威特妇女的社会地位》，《阿拉伯世界》1996年第4期。

# 第十三章　沙特女子大学教育：长袍难裹求学步

沙特女子教育开始于20世纪60年代，虽然起步较晚，但发展迅速。究其原因，离不开沙特经济在这一时期的飞速发展。在着重发展基础教育的同时，沙特政府也意识到了发展女子高等教育的重要性，大力支持建设沙特女子高等院校。笔者希望通过本文的论述，可以帮助更多人了解沙特女子教育的历史、发展与现状，感受沙特女性黑色面纱之下美丽而又充满魅力的人生。

## 一、背景与历史概述：黑金带给沙特的历史巨变

### 1. 从贫瘠荒漠到石油巨富

对于我们来说，沙特阿拉伯是一个遥远而神秘的国度。每每提起，人们想得最多的往往是滚滚的黑色石油和迅速发展的石油工业，为这个国家带来的巨额财富。殊不知，在发现石油之前，这里也曾是一片贫瘠的荒漠。

现代沙特阿拉伯王国（Kingdom of Saudi Arabia）是由其开国君主伊本·沙特（Ibn Saud）在多年征战后于1932年宣告成立的。

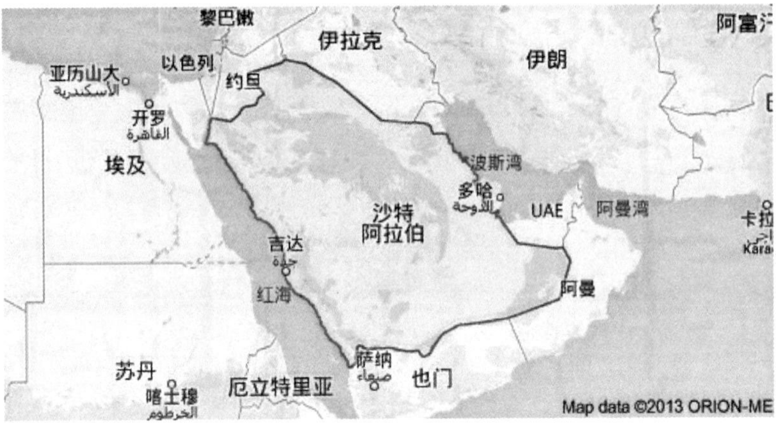


图13-1 沙特阿拉伯地图

建国之初，沙特是一个极其贫困的农牧部落国家，经济处于不稳定状态。沙特所处的阿拉伯半岛的大部分地区为沙漠覆盖，热带沙漠气候常年主宰当地，气候干燥少雨，除了小部分的河谷地带适于耕种以外，大部分地区都不适合农业种植。沙漠广布还导致交通不便，从而影响经济发展，加之在统一前部落争斗不断，经济发展缓慢。

当时，朝觐业是国家主要财源。沙特麦加和麦地那是伊斯兰教两大圣地，每年都吸引来自世界各地的穆斯林朝觐者，这给沙特政府提供了主要财政收入。然而，1929年世界性经济危机爆发，导致朝觐人数锐减，沙特经济随即陷入困境。

建国之初，沙特王国急需资金发展经济。1933年，美国加利福尼亚美孚石油公司与沙特政府签订石油租让权协定，开始了在沙特的石油勘探。五年之后，即1938年3月，在沙特阿拉伯地下发现石油，这一发现根本性地改变了这个国家的命运。

2. 经济繁荣助推教育发展

沙特阿拉伯王国在1932年实现统一之前，由于长期遭受外族殖民统治，部族争斗不断，经济落后严重影响国家文化教育事业的发展。建国之初，沙特没有一所正规学校，文盲大量存在。当时，全国人口大多为游牧民，流动性强且分散，为国家发展教育事业增加了不少困难。[①]

上世纪30年代，在本土发现石油之后，沙特政府开始从石油获益。当时的开国君主伊本·沙特认为，发展现代教育对促进国家经济有重要作用，可以帮助沙特迅速进入现代文明国家行列。然而，由于当时的石油收益很大一部分被西方公司所掠夺，因此，建国后的十年间，沙特全国小学数量仅为27所，直到1943年才有了第一所中学。

二战后，世界石油需求增加，沙特收回被西方掠夺的石油产权，国家逐渐摆脱贫困，沙特政府也不断加大对教育的投资。1954年，沙特政府成立教育部，引进现代教育模式，实行六年制初等教育和六年制中等教育。60年代，沙特政府在全国建起30所师范学校，大力培养师资力量。1970年，沙特开始实施第一个五年发展计划，其中用于教育事业的拨款占全部拨款的17.8%，当年，全国各类学校有3283所，在校学生约48万。

从20世纪70年代起，沙特石油收入的大幅增加在促进国家经济发展的同时，也为教育事业的发展提供了强有力的保障。据沙特教育部官方网站的统计数据显示，1970年，沙特男性文盲率为85%，女性文盲率为98%（均为本性别中的占比，下同），是继也门之后中东北非各国中文盲率最高的国家。据1989年联合国教科文组织统计，20—24岁年龄段的沙特青年中，1975年受高等教育者占4.1%，其中男生占6%，女生占1.8%；到1986年男生占15%，女生占11.4%。1986年6—11岁小学生占同龄儿童的56%（男生64%、女生48%）。12—17岁读中学人数占同龄人口的31%（男生36%、女生26%）。1990年各级学校在校生中，男生140万、女生120万。1995年发展到男生190万和女生160万。显然，沙特的教育事业有了较快的发展。

另据沙特教育部数据显示，2008年沙特男性文盲率为7%，女性文盲率为19.8%。经过20多年的教育努力，文盲率得以大幅降低，这与沙特政府重视教育和人才培养，实行免费教育密不可分。2008年，沙特教育部长哈立德（د. خالد العنقري）在接受《利雅得报》记者采访时说，

① 参见http://www.china-arab.com/jy/jydt/268416.shtml。

“在沙特王室和政府高度关注和大力支持下，沙特的大学教育已经覆盖全国48个省，已有21所公办大学和4所民办大学，78所各类学院，同时，政府正在着力修建多座配备先进设施的大学城。” 2008年，沙特全国高中毕业生为262567人，大学入学率达到71%。①

由此可见，从20世纪70年代至今，沙特不仅在国力增强、国民生活改善方面取得了巨大的进步，成为伊斯兰国家巨富，对于文化、教育的重视也为国家的经济快速发展提供了重要的人才保证。

## 二、发展模式与理念：从经堂、家庭教育走向全面发展的现代教育

提及沙特，第一时间出现在我们脑海中的，除了茫茫大漠、滚滚石油之外，还有身着长袍，面戴黑纱的穆斯林女性。沙特王国是政教合一的阿拉伯-伊斯兰国家，《古兰经》和圣训既是宗教教义，又是国家宪法。一切法律、法规均不得违背《古兰经》和圣训精神。根据伊斯兰教义，妇女除日常生活必需外，不得向除自己丈夫、兄长、子侄等亲人以外的男性展示自己的容貌。《古兰经》规范了穆斯林女性的装束，言行举止。虽然，历史上的很长一段时间，长袍、面纱，对于女性参与一些社会活动有一定影响，但在严格执行伊斯兰教义的沙特，特定的装束并没有裹住沙特女性求知的脚步。

### 1. 沙特女性正规教育的起步

1960年以前，沙特并没有设立正规的女子教育学校。富裕家庭的女子通常由家庭教师提供教育，而富裕程度较低家庭的女子则在家中或清真寺里，在年老失明的传教士指导下学习《古兰经》，接受传统的经堂教育。但大多数家庭的女子除在家由父母偶尔传授点知识外，根本没有接受教育的机会。

在国家经济、社会发展的同时，沙特·本·阿卜杜勒·阿齐兹国王（Saud bin Abdul Aziz）意识到，应该给予女性学习知识与文化

---

① 参见http：//www.alrassedu.gov.sa/index/news/news-action-show-id-15.htm。

的机会，1960年，为了推动女性教育运动的发展，沙特政府专门成立了独立于教育部的女性教育总会（the General Presidency of Girl's Education）的组织，管理全国范围内除综合性大学为女性提供的校内教育外的各级女性教育事务。沙特王国女性正规教育正式起步于1961年，当时政府调拨教职员工，拨专款建造15所小学，并成立一所女子师范学院，为小学培养女性教师。自此，女子小学的数量迅速增加。见表13-1：[①]

表13-1　1960-1988年沙特女子小学的发展情况

| 年份 | 学生数- | 班级数 |
|---|---|---|
| 1960-1961 | 15 | 127 |
| 1970-1971 | 357 | 3645 |
| 1980-1981 | 1810 | 14661 |
| 1988 | 3370 | 29092 |

（资料来源：女性教育总会1988年统计数据）

当时，沙特教育部为女子小学教育确立的教育目标是将女性培养成家庭主妇，擅长缝纫、烹煮等。但在当时女性教育刚刚起步的阶段，改变以往女性目不识丁的现象，已不失为一种进步。

2. 沙特女性教育的大步前进

20世纪六七十年代是世界经济和科技实力迅速增长的时期。在教育方面，各国也推出了一系列适应新时代需求的教育举措，妇女教育面临大好机遇，多个海湾国家在教育方面都有了较快的发展，其中，阿联酋1972-1973年的女性人数约为1.9万名。与此同时，在中东各国发展女性教育的潮流影响下，沙特国内经济也开始了快速增长时期，沙特政府也开始设置与沙特传统风俗相适应的女子教育体系来适应沙特女子教育的需要。而此时，基础教育普及显然已经不能满足女性在求学方面的需求，同时，随着经济、社会的发展，沙特国内也需要具有高等学

① 雷世富：《沙特阿拉伯的女子教育情况》，《外国教育资料》1995年第3期。

历的女性人才为社会提供服务，在此情况下，政府开始着力发展女子高等教育。

3. 沙特女子大学的兴起与发展

为了发展女性高等教育，1966年沙特皇室下令成立一个专门委员会，全面研究女子高等教育计划。之后，于1970年在利雅得开设了第一所女子教育学院，当时学校女生人数为80人。此后，女子高等院校如雨后春笋般不断涌现。

费萨尔国王过世之后，继任国王哈立德（Khalid bin Abdul Aziz）继续推行女子教育。在他统治时期，沙特陆续建立起多所专为女性开设的大学院系。尤其在1975–1976年间，一所专注于社会服务的女子高等学院成立，之后转为利雅得社会服务学院。此外，沙特还在利雅得和达曼市分别成立一所文学院，同时在麦加等城市成立了教育学院。

为了培养更多的教学人才，1976–1977年间，沙特相继开设了培养本科、硕士和博士的高等教育研究计划。1974年，麦加女子教育学院招收了第一批女研究生。至20世纪80年代中后期，沙特女性在高等教育方面已取得巨大成就。1985–1986年度，沙特国内各大学的女博士研究生达164人，女硕士研究生819人（包括外籍），在国外留学的沙特女生为2846人，其中研究生1666人。

法赫德·本·阿卜杜勒–阿齐兹国王（Fahd Bin Abdul Aziz Al-Saud）统治期间，沙特全国各地相继建起多所女子院系，到2006–2007年间，已达102所，覆盖全国72个省市，专业类型丰富。且在此期间，沙特女子学院的学生数量大幅增长。2005年，女性正规学生数量达到223904人。同年，女性毕业生数量达到33849人。

女性学生数量的大幅增加，各地教育资源出现“供不应求”的现象。为满足社会需求，2004年，沙特政府特批100万平方米土地，分别在六所学院建成专门的女子学院大楼，此举为日后修建女子大学城奠定了基础。

2006年，沙特皇室同意修建努拉公主大学城。2007年，阿卜杜拉（خادم الحرمين الشرفين）国王任命扎哈尔博士（الجوهرة بنت فهد بن محمد آل سعود）担任努拉公主大学的校长。努拉公主大学城的面积为

800万平方米。2007年，大学本科的女生数量达到50289人，硕士数量为432人，博士371人。[①]

4. 沙特女子教育制度和类别

如今，与世界其他国家一样，沙特女性从孩童起即受到幼儿园和家庭的幼儿教育。到了入学年龄，沙特女性会进入正规学校接受公共教育。公共教育分为六年制的小学教育，这是所有沙特女童必须接受的正规教育，为她们以后的教育、生活打下基础，传授她们基本的技能。小学之后的中级教育（相当于初中）有三年，这一阶段是向女性教授文化的阶段，主要对她们进行伊斯兰文化教育。初中之后，有三年高中教育阶段。在此阶段，主要帮助沙特女性巩固她们的伊斯兰教信仰和对教义的理解。为她们继续接受高等教育培养必需的能力，进一步明确她们继续接受高等教育的兴趣和所长。

高中阶段教育也分为几个不同类型，有普通高中，比如培养女教师的师范学院等，以及同级别的其他专门院校，如扫盲学校、成人教育、民办教育，培养女性掌握一些生活和技能。另外还有专为残疾人提供特殊服务和技能培训的特殊教育。高中教育结束后，即为高等教育阶段。

5. 沙特女子教育现状

根据沙特高教部在其官网公布的最新数据显示，2011年沙特的女性学生数量达到2437436人，女教师232500名；女子小学数量为6855所，小学女生数量达到1206958人，女老师数量达到107884人；初中学校数量达到3729所，女学生数量达到553942人，女教师数量为54299人；高中学校数量为2391所，女学生数量达到483146人，女老师数量为47861人[②]。

同时，教育部对于专门教授《古兰经》的学校十分重视。伊历1367年即公历1948年，在麦地那市修建了第一所《古兰经》记诵学校。之后，不断扩充修建，至2008年，已达到1000所，有123000名学生在此学习，教师数量达到11705人。其中，2008年专为女性开设的《古兰经》

---

① 参见http：//www.moe.gov.sa/Pages/Default.aspx。

② 参见http：//www.moe.gov.sa/Pages/Default.aspx。

记诵学校数量达到1077所，超过136000名学生在此学习。

教育部同样重视成人教育及扫盲教育，在全国各地开设了类似的专门学校。至2008年，由教育部或其直属教育机构开设的夜校和成人教育学校达到762所，有14741名学生在校学习，而专为女性设立的此类学校则达到3270所，有81516名女学生。

对于身有残疾不能进入公立学校学习的学生群体，沙特政府开设了众多特殊学校以供其求学。2008年，此类特殊学校数量巨大，男校达到999所，共17356名学生就读，4729名老师任教，而专为女生设立的特殊学校达到414所，8729名女生就读，2206名女老师任教。

为给学生提供良好的医疗服务，沙特教育部至今已建立了107所医疗单位，其中有43所主要的医疗单位集中在多个大城市，且在几乎所有省市设立了几百所专为女生提供医疗服务的医疗单位，配备有先进的医疗设施。

从以上数据可以清楚地发现，沙特在经过20世纪七八十年代开始的经济发展之后，对女子教育的重视程度逐步提升，女子高等教育的发展也具备了良好的基础。进入21世纪以来，各类女子学校的学生、教师数量均有明显增长，女子学校呈现规模化发展。此外，各类职业、专门类学校的发展迅速。良好的基础教育为越来越多的沙特女性接受高等教育创造了机会与条件。

## 三、沙特女子高等教育的代表

### 1. 致力于女子专业高等教育：阿法特女子私立大学

沙特阿拉伯阿法特女子私立大学是沙特首个非营利性的女子私立高等学府。该校成立于1999年，当时名为“吉达阿法特女子私立学校”，其建校宗旨是为了“丰富女性在伊斯兰教义和沙特社会传统文化范畴内的教育内容”。成立初期，全校仅有幼儿教育和计算机信息两个专业，而在2000-2001年的第二个学年中，学校增加了信息系统、教育心理学、英文及英文翻译等教学课程。在1999-2000年的第一学年中，入学女生仅为37名。

2002年，阿法特学院并入沙特费萨尔私立大学，成为该校当时的三大院系之一，全名为"费萨尔大学吉达阿法特女子私立学院"。2005年，阿法特学院新增商业管理等课程，并在沙特教育史上首次将建筑、电子及计算机工程等科目纳入女子高等教育体系。2005年11月27日，阿法特学院脱离费萨尔大学，成为一所独立的女子私立高等院校。2008年，经沙特政府批准，该校组建三大院系，分别为：人类社会学系、建筑系和商业系，学生数量达数百人。

2009年，沙特高教部批准吉达阿法特女子私立学院更名为"阿法特女子私立大学"。2011年，该校与多所国外院校及教育机构合作，开设学校首个硕士研究项目。由此，学校进入规模化、国际化和专业化的发展道路。

图13-2　阿法特女子私立大学

图13-3 阿法特女子私立大学校长哈伊法女士

在沙特宗教、传统文化的影响下，作为一所私立女子高等院校，阿法特大学的专业规划仍然以适合沙特社会中女性工作的专业领域为主，譬如师范教育、外文翻译等。值得一提的是，阿法特大学将建筑、电子、信息工程等科目作为该校的主要专业，此举对于拓展沙特女子高等教育范围具有开创性的意义。在发展过程中，阿法特大学十分注重与国外相关院校、科技机构等开展合作，以丰富教学内容，拓展学生思维。学校曾与荷兰鹿特丹伊拉斯姆斯大学、伦敦商业高等学院等院校合作，开展伊斯兰金融管理等项目研究。此外，为发展外语教学，与法国多所大学合作，开展法语教学项目。

阿法特大学校长哈伊法女士在该校官方网站上对学校的发展宗旨做了这样的阐述：我们重视发展国际、国内学术合作，以培养出更多具有国际水准的女性领导者、学术专家等杰出女性人才。

2. 致力于沙特女性高等职业教育：吉达未来女子培训学院

除就读于各类女子大学外，参加高等职业技术培训成为沙特女性接受高等教育的另一途径。吉达未来女子培训学院就是一所致力于女性职业培训的高等院校。在沙特，高中或大学毕业后的女性，都可以进入该校学习各类职业技能，以帮助她们在就业市场中寻得更多机遇。

该校与英国多所高校保持合作，许多专业课程均由英国同类高校授权开设。该校在教学方面的一大特色是，为学生提供实地培训的机会，以使其毕业后能够尽快适应工作岗位的需要。此外，学校还定期开展讲座、论坛等社会活动，邀请知名专业人士，为学生开拓视野，丰富社会常识。

作为职业培训学院，该校科目设置以切合沙特社会就业市场的专业为主。主要有：英语、法语、办公基础知识、平面艺术设计、珠宝与服装设计、摄影、市场营销等，为方便沙特女性就业创造了良好的条件。而从学院的专业设置也可看出，女性在沙特社会中的就业领域正逐渐拓宽，并朝着时尚、现代的方向发展。

图13-4　吉达未来女子培训学院一角

3. 沙特女子高等教育的典型：努拉公主大学

说起中东地区的女子大学，不得不提及沙特努拉公主大学。这所有世界最大规模女子大学之称的学校，可以说是沙特女子高等教育发展的典型代表。世界最大规模的女子大学，却建立在世人印象中对女性要求极为严苛的伊斯兰国家，其中，又有怎样的故事呢？

图13-5 努拉公主大学校徽

(1)历史缘起

2007年，沙特高教部批准在利雅得成立女子大学，当时名为利雅得女子大学。而这所大学中所有的院系均由利雅得地区原有的女子高校院系发展而来，其中包括教育学院，理学院、计算机与信息科学学院、工商管理学院。之后，根据沙特教育部的指令，学校更名为努拉公主大学（阿拉伯语：ةرون ةريمألا ةعماج بنت دبع الرحمن 英语：Princess Nora bint Abdulrahman University）。

(2)使命与培养目标

在努拉公主大学的官方网站上，有这样一段对大学使命和对学生培养目标的定义："巩固大学在获取、传递、管理与伊斯兰社会文化价值相符的知识方面的作用。培养女性独立、自主的人格，帮助她们全面发展，使其更加胜任妻子、母亲、社会劳动者等多重身份，并培养她们具备必要的技能。同时，为国家经济、社会发展培养更多女性人才。以社会的需要设置专业，培养社会需要之人才。实现大学毕业生和社会发展需求之间的协调。"

由此不难看出，随着社会经济的发展与进步，沙特女子教育已不再局限于为家庭培养合格的妻子和母亲，女性的脚步已开始迈出家门，走向社会更广领域。女子大学教育已开始注重为社会培养多方面的人才，从努拉公主大学的院系学科设计更是不难看出这一点。

(3)院系设置

努拉公主大学下设文学院、理学院、医药学院、物理治疗学院、护理学院、社会服务学院、计算机信息科学学院（该学院目前主要包括三个系别：计算机科学系、网络和通信系统系、信息系统系）、工商管理学院（学院主要的系别：工商管理、会计系、经济系等）、幼儿教育专业、外语和翻译学院（该学院主要包括：英语及同声传译、法语及同声传译、德语及同声传译、日语及同声传译）、家政学院、艺术与设计学院、教育学院等。[①]

由此可以看出，努拉公主大学的学科设置涉及面广，既有女子传统教育偏重的家政、幼儿、护理教育等专业，也有以往多为男性主宰的理工类学科，多元的课程设置为沙特女性在社会更广层面实现自我价值提供了基础保障。

图13-6　努拉公主大学医学院实验室

（4）世界最大规模的女子大学

努拉公主大学城占地面积约800公顷，投入53亿美元，计划容纳4万名女性学生。该大学设有15个不同专业的院系，其中有5个医学院，一个教学医院，可以容纳700个床位，另外有两个研究中心，均配备有世界先进的研究设备。

在大学的管理区域建有一幢专供女性使用的大楼，在它旁边还建有一幢专供男性使用的大楼，该区域还建有一座中心图书馆，可藏书500万册，能同时容纳4000名读者。此外，区域内还有一个会议中心和清真寺。

大学城的居住区可容纳1400多个专职教职人员及12000多名女

① 参见http：//www.pnu.edu.sa/content.aspx？id=18。

生。大学城还设有娱乐休闲区，被分为不同的区域，分别供教职人员、男性、家庭和女学生使用。娱乐区包括各种娱乐、体育设施，可以满足3000人的需要。同时，还包括一个能够容纳7000人的体育场。

大学城的社会服务区建有各种生活类设施，有商店，维修车间等各种教育、生活、消费必要场所。同时，大学城还倡导环保概念，建有固体垃圾处理站，采用高科技处理生活废水，使其能够循环利用。

努拉公主大学城建成后，从教学、科研，到生活服务，都展现出打造世界级高等院校的理念。这与沙特雄厚的国力，沙特王室对教育事业、特别是女子教育的重视是密不可分的。

（5）努拉公主大学的建设折射沙特女子高等教育的发展

努拉公主大学校园建设、师资储备、学校教学设备的不断完善，得益于近年来沙特政府对发展国内女子高等教育事业的支持。正是有了政府强大的财力支撑，努拉公主大学才能具有世界最大规模女子大学的称号。

同时，努拉公主大学城的规划、建设，以及设施的配备，均体现出对女性的尊重与方便女性学习、生活的考虑，比如专为女性而设的生活、娱乐区域等。这些一方面是基于伊斯兰教义对女性行为准则的规定，另一方面，也体现出沙特社会中女性地位的提升。

此外，努拉公主大学的课程设置丰富，内容涵盖面广，充分体现出沙特女性求知、研究领域的不断扩大，这也使沙特女性在社会更多领域服务成为可能。

## 四、促进女性发展：女子教育的发展为沙特女性提供更多机会

### 1. 改变女性自我角色的认知的沙特女子教育

沙特女子教育程度的提高，不但从主观上改变了沙特女性对自我角色的传统认知，也从客观上提升了沙特妇女的就业能力。沙特女子职业教育和高等教育的迅猛发展使得女性专业技能得以提升，女性逐渐意识到自我实现的其他途径，传统约束自然被打破。妇女开始要求走出家庭，而接受教育为她们进行职业选择提供了条件。如同沙特一

位知名的出版商所言："培养妇女而又不让她们利用自己的所学专业和聪明才干来发挥社会作用，是一件令人感到耻辱的事情。既然送女性去攻读获博士学位，也就不能把她们关在家里，工作是对所学知识的应用和实践，不可以把社会力量中的另一半因闲置而白白浪费掉"[①]。

自20世纪50年代开始，沙特和其他海湾国家一样，女性对自我角色的认知发生了某种程度的变化。首先，从社会领域来看，少数女性已开始向历来主宰婚姻的父母之命、媒妁之言发起挑战，婚姻对于大多数城市女性来说已不复是人生的最高目标。1983年妇女社会服务慈善协会在达曼进行的一项调查显示：44%的被调查妇女把工作和教育分别放在第一、二位，婚姻位居第三；73%的妇女认为婚姻是男女间的伴侣关系。沙特女性的结婚年龄较之以前，呈现出上升趋势。据沙特计划部统计，沙特未婚女青年达15万人，其中30岁以上的有63900人。造成沙特女性晚婚的原因包括昂贵的礼金，高额的结婚费用，但更重要的是女性拥有了独立的观念，随着沙特社会的现代化以及对外开放程度，人们通过各种现代传媒如卫星电视和网络等接受新鲜的事务，对自己的生活有了不同于传统的观念，女性开始放弃女人必须依附于男人的思想，沙特女性不再乐意当别人的第二、第三甚至是第四个妻子。

沙特女子高等教育的发展，给予了更多沙特女性接受高等教育的机会，从而促使更多的女性能够在专业领域取得成就。女性教育除了提升妇女自身能力外，也深刻地影响着她们在政治、经济、文化等领域的参与。沙特女性在近年来的就业努力中，不但摆脱了家庭的束缚，而且在职业选择上也不断开拓出新的领域。在沙特社会的快速发展中，沙特女性也以其独特的视角和特有的工作能力，为沙特各领域的建设发挥了重要的作用。

在此形势下，沙特涌现出越来越多的杰出女性，她们中的很多人虽然仍是用长袍和面纱遮住全身，但成就却不可小觑。

---

① 秦立峰：《沙特民主化进程中的女性话语》，对外经济贸易大学，2007年硕士论文。

2. 沙特杰出女性：努拉公主大学的校长：乔海拉公主

乔海拉公主（سمو الأميرة الدكتورة الجوهرة بنت فهد آل سعود）是努拉公主大学的校长，她的求学经历可以说是沙特女性教育发展的一个缩影。2010年，在沙特某大学举办的一次名为“时代的经历，思想的精华”的座谈会中，乔海拉公主与学校师生共同分享了她的求学之路。

乔海拉公主出生于一个严格秉承伊斯兰教传统教义的皇族家庭，伊斯兰教中对教育的重视对她的人生之路产生了很大的影响。高中毕业后，她立志从事伊斯兰女性教育事业，并打算继续求学。然而，1970年，当沙特国王大学决定录取她时，被她的伯伯以男女不能同校为由阻止她就读该大学。而就在当年，沙特第一所女子教育学院成立，乔海拉公主如愿进入大学，开始接受高等教育。

图13-7　努拉公主大学女校长乔海拉公主

乔海拉公主曾说，在她进入女子教育学院读书的那个年代，能够进入大学学习是沙特每个女学生最大的梦想。当年，她所就读的学校共录取了80名学生，其中有62名学生最终完成了学业。

乔海拉公主说，为了珍惜这来之不易的机会，女子教育学院的女大学生们学习都十分努力，她们之间有互助、友爱，也有竞争。学院十分注重培养学生们的研究能力，她就经常为了撰写研究报告，乘车到沙特的其他城市做实地调研。为了查阅资料，她买回大量的书籍，像是在家中建起了一个小型的家庭图书馆。在被任命为努拉公主大学校长之后，她将这些书籍全部捐献给了学校的图书馆。

在以优异成绩从女子教育学院毕业后，乔海拉公主被留在学院工作。她说，当时能得到这份工作让她十分高兴，因为这是对她自身能力的极大肯定。在女子学院工作期间，她极力主张将计算机引入教学，并取得了显著的教学效果，使该学院成为沙特最早开始应用现代科技的教育机构。

乔海拉公主于2001年任职沙特教育部，主管全国102所女子高等院校。为了更好地了解老师、学生们的真实情况，她经常走访各院校，倾听她们的心声，了解她们的困难。

2008年，沙特王室任命乔海拉公主为努拉公主大学校长，2010年3月8日，乔海拉公主在迪拜接受了中东杰出女性协会颁给她的“教育发展奖”。

回顾自己的求学之路，乔海拉公主说，任何人想要获得成功，都必须先有明确的目标，然后再做好人生的规划，抱着攻坚克难的决心，一步一个脚印地向前方迈进。

## 五、发展综述：从经堂教育走向全面发展，沙特女性积极融入社会

自1962年沙特开始女子教育以来，沙特女性在教育领域成就显著，尽管女子教育仍然存在许多不足和局限，但是女子教育内容不断向广度和深度发展，这是沙特社会和经济发展的需要。随着知识经济的发展和全球化的逐渐深入，性别平等与发展成为历史潮流，而教育成为实现平等发展的一个重要环节。近20年来，沙特的内外形势向着更加有利于女子教育的方向发展，大量的妇女纷纷走出家门接受教育。

而教育程度的提高，使得妇女对自身文化价值的认识有了升华，她们逐渐意识到利用自己所掌握的文化知识服务于社会是实现自我价值的重要途径。她们相信自己的角色可以是多元的。

在谈到伊斯兰国家女性教育时，很多人不免有落后、禁锢、闭塞的刻板印象，也常常把这些原因归咎于伊斯兰教的传统教义。在了解了沙特女子教育事业的发展之后，我们不难发现，这样的认识并不全面。在沙特这样的政教合一、严格遵守伊斯兰教教义的国家，女子教育在国家经济得到发展之后，随即被政府提上日程，大力推行。不得不说，沙特女子教育事业的发展得益于沙特经济的发展，而沙特教育和女子教育事业的发展又推动了国民经济的发展，经济迅速发展又增加了对教育的投入。

沙特女子教育的发展直接带动了妇女就业水平的提升。根据2003年的数据统计，沙特妇女总人口为690万，占全国总人口的49.6%。近年来，沙特妇女已改变了足不出户的传统，她们已经开始寻找并且涉足各个适合自己的社会领域，并选择力所能及的社会职业，就业妇女已达300万，占全部妇女人口的43%。由于高等教育的发展，沙特妇女就业在数量增加的同时，文化与技术含量也大大提升。

沙特女子高等教育的发展，更加促进了沙特女性社会地位的提高，自我价值的实现。由此，沙特女性用自己的智慧和勤劳，在沙特国内、世界多个领域都取得了卓越的成就。

# 第十四章　阿联酋女子大学教育：海湾地区绚丽绽放的孔雀草

在以前，对绝大多数阿拉伯妇女，特别是海湾地区妇女而言，生活无非就是相夫教子，持家守道，连出门着装也是千篇一律的黑袍、黑头巾和黑面纱。然而，如今的阿联酋，多数女性的生活发生了很大的变化，她们走出家门，逐渐享有教育与工作机会，积极争取生活水平的提高及增加政治领域的影响力。本章试通过对阿联酋女子高等教育发展情况、模式和理念层面的剖析，进一步阐释阿联酋女子高等教育在现代阿联酋女性突破性别偏见、实现自身价值中所发挥的突出作用。

## 一、背景与历史概述：面纱后维系家庭的坚强基石

### 1. 阿联酋女性：沙漠中的花朵

阿拉伯联合酋长国，简称阿联酋，是一个以产油著称的中东沙漠国家，位于阿拉伯半岛东部，北濒波斯湾。阿拉伯语为官方语言，通用英语。居民大多信奉伊斯兰教，多数属逊尼派；在首都迪拜，什叶派占多数。自1966年阿联酋发现石油以来，该国一跃成为世界最富裕的国家之一。阿拉伯联合酋长国成立于1971年12月2日，由阿布扎比、迪拜、沙迦、阿治曼、乌姆盖万、哈伊马角和富查伊拉七个酋长国组成。

处在中东地区的阿联酋女性信守着伊斯兰教传统，必须用黑衣将

自己从头到脚裹得严严实实，不让外人看到自己的身体，而且还要戴上黑纱掩住面庞。阿联酋女性社会地位很低，当地人请客往往只邀请男性。在过去，男人需要长期出海的时代，女性承担着照顾家庭的所有责任，通过在干燥的沙漠之地种植各种农作物，为家庭提供食物。为此，阿联酋女性不单是传统意义上的家庭主妇或是妻子，也是维持家庭的基石。

上世纪后半叶，阿联酋女性地位得到进一步的提高。随着阿联酋的发展，在阿联酋总统和最高裁判委员会的鼓励与鼎力支持下，女性发挥的作用得到了新的拓展。总统扎耶德在宣布建国时曾说道："没有什么比我看见我们国家的妇女在社会有一席之地并取得巨大发展更开心的事了，我们应为她们的发展扫除一切障碍，女性有权与男性享有更高的社会地位，从而与她们的能力和资历相匹配。"①

阿联酋宪法明文规定妇女享有与男子同等的一切权利，同时宪法法则还确立了社会平等的原则，即妇女在教育、工作、就业方面享有与男子同等的一切权利；宪法还采纳了伊斯兰教中有关遗产继承与分配中妇女所享有权利的内容，宪法强调这在阿联酋建国之前就业已存在。此外，在新的时代背景下，为使妇女在阿拉伯伊斯兰相关条文框架内享有充分的权利，扎耶德总统的夫人法蒂玛在国内建立了第一个妇女协会，即1972年成立的第一个妇女组织——妇女振兴会。②

2. 全方位教育培养女性人才

阿联酋政府提出，接受教育是每个公民的权利，政府有义务向所有公民提供受教育的机会。政府采取"多条腿走路"的方针，即基础教育、扫盲和成人教育齐头并进，以求在较短时间内提高国民的文化素质，为此，扫盲及成人教育一直受到政府的高度重视。政府的目标是在2020年前消除文盲，而实现这一战略目标是有可能的。

正是在政府的大力倡导和支持下，20世纪90年代，阿联酋扫盲及成人教育成绩斐然。据1993年的统计显示，成人文盲率下降到16.8%，而1975年的这一比率是56.7%。在扫盲教育方面，阿联酋政府的投入巨

① 季国兴：《阿联酋总统扎耶德》，《阿拉伯世界》1984年第3期。
② 陈玉龙：《阿联酋的妇女概况及其组织》，《中国穆斯林》2000年第1期。

大，2000年的预算支出是2.5万迪尔汗(1迪尔汗约等于2.4元人民币)。参与这项工作的教师和管理人员1991年和1992年是8921人，由于扫盲教育成绩显著到2000年已减至2263人。

扫盲教育实际上是一场为提高国民素质而进行的全民运动。在教育部的组织下，各行各业积极投入，尤其是阿妇女联合会，在女子成人扫盲方面功不可没。阿联酋妇女联合会以及所属的相关协会在全国各地开设了18个培训中心，专门对妇女进行各类职业技术培训，至2000年受训女性达3993人。①

3. 女子高等教育的发展情况

阿联酋高等教育发展时间不长，1977年以前还没有一所大学，政府的做法是鼓励年轻人到英国和美国等地留学，学费和其他生活费用由政府提供。1977年第一所大学——阿联酋大学落地艾因城，1991年，阿联酋设立了高等教育和科学研究部。到2002年，阿联酋建成了一批高等院校和高等技术学院，其中有一定规模的有：阿联酋大学、扎耶德大学、高等技术学院、白亚努大学、沙迦大学、阿治曼大学、沙迦美国大学、迪拜伊斯兰学院、迪拜医学院等。②

目前，阿联酋多数高校均为男女同校。其中，高等技术学院尤为重视女子高等教育。1988年，阿布达比、艾恩分院成立，并且都分别设置了男子、女子学院。接着迪拜和哈伊马角也成立了男子和女子学院。在1997—1998学年，沙迦男子学院和女子学院在沙迦大学成立；富查伊拉女子大学在1999—2000学年成立；富查伊拉男子大学在2004—2005学年成立。2006年后，新学院陆续落地麦迪纳特扎耶德和鲁韦斯。富查伊拉男子学院和哈伊马角男子学院也在2006年扩建成功。2009年，阿布达比女子学院的新校园在哈里发城建成。为促进学院与社会各界沟通联系，并与世界范围内的主要教学机构开展合作，高等技术学院在1995年开办了卓越培训和研究中心。

高等技术学院（简称HCT）是由17所分校组成的学院联盟，截至2012—2013学年，有1.8万多名学生，将近2000名员工，是阿联酋最大

① 参见http：//www.moe.gov.ae/Arabic/Pages/default.aspx。
② 蔡伟良：《阿联酋的教育》，《阿拉伯世界》2005年第1期。

的高等教育机构。该学院在各地的分校都设置了专门的女子学院，女学生占学生总人数的62%。

高等技术学院采取多层次办学模式，以培养应用型人才为主，颇受市场欢迎。各个分校都设置有应用传播、商贸、教育、工程管理、健康科学、计算机与信息科学这几个专业大类。其中，教育学是女子特色专业，只在女子分校开设课程。

根据所学专业和学制的不同，学院分别向学生颁发三种类型的文凭，2年制的为合格文凭，4年制的为高等学历文凭，5年制的为学位证书。该学院立足于培养应用型人才，定位准确，建校仅几年就在本国及海湾地区获得较好声誉，所培养的应用型高级技术人才在阿联酋各行业中，尤其在现代科技、现代工业领域内，发挥着举足轻重的作用。[①]

**表14-1 2012-2013学年高等技术学院在册人数统计表**[②]

| | 阿布达比 | 艾因 | 迪拜 | 富查伊拉 | 麦迪纳特扎耶德 | 哈伊马角 | 鲁韦斯 | 沙迦 | 总计百分比 |
|---|---|---|---|---|---|---|---|---|---|
| 男子学院 | 2446 | 561 | 2160 | 392 | 31 | 427 | 173 | 763 | 38% |
| 女子学院 | 2216 | 1307 | 2469 | 1330 | 198 | 1206 | 220 | 2188 | 62% |

**表14-2 高等技术学院各系男女人数对比表**[③]

| | 基础教育 | 应用传播 | 商贸 | 教育学 | 工程管理 | 健康科学 | 计算机与信息科学 | 总计 |
|---|---|---|---|---|---|---|---|---|
| 男性 | 2,146 | 158 | 1,724 | — | 2,056 | 15 | 756 | 6,855 |
| 女性 | 4,267 | 574 | 3,209 | 637 | 595 | 547 | 1,403 | 11,232 |
| 总计 | 6,413 | 732 | 4,933 | 637 | 2,651 | 562 | 2,159 | 18,087 |

① 蔡伟良：《阿联酋的教育》，《阿拉伯世界》2005年第1期。

② 《高等技术学院资料手册》HCT-fact-book，2012-2013，参见 http://www.hct.ac.ae/colleges/aamc/。

③ 同上。

## 二、发展模式与理念：性别平等、践行未来

1985年，为实现提高生产、民族独立自强的理想，阿联酋大学的校长提出要为阿联酋建立一个大专教育的新体系。高等技术学院在1988年成立，最开始加入的只有四所学院。随着阿联酋经济和教育的发展，高等技术学院的分校也不断增加，目前在八个城市都设有女子学院。高等技术学院致力于为毕业生的未来做准备，培养专业过硬、立足世界的毕业生，并且在女子教育上也相当重视。其中，迪拜女子学院是众多女子分校中的佼佼者。

1. 女子高等教育典范：迪拜女子学院

迪拜女子学院成立于1989年，校训是“践行未来”。它位于迪拜城的巴格达大街，占地面积35万平方米，拥有教职工200多人。迪拜女子学院的目标是通过提供真实的、对口的和整体的学习环境，让学生们能够“践行未来”，为活跃具有联盟化和全球化特色的当地经济培养领军人物。

图14-1　迪拜女子学院校徽

图14-2　高等技术学院迪拜女子分院校园风光

迪拜女子学院学校主任在20年校庆上的发言指出："曾几何时，世界上大多数人从未听说过迪拜，如果他们凑巧来参观过这座城市，也只会发现这是一个有着几十万人口的宁静小城。参观者很少会碰到当地的阿拉伯人，当然也不会看到任何当地的女性工作者。高速发展的经济能够在20年时间让沧海变桑田。当迪拜一跃成为世界的观光之地时，迪拜女子学院也骤然间成为了迪拜的风景，她为当地的年轻女性提供了教育机会，也让她们建立了信心，使她们能够有更大的理想，发现自己新的才能"。

1992年，第一批毕业的15位同学是现在迪拜女子学院将近4000名毕业生的先驱，她们改变了当地关于女性劳动者的规则，提升了阿联酋所有职业男性和职业女性的标准和期望。这些勇敢的毕业生改变了迪拜，她们所引发的社会变革之巨大，远非高楼大厦所能比肩。她们通过自己的努力改变了阿联酋，也改变了世界上其他国家对阿联酋女性的印象和对阿联酋这个国家的看法。

2. 着眼国际立足实践：迪拜女子学院专业设置简介

迪拜女子学院设有五个系：应用传播、商贸、计算机与信息科学、教育、健康科学。各个系的设置均与当地经济和社会需求紧密相关。为实现"践行未来"的目标，迪拜女子学院的专业设置和教学规划都加入了全球化与国际化的相关元素，并且细分专业方向，重视实践学习。

应用传播系是培养媒体和设计行业精英的摇篮。女毕业生们有电视、广播和电影行业的记者、导演、出品人，还有广告部门的创意助理、文案、网站设计师。除此之外，还有的在企业担任公关经理，为企业提供媒体和广告解决方案。学院的培养目标要求学生不仅具备符合行业标准的知识和技能，还要拥有英语和阿拉伯语双语沟通技巧。应用传播系的专业分为设计、媒体两类。设计专业主要培养内容包括为动画设计、服装设计、工业设计、平面设计和室内设计。媒体专业主要方向有企业传播、媒体传播和视频制作。学生入学头两年采取大专业式教学，通过专门设计的介绍性课程，学生们可以探索学科的主要领域。基于这些基础性的知识和技能，学生们在第三年和第四年选择自己的学士学位主修方向。

商贸系的教学则更具自身特色。学生通过案例研究，模拟贸易和真实的商业项目来获取亲身实践的经历，提升技能。为了让学生未来能够适应全球化的贸易市场，口语和书面英语也是非常重要的培训项目。此外重点学习项目还有积极的工作态度、与人合作的能力等经商所需的素质。在毕业之后，学生们将承担起大公司的管理重任，或者作为企业家开始自己的生意。商贸系分为质量与战略管理、会计、金融服务与银行、人力资源管理、跨国商贸管理、旅游和会展管理、物流与后勤、房地产开发和管理八个专业。所有专业都经过了美国大学商学院联盟的认可。

计算机和信息科学系主要教授计算机科学、信息技术和信息系统方面的技能。学生们通过对计算机和信息技术历史的学习和实践，获取相关知识与技能，力求将理论与实践相结合，解决实际应用问题。根据工程与技术认证委员会的评审规定，该系提供三项学士学位，并培养计算机编程、数据库技术、网络和系统分析及设计相关方面的人才。毕业生都将开发一个基于网络的电子学习档案作为毕业作品。这些学习为毕业生从事商业和信息技术部门的技术支持和运营等工作做好准备。学院已经培养了大量的软件工程师，系统架构师，系统分析员，软件测试工程师，编程员，IT项目经理或顾问。

教育系致力于培养能为阿联酋教育的发展做贡献的新一代教师。学院与澳大利亚墨尔本大学建立了长期的合作关系。英语语言学习、儿童发展、教育理论、授课方法以及一系列用以扩展学生视野的补充性课程全部采用英语教授。教育实践是课程的重要组成部分，学生们能在当地学校实践的经历中，了解现实环境中孩子们的学习状况，同时积累教育经验。其对教育实践的重视在阿联酋是独一无二的。教育学院设有幼儿教育、初等教育、教育技术学三个专业。幼儿教育为托儿所、幼儿园和小学培养工作人员，为阿联酋提供优质、专业的幼儿教育。初等教育以英语授课培养教授英语、数学和科学的教学人员。教育技术学力求将技术融入学生学习和教师教学中，毕业生能够熟练运用ITC教学法，可以在公立学校教书或者成为机构的ITC指导员、教育软件开发员。

健康科学是阿联酋发展最热的一门学科。健康科学系致力于培养技能、价值观和态度三方面全面发展的人才。学院采取的教学方式非常多样，有教室学习、实验室实验、项目学习、临床试验和实地考察旅行多种方式。毕业生将成为阿联酋健康部门的重要人员，为全体公民和社会提供高质量的健康服务和卫生护理。健康科学系的学生拥有百分之百的就业率。专业分为医学影像学、紧急医疗服务、药剂学三个。医学影像学教授各医院、健康中心、私立诊所需求的放射诊断相关知识。紧急医疗服务专业对学生进行入院前护理和紧急救助等相关培训。学生与专业医护人员一起参与救护车中心、外伤中心和其他医院应急领域的实战实习。本专业还与美国宾夕法尼亚州的哈里斯堡社区学院建立了合作关系，为学生提供留美学习的机会。药剂学专业则致力于培养理论和实践兼备的优秀药剂师。

3. 立足高远力求全面：迪拜女子学院学生培养

迪拜女子学院践行“培养全面发展的人才”理念，提出“优质教育是国家发展的发动机和燃料”。迪拜女子学院非常重视培养学生们健康的生活方式，尽力提供高科技学习环境，并积极举办国际交流活动。

健康的生活方式

迪拜女子学院非常重视学生良好生活习惯的养成。在阿联酋，肥胖以及糖尿病、地中海贫血、心脏病非常普遍。学校从学生的饮食和运动上着手，遏制这些流行的社会健康问题。饮食是健康生活的重要来源。学校的食堂不提供含有反式脂肪酸的食物。教会学生们在日常生活中识别食物的颜色密码，合理安排自己的膳食。此外，学校倡导运动，迪拜女子学院是该地区第一所将体育教学加入课程表的学校。在设备先进、环境优雅的健身中心，学生可以做各种运动，包括有氧体操、动感单车、个人培训健身、游泳、瑜伽。此外团队协作的运动例如篮球、排球和壁球的场地也非常完善。健身中心不仅设有减肥项目，还有专门为母乳喂养的妈妈们提供的服务。学校还设有呵护学生健康的温泉浴场，为学生提供健康咨询、体检、疾病治疗和护理的健康中心。

图14-3　迪拜女子学院食堂

高科技学习环境

迪拜女子分校拥有先进的教学设备，在教育技术的应用上投入颇多。很多科技巨头公司如IBM、苹果和微软都曾参观学校的高科技教学方案，并给予了一致好评。学校在网络设置上投入了大量资金，已经实现百分百无线覆盖，学生们可以在校园的任何地方便捷地使用网络。

图14-4　迪拜女子学院的学生们在校园里使用笔记本电脑

学院已经将高科技融入到日常教学中，每位学生入学时都需要购买符合学院标准的笔记本电脑或者IPAD。电子设备的使用，让课堂变得更加生动，也让学习及研究更加便利。迪拜女子学院的学术项目都是基于混合式学习的。所谓混合式学习，就是在线学习和面对面教授的统一。混合式学习项目由学校内部的应用学习和多媒体中心设计开发。中心也为教课的各位老师提供帮助，使他们的想法能够转换成契合学生需要的定制电子学习材料。

学院还拥有专门的音频工作室、摄影工作室和编辑室，便于学生编辑影片。索尼，尼康、宾得、苹果等品牌专业设备加上合理的项目参与，能够让在校生学到真技术、获得真本领。应用传播系的学生们有机会在有最新广播技术设备的电视演播厅上课。

学院还设有独具技术特色的博物馆——信息技术博物馆。馆内的陈列包括第一台主机电脑、第一台微型电脑、第一部语言处理系统、第一个鼠标，此外还有纳米技术、绿色科技等领域前瞻性的科研成果。博物馆不仅可以为学生提供新的学习场所，还为他们的作品提供展示的平台。

#### 国际交流项目

为了让学生们拥有全球化的视野，迪拜女子学院提供优秀的学术课程，培养学生终身学习的习惯，还专门设置国际游学等相关课程。国际游学课程由学院老师带队，将国外学术机构和行业机构的参观、各种会议和展览，以及文化旅游胜地的游览融合为一体。学院旨在通过这种短期游学的经历使学生建立自信、开阔视野、增长知识、学会新的思维方式。学生也有机会展示项目成果，结识来自世界各地的同伴，为将来跨国工作打下基础。此外，这种游学的方式也有利于迪拜女子学院声誉的传播和发展新的合作单位。

应用传播系的学生们出席了2008年在墨西哥举办的题为“媒介融合、公共传播和跨文化传播”第二届美洲大会，期间还参加了大众传播、新闻、公共关系、政治传播、摄影、视觉设计等相关专业的工作室和特邀嘉宾演讲。这次旅行学习以探讨阿联酋本国的媒体、传播和艺术事业的发展为主题的讨论会和学生作品展示作为结尾。人力资源管理专业曾于2008年去意大利旅行，为学生们更加深刻地了解欧洲人力资源管理提供了生动的教学案例。学生们参观了在帕维亚小镇的圣卡塔林纳达锡耶纳大学、位于罗马的约翰卡波特大学和天普大学。她们在这些学校发表演讲，探讨阿联酋女性身份和在联盟化过程中阿联酋人力资源管理遭遇的挑战。

图14-5　迪拜女子学院学生在日本交流学习

除了让学生走出国门开阔眼界、求学求知，迪拜女子学院还积极组织国外学生来校参观学习。频繁的国外学生的拜访，为迪拜女子学院的学生们提供了不出国门就能接触不同文化的机会。迪拜商贸学院就曾接待过加州州立理工大学的本科生团队，还有美国路易斯大学商贸学院的学生和管理学院毕业生。美国学生们和迪拜女子学院的学生们就阿联酋的文化、传统和教育等话题进行讨论，并就如何在阿联酋开展贸易交流思想。

## 三、促进女性发展：突破束缚，多领域展现风采

独立后的阿联酋宪法第14条规定："平等与社会公正，确保全体

公民安全和机会均等是阿联酋社会的支柱。”该条款保证了阿联酋妇女与男性同等的地位，并为移风易俗提供了法律支持。阿联酋妇女之前大多从事传统职业，如抚养子女，充当家务劳动者、厨师、保姆，以及临时性农业工人和在家工作的计件工人，但她们劳动的一半都不记入官方劳动统计。随着时代的发展，她们开始从事其他一些职业：医学、法律、工程、媒体、零售业甚至跨国性行业。在阿联酋，受到高等教育的女性已超过男性，她们积极参与社会生产和加入工薪阶层，妇女在阿联酋劳动力总量中所占的比例由1980年的3.4%，上升到1999年的11.4%。走出家门就业的妇女在社会各个层面工作。

1. 妇女走进军营：铿锵玫瑰

在大多数人的印象中，穆斯林妇女总是穿着黑色罩袍，不能驾车，在教育、工作、婚姻和生活方式上更无自主权。事实上，并非所有伊斯兰国家的妇女都处于这样的从属地位，尤其是那些从事特殊职业的妇女。阿联酋的女军人就是突出的例子之一，她们凭着自己的聪明才智在军中扮演着不可替代的角色，并不断地冲破旧日习俗的束缚，成为伊斯兰妇女运动的“星星之火”。

扎耶德总统的夫人希克哈是改变阿联酋妇女传统角色的先驱。在扎伊德总统的帮助下，希克哈废除了许多束缚妇女的旧习。阿联酋于1991年在首都阿布扎比建立了女子军校，并以一位著名女战士的名字克毫拉命名。克毫拉军校是阿联酋宪法所规定的“男女平等”的第一次真实体现。不少阿联酋妇女穿上了军装，在军队这个特殊的舞台上与男人们联袂演出，不断改变着伊斯兰世界对妇女的偏见，并以军队为基地向社会其他领域辐射。从克毫拉军校毕业后，学员们被分配到阿联酋军队的不同岗位上工作。目前阿联酋军中的女军人主要从事通信工程、计算机等行业的工作或当秘书、教员、保镖。军衔最高的女军人是上校，负责管理整个武装部队的医疗。在科索沃战争中，阿联酋女军人曾与男军人一起执行维和任务。

与男人们并肩战斗使阿联酋妇女的社会地位发生了转变，妇女的公开活动正日益被阿联酋社会所接受和重视，这使得阿联酋这个面积狭小但战略位置极其重要的国家自独立以来比海湾地区其他国家发展和变化更快，同时也使其他伊斯兰国家认识到：女人是半边天，离开了女人的参与，社会的发展必然会受到严重的影响。①

2. 阿联酋女警察：戴纱巾的英雄

阿联酋女警一般要在警校经过半年左右的学习和训练，所学课程与男警基本相同。女警从学校毕业后，主要从事交通治安、海关缉私、案件调查、女牢管理、紧急救助等工作。在阿联酋，很多男警不便插手的场合恰好需要女警的出面。

迪拜是阿联酋著名的旅游城市，每年1月25日至2月25日的迪拜购物节，吸引着大批海内外的商贾和游客，很多阿联酋人也举家前往购物。随着购物节规模的扩大，阿联酋专门设立了妇女购物和娱乐日。女警们作为女性的保护伞，为她们快乐购物提供安全保障。阿联酋由7个酋长国组成，每个酋长国的酋长还有庞大的家族，很多家族成员都在政府担任要职。当执政家族的女性出门购物或参加活动时，女警还应担当起保卫任务。随着女性担任警察的人数越来越多，影响力也在不断增加，并逐渐受到男性警员的尊重和支持。②

3. 宗教圈的妇女运动：伊斯兰女阿訇

妇女解放运动唤醒了穆斯林，越来越多的穆斯林妇女走上街头，在媒体上发表言论，向政府申诉，学者们也对伊斯兰历史传统进行研究，多方共同努力恢复伊斯兰男女平等的本来面目。在阿联酋，妇女们逐步在社会活动中现身，上大学，找工作，议政参政，对社会现象发表评论，各种职业和专业妇女层出不穷，享有她们应当的权利。

妇女运动如今的主攻目标是宗教圈，阿联酋妇女要求拥有女阿訇（穆夫提）的合法地位，经过多年的探讨和辩论，女权运动者终于获得了成功。迪拜正式成立了女子伊斯兰学院，培养伊斯兰女学者。初期开办的伊斯兰事务短训班第一批毕业生于2010年走上社会工作岗位，担任伊斯兰女法官、女阿訇（穆夫提）。政府根据国家法律，授予她们同等的权力。总之，迪拜女子伊斯兰事务培训班的目标就是全面提高女穆夫提的地位，使之享有与男性穆夫提同等的权利，在伊斯兰法制（沙

---

① 李希敏：《伊斯兰妇女运动的先锋——阿联酋女军》，《环球军事》2003年第9期。

② 参见http://gb.cri.cn/2201/2004/03/08/461@90302.htm。

里亚）问题和社会问题上能够发言、进行裁决。[①]

4. 蒙面参加选秀：呼吁思想自由的女诗人

"蒙着脸不是因为我害怕什么，而是部族的传统。我知道我的家人们都爱我、支持我，让我出现在电视上，与媒体侃侃而谈，这对他们来说是个巨大的牺牲。我希望我的女儿们不需要蒙住脸，拥有更好的生活。"这是阿联酋著名的女诗人海莎·希拉尔的一番话。她在阿联酋一档广受欢迎的电视诗歌背诵选秀中，蒙着面纱一路过关斩将，最终获得第三名。身着阿拉伯长袍，脸上蒙着黑纱的女诗人海莎·希拉尔是一位有着四个孩子的母亲，她勇敢地站在舞台上背诵自创的诗歌，主题大多是批评宗教裁判制度，主张女性权利，呼吁思想自由。

希拉尔参与的是一档阿联酋阿布扎比举办的选秀节目《百万大奖诗人》。这档节目在阿拉伯国家的火爆程度不亚于《超级女声》在中国观众心目中的地位。参赛选手在舞台上要经历层层海选，经过评委团和观众的短信投票决定是否能够晋级，最终获胜者将得到140万美元的大奖。不过一直以来，这档诗歌选秀节目却不欢迎女性，直到希拉尔的出现。她一路过关斩将，得到裁判和大部分观众的一致认可。评委称赞说："希拉尔诗歌的魅力在于能将抽象的事物具象化。她的诗歌很有力量，每时每刻都在传达着强烈的个人观点，即使是颇具争议的话题也敢涉及。"希拉尔本人也强调，虽然自己的诗歌大多是带有批判性的，但传达的最基本信息却是和平与理解。[②]

## 四、发展综述：寻找发展软肋，立足长远发展

在漫长的人类教育史上，性别偏见是国际性的。[③]但随着近代社会的发展以及妇女解放运动的兴起，不仅那些专为男子开设的大学向女性敞开了大门，世界各国专为女性而设的女子大学也开始蓬勃发展。女子院校不只是争取女性受教育机会的均等，更是在人格塑造上

---

① 参见http://www.moe.gov.ae/Arabic/Pages/default.aspx。

② 参见http://news.xinhuanet.com/2010-04/28/c_1260580.htm。

③ 《女子大学的价值分析与特色发展》，《光明日报》2010年2月3日。

启发女性的自主意识，为整个社会和谐发展创造更好的条件。要达到这一目标，女子高校需要从地区发展软肋入手，寻求特色办校方案。阿联酋的女子高校以高等技术学院为代表，分布在不同地区的女子分院在遵循高等技术学院整体规划的前提下，以服务地区教育、促进区域经济发展为原则，发展特色教学，取得了不错的成就。

女子高等教育的发展具有很大的社会意义。首先，女性接受高等教育的比例不仅反映了一个国家文明和进步的水平，而且能够为女性提供有效可行的教育形式，改变主流教育中忽视女性特殊需要的状况，为女性提供了一个更为宽松的发展环境。

阿拉伯国家原来规定的女子教育宗旨是：女子教育的目的在于依据健全的伊斯兰方式培养她，使之能够完成其作为成功主妇和贤妻良母的作用；并且使她做好参加其他适合于其性格的活动（如教学、护理和医疗）之准备。在这种宗旨的指导下，妇女在理工科方面受教育程度较低，因而造成了女性在管理人员、建筑工人、科学家、飞行员、警察等职业中的比例很低，她们还基本上被排除在信息技术发展之外。高等技术学院的八个女子分院很好地弥补了阿联酋女子理科教育的空缺。学院采用高科技的教学设备，并着力于学生的技术培养。迪拜女子学院的交互网络专业的学生们参与了一项"集成网络项目"，师生合作从零开始设计了一款公司网络架构，并在实验室中进行了应用。

女子大学还有利于提升女性自尊心，体现女性的主体地位。另外，女子大学作为女性知识共同体来支持女性，能培养女性的"协作"、"团结"意识，使之充分发挥自己的优势，重新评估传统价值。女子大学能够进一步的发展对女性身份认同的影响，能够进一步影响区域经济的整体发展。

由于阿联酋第二大城市迪拜商机无限、法制健全，注册公司政策灵活，手续简便，所以很多阿联酋女企业家也相中了这块风水宝地。自20世纪90年代以来，到迪拜投资办企业、开公司的阿联酋和其他海湾地区的女性越来越多。到目前为止，在迪拜创业成功的女企业家已经超过200人。阿联酋女性创办的企业和公司总投资额已达124亿阿联酋迪尔汗（约270亿人民币），涉及的行业包括进出口贸易、金融、房地产、加工业、旅游、维修、租赁、宾馆、承包和建筑等。为了更好地发展事业，女企业家们不断提高自身的从业和管理能力，并提议建立女企业家网站，主动获取商业信息，寻找支持者和合伙人。但由于阿拉伯国家的传统，有些领域她们仍然难以涉足，比如需要抛头露面的广告业。而且，女子从业，尤其是从商，在传统的海湾国家面临的阻力仍然很大。不少父母反对女儿经商，女性经商中遇到困难时也经常遭到旁人嘲讽，因此，经商的女性压力很大，付出的代价也远比男性要高。高等技术学院在商贸专业投入了很大的财力与物力。在专业设置上，商贸系的划分最为细致并力争与国际接轨，毕业生具备商贸方面的专业技能。女子学院中的商贸系为阿联酋女性投身商业提供了坚强的支撑。在女子高校和政府的支持下，阿联酋新一代的女性商界精英已经开始崛起，她们要求更大的个人自由，接受更大的挑战。

阿联酋女子高等教育的发展离不开校长以及各级学校管理人员的规划与管理，但最重要的还是政府的支持。阿联酋总统扎耶德对妇女事业非常重视，提倡和鼓励妇女参与社会发展，并呼吁在阿拉伯习俗与传统范围内，为妇女敞开一切就业机会。他说："妇女是半边天，是家庭的女主人。国家在进行自我建设时，不应该让妇女依然处于无知的黑暗中，戴着被压迫的桎梏……我们支持妇女反抗一切欺压。"扎耶德总统的夫人在妇女事业上身体力行，创建了阿联酋第一个妇女组织，成立了妇女联合会并亲自担任主席。

阿联酋女子高等教育的发展，为阿联酋女性突破性别偏见、实现自身价值提供了广阔的平台。在以前，对绝大多数阿拉伯妇女，特别是海湾地区妇女而言，生活无非就是相夫教子，持家守道，连出门着装也是千篇一律的黑袍、黑头巾和黑面纱。可如今的阿联酋，许多妇女的生活发生了很大的变化，她们走出家门，逐渐享有更高的教育与工作地位，就业人数增加，就业领域扩大，在各个层次上参与就业和晋升，争取生活水平的提高和政治影响的扩大。尽管如此，阿联酋妇女在就业领域内仍有喜有忧。女性在劳动力市场中依然处于弱势地位，由性别不同而造成的职业隔离是劳动力市场中最重要、最持久的现象之一，它直接影响到女性的经济收入和社会地位。有理由相信，有了女子高等院校的人才培养，政府对女子教育的重视及对女性职业发展的支持，在不久的将来，阿联酋妇女一定会在社会各个阶层担负起更多、更大的责任，为阿联酋国家的发展做出自己的贡献，这朵海湾地区的孔雀草将会更加绚丽绽放。

# 第十五章 肯尼亚女子大学教育：东非大地上的“十字架”

在肯尼亚这块古老而又神奇的土地上，很久之前就已有人类活动的轨迹。然而西方长期的殖民统治并没有给肯尼亚带来社会经济的良性发展。民族独立后的肯尼亚积极地发展经济、文化、教育。其中，柯瑞瑞女子科技大学的建立成为东非大地上女性高等教育一朵盛开的奇葩。柯瑞瑞女子科技大学作为东非第一所女子大学，柯瑞瑞女子科技大学积极推动女性在科学技术等方面的发展，为女性在男性统治的理工科领域争取部分话语权。

## 一、背景与历史概述：后起之国，挑战与机会并存

### 1. 肯尼亚历史发展：东非大地上迅速崛起的“十字架”国家

肯尼亚是人类发祥地之一，境内曾出土过约为250万年前的人类头盖骨化石。公元7世纪，东南沿海地区就已经出现一些商业城市，阿拉伯人开始到此经商或定居。15世纪末、16世纪初，葡萄牙人凭借发达的航海装备开始侵占沿海地区。1890年，英国将肯尼亚列为其“东非保护地”，之后进而宣布肯尼亚为其直辖殖民地。1948年，肯尼亚爆发了著名的反殖民武装起义——茅茅运动。1963年12月12日，肯尼亚宣布独立。1964年12月12日，肯尼亚共和国宣告成立，但仍留在英联

邦内。

这个饱经殖民统治与战争的国家位于非洲东部，赤道横贯国土中部，东非大裂谷纵贯南北，因此肯尼亚素有“东非十字架”之称。这个巨大的“十字架”国家以高原为主，东南临印度洋，有宽约200公里的平原地带，位于东非大裂谷之中的图尔卡纳湖、维多利亚湖蕴藏着丰富的物种资源。

图15-1　肯尼亚方位图

图15-2　肯尼亚首都内罗毕

如今，48个部族的居民生活在肯尼亚，其中基库尤族是全国最大的部族，占全国人口的25%。斯瓦希里语为国语，与英语同为官方语言。正如它的十字地形一样，肯尼亚人民的宗教信仰比例较高，60%以上的居民信仰基督教，其余信仰伊斯兰教、原始宗教、印度教。

相比周围国家，肯尼亚是东非工业化较高的国家，有良好的基础设施和交通。旅游业在肯尼亚经济中也占有重大比例，GDP的近六成来自旅游业。虽然历经了近百年的殖民奴役，但是肯尼亚正在通过自己的努力，结合本国的地域特色和优势资源，走上一条欣欣向荣的发展之路。

2. 肯尼亚教育发展：高等教育任重道远

肯尼亚教育起步较晚，但政府十分重视发展教育事业。据非洲教育发展协会在突尼斯举办的教育会议上公布的最新数据显示，2011年肯尼亚的教育经费为1800亿肯尼亚先令（1美元约合80肯尼亚先令），其中1500亿用于发展基础教育，300亿用于发展高等教育，教育经费支出占肯政府财政经常性支出的30%。肯尼亚自2003年免除小学学费以来，全国小学生数量已增加近200万人，辍学率也有所下降。据统计，肯尼亚国民平均入学就读年数近年来已延长了4年，全国范围内适龄儿童入学率2010年达到100%，国民识字率在整个非洲也是首屈一指。2008年，肯尼亚政府斥资4200万美元推出免费中等教育新政，成为继乌干达之后撒哈拉以南非洲第二个实行免费中等教育的国家。相关经费占政府支出的20%左右。①

现阶段肯尼亚更注重基础教育的发展，对高等教育的投资较少，这与肯尼亚教育发展起步晚有直接的关系。由于长期受到英国的殖民统治，高水平的教育得不到重视。从殖民时期到现今，肯尼亚的高等教育仍是最薄弱、最受忽视的环节。1956年才拥有第一所国立大学——内罗毕大学。发展至今，著名的高等学府还有莫伊大学、肯雅塔大学、埃格顿大学、肯雅塔农业技术大学和马塞诺大学。另有30个职业培训学校，3所技校和18所私立大学。公立高校入学人数从1980－1981学年的8751人增加至2003－2004学年的45286人。②私立高校在2004－2005

① 刘丽平、任凯强：《肯尼亚高等教育发展及面临的困境》，《现代教育科学》2012年第4期。

② 刘丽平、任凯强：《肯尼亚高等教育发展及面临的困境》，《现代教育科学》2012年第4期。

年招生10050人，占全国高校总招生人数的18.2%。[①]尽管能基本满足肯尼亚学生对高等教育的需求，但高校的发展仍有很大的空间。

此外，殖民时期的多数肯尼亚人在国外获得学位。截止到2001年，肯尼亚也已经有10余万人留学海外。肯尼亚是一个强调国际交流的国家。值得一提的是，肯尼亚也与中国建立了良好的教育合作项目，肯尼亚内罗毕大学孔子学院等的建立与发展，翻开了两国教育交流与合作的重要篇章。

3. 肯尼亚女性教育发展：教育性别不平等难补女性教育鸿沟

由于性别不平等观念的长期存在以及文化传统对女性的偏见定义，肯尼亚女性教育一直处于低水平状态。高等教育本来就不十分发达，女性高等教育的发展就显得更加捉襟见肘。

究其原因，父权制、种族制以及殖民主义等综合因素使得肯尼亚女性长期处于较低位置，被定义为男性的附属品。殖民时期的肯尼亚女性更是经历了相当严重的社会、经济和政治的不平等。当时，英国殖民者广泛传播“女性专心于家务”的观念，导致女性的教育参与率低，大部分女性在十几岁左右就已嫁为人妇。

殖民时期的大学实行严格的性别隔离制度，女生很少有接受高等教育的机会。直到1945年马克里尔学院才招收了第一名女性学生。后来，随着人们对高等教育需求的增长和入学政策的宽松，女生的大学入学人数才有所上升，但总体上仍旧处于人数极少的状况。肯尼亚1963年独立时，肯尼亚籍女大学生人数总共才28名，不足当时肯尼亚籍在校大学生总数的15%。[②]

独立后，政府开始重视教育的发展，肯尼亚女子高等教育也取得了一定的发展，女大学生的数量和比例持续增加，具体情况参见表15-1。从表中我们可以看出，尽管性别差异有所减少，但是女性教育程度仍然远远落后于男性教育。显然，女性基础教育发展的薄弱是影响女性高等教育发展的一个重要因素。

---

① 万秀兰：《肯尼亚高等教育研究》，中国社会科学出版社2009年版，第53、240页。

② Daniel N.Sifuna. “A Review of Majior obstacles to Women's Participation in Higher Education in Kenya” .Research in Post—Compulsory Education 85-105.2006.

探求这一窘况的背景，具体来说，其一是社会因素，导致女性在基础教育阶段辍学率较高。其二是中学和高校对女性的课程设置不均衡，导致女性多选择与教育、艺术相关的专业，在理科类相关的专业上无法获得与男性同等的教育机会，影响女性学生的入学率。在肯尼亚，2007 年主修数学和科学的所有学生中，只有12%是女性。

**表15-1　肯尼亚大学教育中的学生人数和性别比例**

| 年份 | 男生 | 女生 | 学生总数 | 女生百分比 |
|---|---|---|---|---|
| 1976 | 4440 | 1204 | 5644 | 21% |
| 1980 | 6123 | 2309 | 8432 | 27% |
| 1990 | 28443 | 11280 | 39723 | 28% |
| 1998 | 30228 | 13268 | 43496 | 31% |
| 2002* | 51099 | 29862 | 80961 | 37% |
| 2004* | 57990 | 33551 | 91541 | 37% |

注：*包括部分非全日制学位课程的学生[①]

除了与男性教育存在巨大差别外，目前肯尼亚女性高等教育的发展还存在几大局限。一是如前所述，女性在大学不同专业中的分布率差别较大，她们大多集中在法律、艺术、教育等文科专业，而在理科、工科、农业、医学等理科专业，其比例则严重不足。[②]二是公立大学与私立大学的入学差异。由于公、私立大学在教育宗旨、培养目标、校园环境等方面存在一定的差异，特别是私立大学教育费用低廉，入学要求（尤其是对理科课程的KCSE考试成绩要求）较低，所以肯尼亚女大学生在私立大学中的比例超过50%，而在公立大学中仅有30%—35%，这一局限性对肯尼亚女性的职业选择和就业有较大的影响。[③]此外，女性学生所处的学习环境较差、具有性骚扰的隐患以及与男性学习成

① 资料来源：Ministry of Education, Science and Technology.Cited by Economic Survey 2005, Prepared by Central Bureau of Statistics, Ministry of Planning and National Development.Republic of Kenya.p.51.

② 万秀兰、余小玲：《肯尼亚女子高等教育发展：问题及对策》，《比较教育研究》2009年第5期。

③ acqueline Agesa, Richard U.Agesa. "Gender differences in Public and Private University Enrollment in Keyna：What do they mask ？" The Reviw of black political economy summe49.2002.

绩的差距等都影响到女性教育的发展。[①]

## 二、柯瑞瑞女子科技大学发展模式与理念：培养科技领域的高级知识女性

### 1. 建校历史

位于肯尼亚首都内罗毕的柯瑞瑞女子科技大学（Kiriri Women's University of Science and Technology）是一所非宗教性的私立大学，简称KWUST。同时，它也是非洲东部和南部23个国家中的第一所女性大学。“柯瑞瑞”在当地语言中是“摇篮”的意思，它暗示着该校把培养女性知识分子作为培养国家未来栋梁之材的美好愿景，尤其是在科学和技术领域。

图15-3　柯瑞瑞女子科技大学校徽

该校前身是由一名黑人建筑师于1992年创办的私立女子学院。经过十年的发展和壮大，2002年5月15日，由肯尼亚政府通过高等教育委员会的临时权力机构（LIA）发布的一份信函宣布其成立，于是该学院正式成为一所女子大学。KWUST成立之初由三所学院构成，分别为商业和管理学院、计算机与信息技术学院、科学学院（数学、物理、生物科学、环境科学、化学）。

### 2. 发展现状

（1）学校概况

柯瑞瑞女子科技大学目前有108名在校学生，第一批学生已于2006年顺利毕业。学校主要有两个校区，主校区位于内罗毕市锡卡区高速公路出口的Githurai Kimbo，占地50英亩，环境十分优雅安静；另

① 万秀兰、余小玲：《肯尼亚女子高等教育发展：问题及对策》，《比较教育研究》2009年第5期。

外一个校园坐落在内罗毕市中心的华兰区。其他的校园还包括即将修建于内罗毕市伊斯特利区的校区，以及位于沿海城市蒙巴萨的蒙巴萨校园。

图15-4 柯瑞瑞女子科技大学校长在第二届毕业典礼发表演讲①

学校的设施都已按照高校规定的标准来配备，目前有足够的资源来实现它的使命和愿景。具体来说，该校在两大主要校区拥有不同规格的教室10间，计算机实验室也配备了联网电脑，这些电脑都符合媒体运行的标准，能通过光纤同时连接校园网和外网，外界也可以通过网络了解学校的信息。

此外，学生也可以通过数字图书馆浏览电子图书和电子期刊，其中包含来自425个领先的致力于教育和研究的出版商的图书和期刊，总计超过1.7万本。

柯瑞瑞女子科技大学注重学生住宿环境的建设。住宿区有热水，24小时保证安全，并有医护保证和娱乐设施，学生能够通过无线网络访问互联网。目前，KWUST旨在扩大其住宿能力并计划在未来三年内落实到位，修建可容纳240名学生的6栋宿舍楼。此外，内罗毕市锡卡校区正在修建行政楼。而且每天25辆校园巴士可以满足工作人员和学生的交通需求，同时还可保证学术交流和校区参观游览。

① 参见http://www.kwust.ac.ke/oldsite/site_files/graduation1.html。

图15-5 柯瑞瑞女子科技大学实验室

图15-6 柯瑞瑞女子科技大学图书馆

（2）办学宗旨

据相关调查显示，在肯尼亚的大学生中，只有12%的女生学习数学和科学专业。而柯瑞瑞女子科技大学是一所专注于培养科学技术专业学生的学校，其办学宗旨是为肯尼亚女性在科学和技术领域获得高等教育提供机会。对选择柯瑞瑞女子科技大学的女生而言，通过该校的学习和培养，能获得更多的机会进入由男人统治的数学和科学界领域。

为实现这一宗旨，该校将核心任务定为通过科学的方法，培养和训练学生对知识和真理的追求，并使之学以致用，使毕业生具备作为领导者以及胜任科技型企业工作的能力。学校对自我发展的定位是要成为科学技术领域的一个卓越的学术中心，并帮助学生个人得到充分而全面的发展，使其成为社会中具有责任担当的成员。

（3）学科构成

柯瑞瑞女子科技大学实施三个学期制，分别在一月、五月、九月开学。在课程的设置上，按人群层次来分，学校主要将其分为四类：学位课程、文凭课程、衔接课程和大学预科。此外，按学院的特色来分，还有一些即将在各学院开展的课程（如表15-2）。

**表15-2 KWUST即将开展的新课程**

<table>
<tr><td>计算机与信息的技术学院：<br>·理学学士信息系统<br>·计算机编程文凭<br>·多媒体系统文凭<br>·信息系统文凭</td><td colspan="2">教育学院：<br>·教育学士（科学选项）<br>·教育学士（人文艺术选项）<br>·学位教师教育文凭</td></tr>
<tr><td>法学院：<br>·法学学士（LLB）<br>·法律文凭</td><td colspan="2">理学院：<br>·本科护理学<br>·护理文凭</td></tr>
<tr><td>商业和管理学院：<br>·工商管理文凭<br>·采购和供应管理文凭<br>·创业文凭<br>·财务学文凭</td><td><br>·人力资源管理文凭<br>·小额信贷文凭<br>·风险管理与保险学文凭<br>·投资组合管理文凭</td><td><br>·销售和市场营销文凭<br>·国际商业管理文凭<br>·银行文凭</td></tr>
</table>

学位课程主要针对本科生教育，提供工商管理、计算机科学以及数学科学三个专业的学士学位；文凭课程在工商管理、投资管理和信息科技方面提供相关培训课程。此外，该校还提供关于英语、物理和数学的衔接课程和大学预科课程，使那些尚未得到良好教育的中学生在正式开始大学教育前，能弥补基础知识的差距以便更好地适应大学学习。柯瑞瑞女子科技大学也十分重视学术交流，为学生和教师提供良好的交流合作平台，使其能在专业领域里丰富学识，扩大眼界，增强学习和科研能力。

图15-7 柯瑞瑞女子科技大学与外国学生在交流

（4）教学特色

柯瑞瑞女子科技大学提出，开创可持续发展和创造人类赖以生存的环境，科学和技术是利用资源不可或缺的工具，因此在道义上，人们有责任对环境进行创造性地改善。

柯瑞瑞女子科技大学的教育哲学是在基督教原则的基础上，通过科学的探究来发展人类的资源，即通过良好的概念化教育、科学和技术方案，使每个人都可以理所当然地体验和掌握实现这一哲理的工具。

学校特别注重培养学生的职业素养与实践能力

学校创建的产品研究和发展中心，致力于创建一个拟态的环境，让学生们能获得充分的职场锻炼，学会处理科学和技术领域的各种问题。正如该校校长妮杰瑞·吉克妮尤（Njeri Gikonyo）所言，“我们甚至会给她们安排特殊的研讨会，让她们学习如何处理工作事务、如何在工作中变得优秀。通过重重的考验，她们将学会怎么应对性别歧视。等到毕业时，她们将变得非常独立和优秀，同时也让她们在工作领域里获得一定的认可。”

学校注重女性教育及女性地位的提升

该校的一大特色是只面向女性学生，这不但有利于女性教育的发展，更有助于调整肯尼亚大学中男女比例失衡的状况。在肯尼亚的一般大学中，某些专业允许分数低于分数线1%的女生入学，以此鼓励更多女生进入公立大学；教育部也在管理学校的教科书编写上禁止作品中出现性别刻板印象；教育部还致力于与其他部门联合努力减少可能阻碍女孩上学的障碍，为获得中学录取资格的女生提供学费资助。经过十年的努力，肯尼亚私立大学的女生数量开始大于男生。在这个层面上，私立大学在解决高等教育性别、入学平等方面是值得称赞的。

但与此同时，从公立大学和私立大学的总体招生人数上看，男生依然占上风，女生仍处于不利地位。私立大学少，而且相对于公立大学，它的招生人数更是有限。虽然私立大学正在尝试消除性别教育的不平等，但由于他们的总体招生人数（占两类大学总招生人数的20%）太少而不能达到明显效果。私立大学往往因为缺少良好的基础设施，大部分只能提供文科方向的科目，因而减少了这些大学的毕业生从事良好工作的机会。从这一方面来看，注重科技教学的柯瑞瑞女子科技大学可谓独辟蹊径，这种只招收女生的大学，在东非实属首例。

但和其他非洲国家一样，由于传统观念影响，肯尼亚的女性从小被教导其角色是贤妻良母。再加上国家整体经济落后，很多家庭把接受教育的机会给了家里的男孩。虽然近年来已有45%以上的女孩接受了中学教育，但是，正如柯瑞瑞女子科技大学校长吉克妮尤所言，让更多的肯尼亚女性接受良好教育，特别是要使女性在社会工作中受到认可，还有一段很长的路要走。现实中仍有很多领域在限制女性的发展。

柯瑞瑞女子科技大学一直在努力把自己打造成一所以科技教育为特色的女子大学，希望能在男性占统治地位的领域为女性创造可以进入的多种可能和机会。而且官员和学生也都认为，在一个纯女性的环境里，更有利于女学生们增强自尊心和提高自我表达能力，为今后步入社会做更好的准备。教育者认为，在男女混合型的大学里，女学生往往容易感到男学生的挑战，她们容易放弃自我展现的机会，回避问题，消极对待学校活动，因此更倾向于保持沉默。但在女子大学里，相对宽松的环境有利于女学生们展现领导才能、表达个人观点。

## 三、女性教育发展的策略、困境和启示

### 1. 女性教育方面已实施的改进策略

当然，除了像柯瑞瑞女子科技大学这样致力于改善女子高等教育的专门学校之外，其他学校或机构也开始为推动女性高等教育的发展付诸行动和努力。

图15-8 柯瑞瑞女子科技大学毕业典礼

在非洲大学协会（AAU）的号召下，肯尼亚三所公立大学先后建立了性别研究中心。另外有三所大学也推行了与性别相关的行动计划。例如内罗毕大学提供的研究生文凭中有了“性别和发展研究”（Gender and Development Studies）专业方向。这些中心提供性别研究的文凭课程，向女生提供咨询和建议。[①]

虽然没有法规要求大学执行“平权行动”（affirmative action），但肯尼亚的公立大学采取了临时措施来增加女性接受大学教育的机会。联合招生委员会（the Joint Admission Board，JAB）是监督各公立大学招生的组织。1992年它依据全国大学入学考试总成绩，自行决定为女生的大学录取分数线降低一分。这一措施增加了女生上大学的数量，使该年大学新生中女生从前一年的2547人（占总数的25.6%）上升到2771人（占总数的27.7%）。不过“平权行动”只限于扩大女生入学。[②]

此外，不少大学还采取一些措施，如开设专门课程，促进女生更多地学习科学、数学、信息技术和工程等传统的男生学科。例如，乔莫·肯雅塔农业和技术大学就推行了“非洲女子数学和科学教育”（FEMSA）计划、“非洲妇女科学和工程”（the African Women in Science and Engineering）计划等；而肯雅塔大学有一个为期三年的计划，由福特基金会资助，旨在促进更多的女生学习科学、数学和信息技术领域等的知识和技能。该项目包括：组织职业生涯问题研讨会，邀请男、女科学家讲述科学领域中的职业生涯，把女生纳入研究组织，向她们展示在科学领域中的职业可能性等。[③]

2. 女性的职业发展：综合性问题需多管齐下

在肯尼亚，除各高校在女性教育方面做出努力之外，政府、管理机构也参与其中。在联合国发起的“妇女第一个十年”（1975−1985）活

---

① 万秀兰、余小玲：《肯尼亚女子高等教育发展：问题及对策》，《比较教育研究》2009年第5期。

② Fatuma Chege, Daniel N.Sifuna. “ Girl's and Women's Education in Keyna” .Gender Perspectives and Trends 91, 86, 90. 2006.

③ Onsongo, J. “Gender Inequalities in Universities in Kenya.” In Eunice Smith.Gender Inequalities in Kenya.UNESCO40~45.2006.

动中，肯尼亚的学者就开始关注妇女的就业问题。肯尼亚政府也开始认为提供平等的教育机会不失为解决社会中性别不平等的一剂良药。此外，1985 年在肯尼亚首都内罗毕召开的“第三次世界妇女大会”也着实促进了肯尼亚性别研究和政策规划。这次大会在人权和民主教育框架下高度重视影响肯尼亚妇女地位的根本问题，也从本质上提高了人们的认识。①

显然，拉动女性教育的发展有多重动力，但最为基本的是女性的社会地位，而这又牵涉到女性职业的选择。面对职业的选择，肯尼亚政府认为教育才是救命稻草。但是面临肯尼亚女性就业的现实情况，教育要如何做才能发挥应有的效能呢？

例如在大学教师中，无论在大学层面还是在院系层面，地位较高的女性管理人员比例都很少。1995年，内罗毕大学教师中女教师只有18%，肯雅塔大学为28.8%；女教师主要集中在教育和环境教育院系。内罗毕大学工程类院系中女教师只占2.3%，在建筑设计和开发类院系中占9.7%，兽医类院系中占12.1%。此外，有证据表明，女教师和管理人员在职务任命和晋升方面往往遇到歧视性的政策标准。她们常常深陷敌视性的工作环境，面临潜在的遭遇性骚扰和传统的性别角色要求的压力。②师资力量的不均衡会严重影响高校的办学质量，也不利于对女性的教育。如此看来，教育和就业环环相扣、互相牵绊。

图15-9 柯瑞瑞女子科技大学毕业照

① 金楠、万秀兰：《肯尼亚女子基础教育的历史与现状》，《外国教育研究》2009年第3期。

② Onsongo, J. “Gender Inequalities in Universities in Kenya.” In Eunice Smith.Gender Inequalities in Kenya.UNESCO36～37. 2006.

尽管柯瑞瑞女子科技大学在女性教育方面加大了职业技能的培训和实践，但是也只能治标不治本，职业上的性别不平等非一朝一夕所能改变。正如上文所说，职业地位的不平等与父权制度、历史文化传统息息相关。一切积极的举动在面对社会的根本性问题时都显得有些苍白无力，杯水车薪。所以肯尼亚需要在各方面积极地改善女性的地位，促进教育的发展。而教育不仅要注重职业与技能的培训，也需加强基础教育。在转变社会对女性及其求职观念的转变这一方面，政府也许可以在其他领域提供更多的机会，多管齐下才是改善女性参与社会发展的综合策略。

3. 促进女性教育的启示

父权制、种族制以及殖民主义的综合因素不仅对肯尼亚女性地位造成重大影响，同时也不利于女性教育的发展。归根结底，如今女性教育要取得进展，就应当与整个社会的发展相联系，方能获得理想的效果。

（1）完善法律规章制度

自1963年肯尼亚独立后，肯尼亚国家宪法第一次禁止不同社会群体之间的歧视，但是没有从性别的角度关注社会中的不平等现象，也没有提到性别平等和妇女问题。直至1976年，政府才在文化和社会服务部中成立了妇女局，在教育部设立了妇女教育管理机构。

其中妇女局下设统计处理、法律事务、应用技术、信息和交流、非政府组织、手工艺、小规模企业、农业和园艺开发等部门。该局的职责范围后来扩大到从政策上规划和协调政府各部和非政府组织中的妇女活动，还负责收集和分析性别问题的数据和信息，协调、监控和评价妇女项目。这些工作都有助于人们了解妇女在国家发展中的实际地位和潜力，动员妇女参与社会经济活动，在资助和执行旨在改善妇女状况的项目中联络政府、非政府组织和国际机构。①

尽管目前已存在专门管理女性活动的机构，但是肯尼亚女性教育并未得到法律的庇护。就教育中影响女性教育发展的性别不平等问

① Fatuma Chege, Daniel N.Sifuna. “Girl's and Women's Education in Keyna” .Gender Perspectives and Trends11.2006.

题，肯尼亚也缺乏相关的政策，教育平等一时难以实现，这对女性教育来说也是一大阻力。另外，一些大学的负责人并未把性别平等视为一个紧迫问题，大学的结构、组织和实践仍然由男性支配，对性别差异置之不理的政策、性别歧视的政策仍然存在。[①]此外，大学是否坚持性别公平政策，政府都很难监控，因为肯尼亚的大学享有学术自由。

（2）改善公共卫生条件

之所以要改善公共卫生条件，是因为面对较为恶劣的生活环境，女性要比男性面临更大的挑战。而性别不平等又会促使多数女生选择较为便宜但设施比较简陋的私立大学。进入大学后，女生也会比男生要遭遇更多的困难，如卫生设施差、安全保卫措施不充分、性骚扰等。此外，学费和生活费不足使得一些女大学生被迫卖淫或与男子发生不正当关系。这些关系容易使她们感染艾滋病。[②]

据统计，肯尼亚1984年发现第一例艾滋病患者，到2000年肯尼亚有19万人感染艾滋病，其中包括10万儿童，且这一数字呈上升趋势。由于肯尼亚14%的人口感染率，因而大学受到了艾滋病的严重影响。据统计，大学人员平均的感染率达到10–20%。如内罗毕大学每年因艾滋病而死亡的教学、非教学人员及学生有100人左右。艾滋病对大学教育的负面影响不一而足。例如，人力资本的损失；学科领军人物的流失；特殊人群的增多，教职员工作量的增加；由于患病或死亡，教师工作时间的减少；科研、学术减弱；歧视、鄙视、猜疑充斥校园，学生辍学甚至自杀；社会学校医疗费用增加等。[③]可见，面对这些严峻的问题，改善公共卫生条件已是刻不容缓。

（3）注重基础教育发展

肯尼亚女性基础教育薄弱，对女性高等教育产生了重大影响，这与女性教育起步晚紧密相连。此外，也与发展进程中对女生教育的课程设置相关。大多女性被迫选择文科专业，被排除在教育的边缘，这

---

① 万秀兰、余小玲：《肯尼亚女子高等教育发展：问题及对策》，《比较教育研究》2009年第5期。

② 同上。

③ 刘丽平、任凯强：《肯尼亚高等教育发展及面临的困境》，《现代教育科学》2012年第4期。

是一种教育不平等的表现。因此，柯瑞瑞女子科技大学在科技教学方面的改革值得肯定。

此外，肯尼亚女生早孕、早婚、早育导致她们的高中辍学率较高。在有些农村地区，女生12岁就可以结婚。有研究显示，肯尼亚大学生中有40.3%的人认为怀孕是女生大学入学率低的主要原因。①据1986年的一项调查显示，女生每从低一级的教育阶段上升到高一级的教育阶段，她们在整个入学人数中的比例都将下降10%左右。例如，女生占小学生总数的比例是49%，占中学生总数的比例是41%，而占大学生总数的比例仅为30%。②尽管肯尼亚政府很关注基础教育，但是在女性的基础教育方面还需加大力度。

（4）提倡经济文化改革

教育发展离不开经济的繁荣昌盛。俗话说“教育是百业之基”，教育的进步必然带来经济的发展。目前，肯尼亚的经济正处于上升趋势。但是相较于经济，文化的发展难以在短时间内见到成效。同样，教育也不可一蹴而就。

在女性教育方面，肯尼亚存在先天不足的情况。由于文化的影响，女性受教育向来不是肯尼亚的传统。如今，为人们普遍接受的观念是女子受教育后对家庭、对孩子的教育都有益处。然而在肯尼亚正好相反，男性在选择伴侣时不愿意选择高学历的女性，认为她们不会料理家务，也不懂人情世故，这当然是一种受到传统文化影响的偏见。传统的文化观念认为女性应该“相夫教子”，参

图15-10　柯瑞瑞女子科技大学学生在图书馆

① Nungu, Joseph Musembi. “Affirmative Action and the Quest for Equity in University Education : the case of Kenya （1974–1994）” .M.ED.Dissertation of Kenyatta University, 1997.30.

② Hughes.R., Mwiria, K. “Kenyan Women, Higher Education and the Labour Market” .Comparative Education180.VOL.25, No.(1989).

与教育是对教育资源的浪费，这也导致家长只重视男孩子的教育，而把女孩子当做家里的劳动力。薄弱的女性教育基础，男女社会分工的不均，必然影响社会的进步和发展。

## 四、发展综述：亡羊补牢 为时不晚

### 1. 肯尼亚女性教育面临的机会与挑战

目前来说，肯尼亚还称不上女性教育领域的强国，但是它积极进取的姿态仍然值得肯定。从该国女性教育发展的现状来观察，可以总结两点机会与挑战。

第一，由于历史文化的传统以及殖民侵略的影响，限制了肯尼亚对女性教育的重视与投入。高等教育层面的女性教育不能脱离基础教育的发展。教育具有可持续而又层次分明的特点，基础教育的脱节或断层势必影响高等教育的人才储备。但是现在肯尼亚已经意识到基础教育的重要性，正在大力投资基础教育。但同时也需注意教育的公平，这是肯尼亚发展女性教育的挑战之所在。如何在教育的过程中合理设置课程，对女性学生开展可持续性的教育，是亟待解决的关键议题。

第二，从柯瑞瑞女子科技大学的发展模式可以看出，肯尼亚已经注意到女性教育的不足——理工科方面女性势力较弱，并在积极地进行改善，尤其注重在科学技术方面推动女性教育的发展。这样的举措也为女性的职业发展开辟了新的领域，女性不再局限于教师、护士等领域。对症下药是值得肯定的一种祛除病症的方法，但是容易导致治标不治本。若从全局的观念出发，肯尼亚的女性教育还面临着基础薄弱、后劲不足、综合实力不强的缺陷。若要综合发展，更需要多方（政府、学校、企业等）实施广泛撒网，多点开花的策略，促进女性教育的全面发展。

### 2. 肯尼亚女性教育的发展与促进性别平等

东非天主教大学（肯尼亚的一所私立大学）学者恩桑果 （Janeon song）曾提出建议，要正式将性别问题纳入国家发展的综合考虑，即高等学校要将性别研究中心或研究所纳入大学正式的计划和活动之中。[①]由此可以看出，女子学校的发展有助于性别问题的研究。对肯尼亚来说，男女不平等的问题由来已久，随着时代的发展，这个问题日益突出，需要不断加以改善，而促进女性教育是对这一问题的有效回应。

对肯尼亚来说，女性教育的发展不但有利于促进对性别歧视等问题的研究和成果的发表，也有利于改变女性职业的选择，提升妇女的地位，增加职场中女性管理者和决策者的数量，为女性争得话语权。其中，最重要的是促进观念的改变。破除将女性禁锢于家的传统观念，让女性获得更多的自由与权益。这对整个社会的均衡发展都有裨益。

肯尼亚的教育底子薄，女性接受教育不足有其深刻的社会和历史根源。经历了多年的殖民主义的侵略与传统文化的影响，肯尼亚女性教育错失了很多机会。但正如中国古老的成语所说：亡羊补牢，为时不晚。我们乐观地看到，肯尼亚政府正在寻求积极的改善措施。如今，发展中的肯尼亚在克服政治与经济发展挑战的同时，政府及民间在对待教育问题上持有积极态度，我们也见证了柯瑞瑞女子科技大学等为肯尼亚女性高等教育发展所付的努力。

① 万秀兰、余小玲：《肯尼亚女子高等教育发展：问题及对策》，《比较教育研究》2009年第5期。

# 第十六章　苏丹女子大学教育：非洲女子教育的先驱

苏丹女子大学教育是非洲女子高等教育的先驱。苏丹女子大学教育经历了漫长而曲折的发展过程，在非洲这片古老而原始的土地上绽放出一朵灿烂的花朵。苏丹的女子教育既深受伊斯兰文化的影响，又传承了英国殖民统治时期英国教育的体制，无论是从其发端，还是发展规模上，在非洲国家和伊斯兰国家中都可谓独树一帜。尽管女校创办至今，一直存有各种争议，但无法否认的是，女子学院的创立和实践改变了整个苏丹高等教育的结构，并且作出了严肃对待妇女接受高等教育的历史贡献。本章试从苏丹女性的社会地位、女子教育的历史和伊斯兰文化对女子教育的影响等方面，进一步分析女子教育的内容、形式和教育平等权，以及政府对女子教育的投入，探寻苏丹女子教育的变化轨迹和历史意义。

## 一、背景与历史概述：深受伊斯兰文化影响的苏丹教育与苏丹女性

### 1. 苏丹概况

苏丹共和国位于非洲东北部，红海西岸，北邻埃及，西接利比亚、

乍得、中非，南连南苏丹，东通埃塞俄比亚、厄立特里亚，面积188万平方公里，是非洲面积第三大国（曾是非洲面积第一大国，2011年7月9日，苏丹南部独立，成立南苏丹共和国，南苏丹国土面积619745平方公里，由此苏丹土地面积由原非洲第一位退居第三位）。人口3420万。阿拉伯语为官方语言，使用者占总人口的60%，通用语言为英语。居民大多信奉伊斯兰教，属逊尼派。

在这片非洲大陆尼罗河沿岸广袤的土地上，早在4000年前就有原始部落居住。公元前2800年至公元前1000年为古埃及的一部分。公元前750年努比亚人在苏丹建立了库施王国。早在公元前后，有一部分阿拉伯人从埃塞俄比亚进入努比亚，建立殖民点。阿拉伯人征服埃及以后，在8世纪中叶曾侵入努比亚，直到13世纪才最终征服努比亚全境。

从此，阿拉伯文化和伊斯兰教在努比亚广为流行；伊斯兰教逐渐排斥了基督教。努比亚日益盛行伊斯兰化和阿拉伯化。19世纪70年代开始，英国向苏丹扩张。1881年，苏丹宗教领袖穆罕默德·艾哈迈德领导人民开展反英斗争，于1885年建立了马赫迪（即“救世主”）王国。1899年苏丹成为英国和埃及的共管国。1953年建立起自治政府。

1956年1月1日苏丹宣布独立，成立共和国。1969年5月25日，尼迈里军事政变上台，改国名为苏丹民主共和国。1985年4月6日，达哈卜军事政变上台，改国名为苏丹共和国。1986年4月苏丹举行大选，萨迪克·马赫迪出任总理。1989年6月30日，巴希尔军事政变上台，成立“救国革命指挥委员会”（简称“革指会”）。1993年10月，革指会解散，巴希尔改任总统，并在1996年3月和2000年12月的总统大选中连任。

2. *伊斯兰文化的深远影响*

长期的历史积淀，给苏丹社会凝结成浓厚的阿拉伯伊斯兰文化。现在的苏丹人很大一部分带有阿拉伯人的血统，他们是早期阿拉伯人和伊斯兰教传入苏丹前当地的土著黑人的后裔，大多数为虔诚的穆斯林，伊斯兰教指导着苏丹人生活的方方面面。这样，苏丹女性的社会地位和发展状况也如其他阿拉伯国家一样，享受伊斯兰教赋予她们的同男人同等的社会权利，包括与男人同等的人格、同等的宗教义务、同等的婚姻自主权、同等的政治权利和受教育权利等。

正如《古兰经》中所提到的，真主安拉倡导男人要尊重女人，赋予男人和女人在政治、婚姻等领域中享有平等的权利。然而在现实生活中，在大多数人眼中，阿拉伯民族中男女的社会地位却表现得很不平等，男人对女人的统治地位及女人对男人的依赖程度都是世界上其他民族难以想象的。

尽管在伊斯兰教义中有许多明文规定和阐述，要提倡关注并改善妇女的社会处境，要赋予女人更多的社会权利，但在穆罕默德和四大哈里发时期之后的阿拉伯帝国时期，随着农耕社会的发展和对外领土的急剧扩张，昔日伊斯兰教带给妇女的那部分主权以及平等和自由的观念逐渐丧失；再加上后来的穆斯林领袖们过分拘泥于宗教形式，“不思进取”，致使《古兰经》关于改善阿拉伯妇女社会处境的论述和规定也不同程度地被忽视，或者被任意曲解，妇女应享有的各项社会权利也就此付之东流。

后来的女权运动从一定程度上提升了妇女的社会地位，但也形成了新时代阿拉伯地区女性地位的复杂性。一方面，一部分人追求女权运动，追求女性解放，在政治、经济、文化、教育等社会各个领域要求并实现了与男人同等的地位与权利；另一方面，很大一部分人依旧遵循传统，认为男女有别，社会分工有别，女应主内操持家务，抚养下一代，男主外挣钱养家糊口。尤其是在一些关键的职位上，如国家元首、军队指挥等需要做出关系国家民族命运抉择的职位，必须由男人担当，认为这是由男女的生理和心理特征所决定的（由于女性在经期、孕期、哺乳期、更年期情绪上的波动，所以不宜担当此类职位）。但无论前者还是后者都强调妇女在社会中的半边天地位，都强调女性在社会中举足轻重、无可替代的地位和所应得到的承认和尊敬。

而现实中的阿拉伯伊斯兰地区的女性社会地位在不同地区也有很大的差异。在马格里布以及沙姆等受西方文化影响较大的地区，前者的观点得到普遍的认同和广泛的推广实践，而在海湾地区和苏丹较传统的地区，保守的观念仍占主流，当然，这一地区的青年一代越来越倾向于接受女性主义的价值观。

3. 发展中的苏丹高等教育

在苏丹，教育是免费的。6至13岁儿童接受义务教育。小学教育8年，中学教育3年。1988年6月，教育部决定取消中等和高等教育免费的规定，小学仍为免费教育。各地区教育发展很不平衡，北方教育发展较快。苏丹全国人口的64%为文盲，25%的学龄儿童不能入学。

苏丹的高等教育起源于上个世纪初。喀土穆大学建于1902年，是苏丹最早建立的高等学府。恩图曼伊斯兰大学建于1912年。学校都集中在城市地区，南部和西部因许多年的内战已被损坏或破坏。到1991年初，巴希尔总统实行教育改革，颁布法令，大学生人数增加一倍，阿拉伯语取代英语作为大学的教学语言。

苏丹的高等教育水平在整个非洲处于前列。另外苏丹的大学有着声誉好、生活费用低的优势，所以许多外国的学子选择到苏丹完成自己的高等教育。

苏丹高等教育的历史可以追溯到英国殖民时期的喀土穆大学，1902年喀土穆大学前身的建立标志着苏丹高等教育的开端。它的发展可以看作是苏丹高等教育发展的缩影。

1902年11月8日，戈登纪念学院建立，这便是现今喀土穆大学的前身。起初，戈登学院专门致力于精英教育，1924年和1926年，医学校和法学校相继建立，1928年又有两个学校相继建立，分别为农业学校和兽医学校。这几个学校组成了初创时期的喀土穆大学。当时的喀土穆大学已具备大学教学条件，并为当时的苏丹社会培养了一大批优秀的专业技术人才和管理人才。喀土穆大学不断发展壮大，所辖学院不断扩充：于1939年建立了科学工程学院，1940年建立文学院；1945年初，除医学院外所有学校并入到被称为喀土穆大学学院的学院中；1951年医学院也并入喀土穆大学学院；1964年，高等师范学院并入喀土穆大学变为了现在的教育学院；1991年公共医疗和公共环境学院并入喀土穆大学；1994年护理学校并入喀土穆大学；1996年临床医疗科学系并入喀土穆大学。

近年来，喀土穆大学又相继建立了一些学院和研究中心，其中包括经济研究中心，如阿卜杜拉阿拉伯语研究中心，控制学和公共管理学研究中心，外交学研究中心，防沙漠化研究中心，畜牧产品升级研究中心，慢性病医学研究中心等。

喀土穆大学文学院设有中文系，培养了一大批活跃在中苏合作各条战线上的工作者，为中苏友谊的发展做出了不可磨灭的贡献。如今的喀土穆大学已经发展成为一个集自然科学和社会科学于一身的综合性教学研究型大学，是苏丹高等教育发展的一面旗帜。

## 二、发展模式与理念：阿法海德女子大学

### 1. 苏丹高等教育发展的缩影

谈到苏丹女子高等教育，我们不得不提到了不起的巴比克尔·巴德里（Babiker Badri），正是他在近代史上创造性的工作，开启了现代苏丹妇女教育的序幕。

巴比克尔·巴德里（1856—1954）生活于英国殖民统治时期，19世纪20年代初，苏丹沦为埃及的属地。70年代，英国殖民势力侵入埃及，并由此向苏丹渗透。1873年埃及国王伊斯梅尔帕夏任命英国殖民者C.G.戈登为苏丹总督。为统治苏丹和蚕食中非地区，戈登网罗一批欧洲探险者、退役军人充当助手。他们横征暴敛，同时以武力镇压人民的反抗斗争，以致苏丹经济凋敝，人民相继逃离。

1879年6月，英国胁迫奥斯曼帝国皇帝废黜伊斯梅尔帕夏，戈登也被迫去职，此后埃及在苏丹的统治机构陷于瘫痪。著名的苏丹人民反帝反殖民的马赫迪起义正是在这种形势下发生的。马赫迪起义经过4年的武装斗争，起义军占领了苏丹的绝大部分土地，攻下喀土穆，击毙了苏丹总督英国人戈登。之后，以马赫迪为元首，建立起新的马赫迪派国家——马赫迪王国，设首都于恩图曼。在马赫迪之下，任命三大哈里发（继承人之意）。三大哈里发各拥有标志不同的军队，而以哈里发阿卜杜拉权力最大。此外，还设有金库总管及大法官各一名，负责财政及司法事务。为促进经济繁荣，在苏丹历史上第一次发行货币。

1885年6月22日，马赫迪突然逝世。临去世前，他指定哈里发阿卜杜拉作为继承人。阿卜杜拉统治时期（1885～1899），对内粉碎哈里发

沙里夫的夺权阴谋，清除政敌在各地的残余势力，集军政大权于一身；对外则坚决抵御外敌入侵。在国家连年战争、饥荒时疫频繁的情况下，捍卫民族独立达13年之久。

1896年，使用新式武器的英国殖民军再次向苏丹发动进攻。在1896年9月的栋古拉战役和1898年9月的喀土穆战役中，起义者战败。1898的9月，基奇纳将军（General Kitchener）在恩图曼（Omdurman）歼灭了哈里发·阿卜杜拉·阿尔-塔·艾萨（Khalifa Abdulla al-Ta'aisha）的军队。

哈里发的灭亡最终结束了使这个国家精力枯竭、经济困窘的南北内战。英国和埃及于1899年1月共同采取行动，来恢复对这个庞大国家的控制。英国在英埃"共管"中占主导地位，在苏丹北部建立了一个新的行政管理系统，这个系统很快就获得了与印度行政参事会（Indian Civil Service）同样的威望。

巴比克尔·巴德里是1898年9月喀土穆战役的幸存者。他是一个虔诚的穆斯林，有着令人尊敬的丰富的《古兰经》知识，但同时他认为女子应接受教育，这在当时被看作是激进的思想，这也许与他自己有着13个女儿有关。

巴比克尔·巴德里于1904年、1906年和1907年数次向英国殖民政府教育长官提出开办女校的许可和资金申请，使他11个正当学龄的女儿和侄女能接受教育。1907年，他在自己的家乡的泥屋里创办了他的女子学校，当时的学生只有他的女儿和邻居家的8个女孩。巴比克尔·巴德里高兴地发现，新到任的英国助理教育长官约翰·克劳福特颇具同情心。当时，克劳福特的任务是视察全国的学校。他视察了喀土穆的戈登学院（Gordon College）等精英学校，也到访了地方社区领袖建立的乡间小学。视察的重要结果之一是，克劳福特参与发起了苏丹的女童教育运动。这位新任助理长官答应给巴德里一笔巨款来办学。但教育长官詹姆斯·柯里对巴德里说，要是他想开办女校，就得自己去筹钱。巴德里这样做了，学校办起来不到一年，就得到了政府的关注。巴德里家和克劳福特家也因此成为了终生的朋友。

巴德里家族就这样投身于苏丹的私人教育。巴比克尔·巴德里的儿子优素福·巴德里继承了他父亲的事业并发扬光大，1966年，他在恩图曼建立了阿法海德女子学院，并将校址选在喀土穆尼罗河沿岸的恩图曼镇，这也是当年他父亲作为一名年轻士兵参加保卫喀土穆最后那场残酷决战的地方。阿海法德女子学院起初只有包括优素福在内的3名教师和23名学生起，如今已发展成一个有登记学生5000余人的现代化综合型大学，从原初的泥瓦房为教舍的男童学校旧址，发展为一个连接毗邻地区的现代化校园。

1995年，鉴于阿海法德女子学院的课程和学生规模，苏丹全国高等教育委员会授予它全日制本科大学的合法办学身份。阿海法德女子大学成为了苏丹最古老和最大的私立大学，也是非洲别具特色的私立女子大学。

1954年巴比克尔·巴德里去世时，由于他及其家族开创性的工作，他被人们公认为苏丹教育的先驱而受到广泛崇敬，被人们尊称为谢赫·巴比克尔（谢赫是阿拉伯语的音译，是对有威望长者的尊称）。他的儿子优素福·巴德里教授也被认为是苏丹女性教育的先驱，他于1995年去世，而他的儿子贾西姆·巴德里教授继承了家族事业，带领阿法海德女子大学继续前行。

在阿拉伯语中，阿海法德的意思是“我们的孙辈”，巴比克尔最初建立女子学校时巧妙地选择了这个名字，意在使女子教育不断发展，使子子孙孙代代受益。巴比克尔的初衷到如今已然成为现实。

2. 阿法海德女子大学

阿法海德女子大学（Afhad University for Women）是一所非营利性的私人女子大学，位于苏丹的恩图曼。在1966年创建之初，该校只有“家庭科学”（Family Sciences）一个系，有3名教师以及23个学生。经过45年的发展，如今的阿法海德女子大学可颁发学士和硕士文凭，在册本科生近5千人，研究生超过250人，它也成为非洲历史最悠久、最具规模的女子大学。

图16-1 阿法海德女子大学校徽

在学科建设上，该大学下设健康科学学院、心理学和学前教育学院、管理学学院、农村教育发展学院、药学院、制药学学院，人类营养学和性别与发展学也作为大学的培训计划面向全社会招生。

图16-2　阿法海德女子大学校园建筑

阿法海德女子大学的办学目标是帮助女性为承担家庭和社会责任做好准备。为实现这一目标，学校传承"阿法海德经验"，向学生提供学术课程、在职培训、个人发展计划以及社区推广活动等教育。这些办学构想，起源于该校创始人谢赫·巴比克尔（Sheik Babiker）。他冲破了传统伊斯兰宗教思想，认识到女性受教育的重要性，并认为女性在营养学、健康学、幼儿保育、社区发展等方面具有一定的优势。第二任校长，优素福·巴德里（Yusuf Badri）教授传承并发展了巴比克尔的教育思想，强调为苏丹女性提供高等教育的紧迫性与必要性。因为受到宗教和政治因素的影响，苏丹的主流社会认为给女子提供高等教育是一种激进的行为，因此，实现这一想法并不容易。为冲破这些世俗观念，巴德里与该校师生携手并进，为使该校成为世界一流女子高校不懈努力，积极创造一个去政治性的环境，倡导培养女性领导才能。

此外，阿法海德女子大学所提供的社区外延计划是该校办学特色的另一亮点。该计划针对学校所有三年级学生，要求学生必须参与农村发展计划，到农村体验生活，设计并参与针对农村妇女的教育，意在培养农村妇女成为社区改革的推动者。与此同时，阿法海德女子大学还为农村妇女提供3-9个月的短期培训。具有潜力的农村妇女在该校接受领导力培训课程，培训结束后颁发证书。

作为一所私立大学，阿法海德女子大学对学费管理采取了更为灵活的制度。来自不同家庭背景的学生，缴纳的学费有所不同，贫困家庭的学生缴纳的学费会有所降低，同时，该校还为家庭里的第一个大学生提供优惠的入学条件；此外，学校还积极采取措施，吸引来自苏丹西部、南部和东部贫困地区的学生，目前，有20%来自这些地区的学生从该校的“学费免费计划”中受益。

目前，阿法海德女子大学的学生来自苏丹各地区以及周边邻国，学生可就读六个主要学院所开设的专业课程。此外，该校还开设了人类营养学和性别与发展等研究生专业。阿法海德女子大学重视学术研究，该校一批专业机构或联盟对学术研究予以大力支持，如阿法海德家庭健康中心、科学和技术中心、计算机科学联盟、早前儿童发展中心以及智力发展联盟等。

学校尤其鼓励教师开展有关女性与家庭的课题研究，于1984年创办的校刊《妇女与改变》，为相关研究提供发表与交流的平台，值得一提的是，该校刊因其悠久的历史以及专业性，受到越来越多的关注。

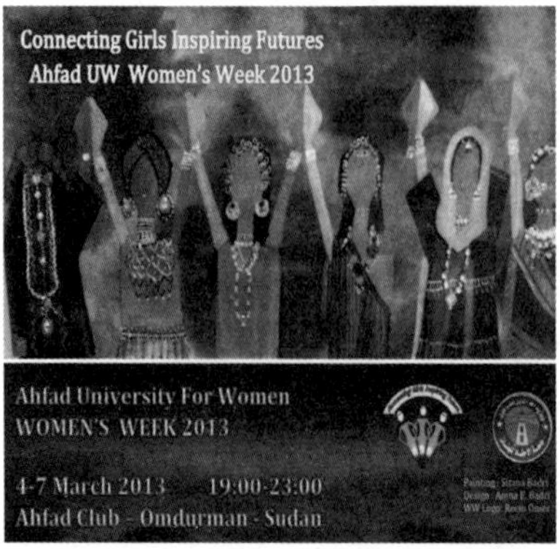


图16-3 阿法海德女子大学2013妇女周活动海报

图16-4 阿法海德女子大学2013妇女周活动海报

此外，部分学生按培养计划须独立完成一个研究项目，才可以达到毕业的要求。这些研究计划，一是促使学生对某些问题的相关细节作更为深入的思考，以掌握学术研究的分析技能和批判性思维；其次，通过这些研究计划，能使师生获得新的信息和知识，为解决苏丹妇女问题提供更多切实的帮助。

在国际交流方面，阿法海德女子大学也做得有声有色。该校已与欧美多所大学建立了学术合作关系，如开罗美国大学、英国曼彻斯特大学、美国衣阿华州立大学、德国柏林洪堡大学等。阿法海德师生以交换生的身份进入这些大学，参与研究及项目合作。此外，该校还举办国际会议，在世界范围内讨论妇女面临的种种问题。同时，该校也是非洲大学协会、阿拉伯大学协会及国际大学协会的积极分子。

图16-6　阿法海德女子大学学生参加2013卡塔尔举办的27所大学学生辩论赛

图16-5　阿法海德女子大学2013年毕业典礼

## 三、苏丹女性教育发展综述

除阿海法德女子大学之外，苏丹全国几乎所有的公立大学均招收女生，苏丹女性的发展，尤其是在受教育领域的发展有超过男性的趋势。据苏丹妇女总联盟的一份研究报告显示，近年来苏丹在高等教育阶段女生的数量已超过男生，而在成绩上，女生也普遍优于男生。苏丹妇女总联盟秘书长拉加·哈桑·哈里发（Raja Hassan Khalifa）在一次

BBC举办的苏丹女子教育研讨会上指出：苏丹大学教育阶段女学生的比例占到学生总数的60%；除此之外，女学生的成绩合格率为80%，而男学生的成绩合格率仅为40%，这在一些实践性较强的学科，如医学院中，尤为明显。

针对这一现象，苏丹前教育部长、现在的青年体育文化部长穆罕默德·艾布·载义德·穆斯塔法将其归结为，苏丹的大学女生有更多的空闲时间，她们不会像大学男生一样被与学习无关的其他事情所吸引。

然而，在苏丹的中学和基础教育阶段，女生的比例则比男生相差不少。伊斯兰教科文组织发布的最新数据显示：苏丹女生在基础教育和中学阶段的入学率只有50%，而男生的入学率则有57%。联合国儿童基金发布的报告显示：苏丹妇女的文盲率达到了50%，而男性的文盲率则只有31%。鉴此，苏丹政府教育部在最新的官方报告中制定了一个计划，把现阶段工作的主要目标定为将苏丹女童的受教育率提升到55%。

苏丹教育部主管女性教育的司长法德尔解释说，经济、社会和文化因素阻碍了苏丹女子教育的发展，尤其是在苏丹东部的三个省，文化因素成为了阻碍女童受教育的障碍。在很多苏丹家庭里面，男孩子认为他们的姐妹成年之后去学校读书是一种耻辱，所以他们会劝阻家人不让家里的女性去读书。

穆罕默德·艾布·载义德·穆斯塔法部长则认为，苏丹女子教育所面临的最大挑战和障碍不在于文化而在于贫穷。为此，苏丹政府在国际组织的援助下制定了一项计划，鼓励每个家庭将女孩送去学校读书。此外，苏丹妇女总联盟还设立了奖项来奖励女生上学率最高的州县。穆斯塔法部长认为这项计划是成功的，苏丹男女之间受教育的差距正在逐步缩小。

事实上，在苏丹社会长期的历史传统和文化氛围中，男主外女主内的思想长期以来影响着苏丹社会的主流意识，女性在社会中的角色一直都是操持家务，抚养后代，这也就造成了苏丹的大男子主义文化颇为盛行，女性教育发展缓慢成为一项复杂的社会问题。

但是经过近现代一代又一代富有远见及开放思想的人士们的努力，苏丹社会女性教育程度已进入历史最好时期，在很多方面甚至超过男性。而苏丹社会也掀起了关于改变传统文化主流意识对苏丹女性社会作用的广泛讨论。苏丹妇女运动的目标之一就是改变苏丹主流文化对女性社会角色的定义，褪去传统文化对苏丹妇女社会地位的影响，形成关于女性社会作用的新文化及新思潮。显然，实现这一目标的现实手段就是女性教育。在此社会运动的影响下，苏丹女子教育的前景令人期待。

事实上，苏丹女子教育有着美好的未来。一方面，阿海法德女子大学作为女子教育的先驱在其一百多年的发展中始终不断发展壮大，历史实践证明它的存在是有着深刻的社会需求及民意支撑。1993年，苏丹教育部进行了一项关于苏丹女性教育的研究调查，其重要结论是，早在20世纪30年代苏丹民间蕴藏着对女性教育的强烈诉求，同时，阿海法德女子大学有着悠久的历史和独一无二的适合女性的办学特色和特色学科，在苏丹和非洲都享有很高的声誉，阿海法德女子大学在文化经济等各个方面有着可持续性发展的有利条件和基础，它将继续成为苏丹女性教育的中坚力量和榜样。

另一方面，是苏丹女性对学业的坚持。她们深信，只有接受教育才是改善她们个人境遇的最有效手段和途径。这一观念已成为苏丹多数女性的共识。

值得关注的是，非洲高校教育模式几乎毫无例外地沿袭英法殖民国的教育传统。它们都非常重视学术的卓越性与独立性，保持与国家和社会的距离。这种模式又与本土社会与政府形了一种爱恨交加的关系。这样的大学会因对国家本土发展关注的缺失而受到批评。在这样的质疑与批评声中，非洲的高等学校也在逐渐调转方向，积极参与国家及本土发展。

不容忽视的是高等教育在非洲社区发展中所应肩负的直接责任。农村发展是非洲发展问题中的关键及挑战，非洲大部分人口居住在农村，而这些地区的发展被长期忽视。农业地区的转变应引起社会的足够重视，以此才能带来落后地区生产力的提高，贫困人口生活的改善，以及对公共活动的参与。

## 四、结　语

苏丹女子学校的出现、发展及所受争议，不仅仅是女性受教育形式变化这样一个简单的问题，更重要的是，它折射出所在社会的性别观念，也可以说是一种思想文化观念。对女性受教育的必要性和重要性的认识，直接影响着她们接受教育的形式、内容和制度安排。

苏丹女子教育的发展，不但使受伊斯兰文化影响的女子重新获得了受教育的权利，也确保她们可以参与到国家的建设和管理中去，从根本上改变女性的社会角色和职业身份。尽管其中历经曲折，也面临着许多挑战和困惑，但苏丹女子教育的成果有目共睹，未来发展空间广阔。

# 第十七章　津巴布韦女子大学教育：办成年女性教育，让玫瑰铿锵绽放

津巴布韦自1980年独立之后，开始高度重视国家教育的发展，并把公民接受教育作为最基本的人权之一，始终将教育的发展视为民族发展的关键因素。经过30多年社会各界人士的大力支持与共同努力，该国逐渐形成运用新思想与现代科学培育高等教育人才的理念，并成为津巴布韦谋求发展的根本战略任务。

这其中，女子大学的创办与发展对经济贫穷，观念落后的津巴布韦而言，产生了深远的影响。女子大学的发展不仅提高了津巴布韦本国女性接受高等教育的机会，更是推动了全非洲妇女社会地位的提升，并促使女性走出家庭从而在更为广泛的领域展示才华，做出贡献。可以说，面临文化落后、经济贫困、资源匮乏、人才稀缺等多重因素的影响，津巴布韦女子高等教育的发展仍然能够成为整个非洲的典范，值得全世界教育界同仁学习与尊敬。

## 一、背景与历史概述：殖民史与贫穷守旧制约着高等教育的发展

### 1. 认识非洲与津巴布韦高等教育

非洲全称阿非利加洲，意为阳光灼热的地方。在这个世界上唯一的热带大陆上，6亿多人口生活在55个国家与地区，其中占全州面积1/3的沙漠自然条件恶劣。非洲人民长期处在比较原始的耕作与生活方式

中。生产力普遍低下，人民生活水平提高缓慢，严重阻碍非洲大多数国家经济的发展。

图17-1　津巴布韦地图

尽管非洲经济社会发展落后，但自然资源丰富，劳动力充裕，使得非洲从15世纪就开始遭到葡萄牙、西班牙、英国、法国等欧洲国家的侵略与掠夺。在饱受几百年的殖民之苦后，非洲各国直到上个世纪50年代末才开始陆续走上独立之路。此后，严重滞后的教育事业也逐渐受到非洲各国政府的重视。经过半个多世纪的数次教育改革，如今非洲的各级教育都取得了较为显著的进步。

在非洲的各级教育改革中，高等教育的成绩最为显著。在国家独立初期高等教育几乎空白的基础上，各国逐渐建立起本国的高等教育体系，并将“一个国家一所大学”（one country one university）作为国家独立的象征，多数国家的教育政策和资金投入向高等教育倾斜。在独立初期的60年代，当时39个非洲国家仅有2.1万名大学生，入学率仅为0.2%。经过不断努力，到1983年，非洲各国的在校大学生达到43.7万人，入学率达1.4%。在撒哈拉以南的非洲地区，1970年的大学生人数为10万，而1991年则增至100万。①

实际上，非洲各国的高等教育需求一直都在增长。从2000年高等教育与社会特别工作统计的数据来看，非洲的高等院校接近300所，接受高等教育的学生超过340万，在高校工作的教师超过15万人。据估计，进入21世纪以来，非洲大陆高校学生约有400–500万。在所有的非洲国家中，埃及是非洲入学人数最多的国家，其次是尼日利亚。②而独立初期的津巴布韦继承了英国殖民教育体系的传统，重视对教育的大力支持，使得津巴布韦高等教育曾一度走在非洲其他各国前面。但随着津巴布韦国内政治经济恶化，津巴布韦高等教育也受到严重影响。直接表现为高素质人才流失，国民素质下降。这种情况反过来又极大地限制了经济的发展。随着近几年国家经济形势好转，对高等教育质量保障的讨论又逐渐回归主流，成为津巴布韦各界人士关注的焦点。政府也加大对高等教育的投资，决心重建津巴布韦高等教育体系。经过不懈努力，津巴布韦高等院校的数量与办学质量在非洲各国中名列前茅。13所高等学校中，以津巴布韦大学为代表的综合性大学共有3所。这所始建于1953年的大学不但是津巴布韦国内最著名的大学，也是英国剑桥大学的分院，由穆加贝总统兼任校长。③

成效显著的高等教育背后是以低收费的中小学普及教育作为该国教育事业发展的助推器。早在2002年，津巴布韦的成人识字率就已高达97%。目前，津巴布韦共有小学4734所，中学1570所，成为非洲国家中国民受教育程度最高的国家之一。但津巴布韦的国民教育整体情况同绝大多数贫穷的非洲国家一样，始终受到多重复杂因素的阻碍而不能正常发展。隶属其中的女性受教育状况更是令人担忧。

---

① 非洲教育概况编写组编：《非洲教育概况》，中国旅游出版社1997年版。

② 同上。

③ Michael Tonderai Kariwo. “Widening Access in Higher Education in Zimbabwe”. Higher Education Policy45–59.2007.

2. 制约女性接受教育的因素

对一个国家而言，女子接受教育是经济增长与人才培养的重要推动力。在非洲，妇女在家庭及社会生活中扮演着多重角色，因此，女子教育具有举足轻重的意义。然而，当女性接受教育作为一项基本权利早已在其他大洲得到广泛普及时，非洲的情况却并不乐观。性别差异在非洲各国各级教育中普遍存在，贫困自然是首要障碍，除此之外，文化、社会标准与性别角色类型等复杂因素间的相互作用也必然影响非洲女性教育的发展。

图 17-2 津巴布韦农村妇女与儿童

对大多数贫困的非洲国家来说，让家里的女孩接受教育的成本比男孩更高。因为，送女孩上学，意味着父母除了要支付与男孩一样的学费、交通费、校服费及其他学习所需材料费之外，家庭还失去了一个主要劳动者，母亲失去了得力的生活助手。以赞比亚为例，女性比男性承担更多的劳动，女孩直接参与生产性劳动的时间是男孩的四倍，要是算上非直接生产性的劳动时间则会更多。[①]这样，在经济能力有限的情况下，大多数父母会首先考虑让家里的男孩接受教育。在 20 世纪

① Eileen Kane, "Girls' Education in Africa: What do We Know about Strategies that Work." The World Bank, 2004.66-67.

90 年代中期的一个关于加纳、赞比亚和肯尼亚的性别教育差异调查中，58%的受访者会选择让女儿辍学，而只有27%的受访者会选择让儿子退学。① 因此，女孩入学晚、缺课率与辍学率高等现象与家庭观念及经济因素密切相关。

当女孩进入学校接受教育后，课程内容的设置却仍然着重强调女性在家庭生活上的角色，甚至隐含女性智力不如男性的偏见。在具体教学中，如女孩在中高等教育阶段，会被强制分流去学习所谓的更具女性特征的课程，比如手工、护理学、家政学等。在教学大纲、课程、教师以及教学方法等多方面都暗含不同程度性别偏见的情况下，女学生的学习态度难免不受到负面影响。

此外，非洲学校里存在各种形式的性暴力与性骚扰，而家长对这种现象的担忧，也成为阻碍女性入学的无声障碍。从1990年到1997年间，在津巴布韦 246 起被报道的中学教师伤害学生的事件中，性暴力与性骚扰所引起的伤害事件为212起，在所有校园伤害性事件中比重高达86%。②

此外，大多数学校距离农村较远，父母对年幼女儿就学安全的考虑也会影响女孩的入学率。

然而，在诸多制约女性接受教育的因素中，影响最深刻也是最难改变的则是社会文化因素。在非洲，传统观念认为生育与照顾家庭是女性的天职。女性从幼年时就受到这种社会文化的影响，她们在青春期前主要是协助母亲或女性亲属完成家务及社会劳动，青春期后，女孩便转向妻子、母亲或经济产品与服务的生产者等成人角色，因此，她们中的大多数在小学阶段就不得不面临辍学的威胁。非洲这种对女性的态度或许可以追溯到非洲本土文化和殖民经历中延续下来的 “父权制双重遗产”，认为对女性教育的投资是 “洒到另一个男人花园里的水”，所有的收益都流向另一个家庭。所以女性往往难以从其父亲那

---

① Eileen Kane, Girls' Education in Africa：Whatdo We Know about Strategies that Work.The World Bank，2004.66－67.

② Judith Shabaya and Kwadwo Konadu－Agyemang. “Unequal Access，Unequal Participation：Some Spatial and So－cio－economic Dimensions of the Gender Gap in Education in Africa with Special Reference to Ghana、Zimbabwe and Kenya”. Compare34（4）：415.2004.

里获得支持，从而丧失本已匮乏的教育机会。

3. 女性接受高等教育的情况

在非洲，女性教育匮乏的情况一直没有得到各国政府与国际救援机构的足够重视。然而，在1985年，一场以促进妇女发展为主题的运动，给提高非洲女性地位与受教育的机会提供了契机。这场运动发端于内罗毕召开的第三届世界妇女大会。这次大会与由此发起的这一运动，都极大地唤起了国际社会的性别意识以及对女性群体的关注。时隔五年后的《世界全民教育宣言》就明确提出，要确保女童与妇女的入学机会，改善其教育质量，消除阻碍她们积极参与的一切障碍，摈弃教育中任何有关性别的陈规陋习。21世纪初，《达喀尔行动纲领》与《千年发展目标》更是为实现教育性别平等限定了时间。在过去的近30年中，一系列的政治承诺推动非洲各国加深对性别的讨论以及促使国际援助机构援助政策的回归，非洲女子教育也正是在这样的历史背景下逐渐发展起来的。

1985年的世界全民教育大会之后，女性教育不足的现象在非洲得到了特别关注，同时随着性别主流化（gender mainstreaming）的倡导，女性教育获得了快速发展。以更为贫困的撒哈拉以南非洲地区为例，初、中、高等教育的女性毛入学率在1960年分别为25%、1%与0.1%，而到了2006年，这组数据更新为89%、28%与4%。[①]与此同时，留级率也有所下降，女教师的队伍也不断壮大，层次不断提高。1999年，撒哈拉以南非洲国家女子初等教育留级率为17.7%，2006年下降为13.3%。1990年，该地区初等教育阶段女教师比例为31.9%，2000年增加到39.5%，2006年进一步提高到45%。在中等教育阶段，女教师人数从1999年的87.2万增加到2006年的123.8万，其比例分别为31%和30%。从事高等教育的女教师则从1999年的11.6万增加到2006年的 15.3万，分别占到师资总数的29%和28%。[②]相较而言，北非的阿拉伯国家在扩大

① UNESCO.EFA Global Monitoring Report 2009, Overcoming Inequality: Why Gover-nance Matters.2008.307-338, 307-338, 292, 275, 355-363, 274, 291.

② 李建忠：《战后非洲教育研究》，江西教育出版社1996年版。

女子教育机会以及实现教育机会平等方面所取得的进步更为显著。例如，2006年，阿尔及利亚、埃及、毛里塔尼亚、摩洛哥、突尼斯等5国初等教育女子毛入学率均超过 97%，并且几乎都实现了性别均等。①

在客观层面上，独立后的非洲女子教育在发展上取得了很大的进步。但由于文化、经济、民族、地理位置等诸多因素的综合影响，非洲女性教育的发展水平仍存在差异，特别是在撒哈拉以南非洲地区，教育水平滞后现象尤为突出。此外，教育层次越高，女性教育所处的不利地位就越明显。截至2006年，在53个非洲国家和地区中，实现初等教育性别均等的只有18个国家，其高等教育的现状更不容乐观。

## 二、非洲女子大学的发展模式与理念：为成年女性提供再教育的契机

面对非洲女子教育落后的现状，非洲也不乏致力于改善女性地位与教育现状的先驱者与实践者，他们通过创办女子大学，打破文化、传统、经济等多方壁垒，在承受着各方压力的同时，坚持向女性提供特色教育与服务，为维护与支持女性权利做出贡献。

在非洲，主要有三所女子大学，分别为苏丹的阿法海德女子大学、肯尼亚的柯瑞瑞女子大学及津巴布韦的非洲女子大学。这三所女子大学以各自所在国家及区域文化为背景，致力于女性高等教育发展，共同书写了非洲女子大学独特的历史篇章。

图17-3　非洲女子大学校徽

① UNESCO.EFA Global Monitoring Report 2009, Overcoming Inequality: Why Gover-nance Matters.2008.307-338, 307-338, 292, 275, 355-363, 274, 291.

图17-4 非洲女子大学学生毕业典礼表演

1. 打破壁垒，特色定位

为使更多的非洲女性有机会接受高等教育，在津巴布韦教育基金会和社会知名人士的共同资助下，非洲女子大学（The Women's University in Africa，简称WUA）于2002年在津巴布韦马龙德拉成立。这是迄今为止非洲大陆上第一所主要以成年妇女为教育对象的大学。

非洲女子大学为私立高校，由津巴布韦两位杰出的女性创办。何珀·萨德扎教授（Hope Cynthia Sadza）曾任津巴布韦前公共服务行政长官。她认为津巴布韦成年女性素质的高低直接影响到下一代的成长，尤其是因为结婚生子照顾家庭等因素而中断学业的妇女。因此，为改变妇女在津巴布韦受教育的现状以及在非洲的社会地位，萨德扎教授携同前任教育文化部部长朱惠琼（Fay King Chung）一起创建了非洲女子大学。

该校得到了津巴布韦国家理事会高等教育资格的认证，并于当年九月开始正式招生。该校招生对象主要为长期得不到良好教育的25岁到55岁之间的成年女性。因此，对已婚妇女进行教育与培训成为非洲女子大学最大的特色。但整所大学也并非全为女性学生，其中男性学生占有15%，但由于女性学生占绝大多数，因此取名为非洲女子大学。

萨德扎教授与朱惠琼博士创办该校的初衷是想让成年学生获得

最基本的学历资格认证及足够的工作经验，以适应社会发展的需要并提高妇女在非洲的社会地位。因此，非洲女子大学在办学设想、任务、核心价值以及目标四方面，都紧紧围绕这一初衷展开。该校致力于通过提供涵盖社会、教育、人权、政治等多层次的课程内容，加强学生的性别意识、学术自由、正直感、社会责任感。

2. 十年发展，成绩斐然

经过十多年的发展，非洲女子大学在各方面都取得较为显著的成绩。从最初只有145名学生报名发展至今，学生规模已经超过2000人，而在2015年预计将达到4500人。学校特别强调教育质量及学生影响力，并为此做出了巨大努力。

图17–5　非洲女子大学毕业典礼

首先，在师资力量上，目前学校有近百名全职员工，均有着良好的教育背景和工作经历，最低学历为硕士。学校教师的背景来源很广，聚集了具有工作经验和学术能力的各种人才，其中很大一部分员工都曾在工商业、政府部门以及大专院校担任过很高的职位。此外，非洲女子大学里的许多教授也在其他有声望的非洲大学里享有终身教授的待遇，他们分别来自津巴布韦大学、非洲大学、津巴布韦天主教大学等。这些优秀的师资为培养高质量的学生打下了良好基础。

图17-6　非洲女子大学主办的性别概念化工作室

其次，在学术发展上，结合本校创办特色和宗旨，非洲女子大学创办了两个特色学院——社会科学与性别发展研究院以及性别研究中心。前者着眼于提供独特而鲜明的学术课程，传授专门的社会科学知识与技能以及包含性别知识的宣传和应用，通过传授理论知识和提高实用技能，减少性别差异造成的受教育不平等的情况。该研究院目前设有4个颁发学位的课程项目。性别研究中心的课程以妇女为主要对象，涵盖了本科、研究生以及非学历的培训课程。该中心的课程主要是培养能在倡导人权和促进两性平等方面发挥重要作用的专业人士。中心还将在本校以及其他非洲南部发展共同体国家的范围内，倡导与推动针对社会性别的研究并使其回归到主流学术研究的地位。此外，该中心的研究重点还包括针对就业歧视、打击贩卖人口以及其他与性别相关的问题，同时建立了基于性别暴力受害者和幸存者的辅导中心，举办针对艾滋病毒/艾滋病相关研讨会、短期培训课程。

图17-7
学生参加社区服务活动

除了社会科学与性别发展研究院和性别研究中心外，非洲女子大学还设有农学部、管理学院、企业发展和信息技术学院、生殖健康和家庭科学学院等社会急需的热门学科。此外，在教学运行与管理方面，学校在白天和非工作时间段都提供了4-6周为一期的面对面教学课程。一般一学年分为两个学期，每个学期由两期课程组成。学校要求学生参加所有的讲座，并在规定时间内提交作业，这些在学生期末成绩中占到30%的比例。学校入学要求是在英语、数学和专业知识方面至少达到及格水平，外加至少有五年的相关工作经验，如有3门功课达到优秀，3年相关工作经验也可申请入学。

非洲女子大学创办综合学科的宗旨与学校的实际教学紧密结合，致力于提供与促进涵盖农业、信息技术、生殖健康、科学技术、领导管理、艺术设计以及其他任何与女性发展相关领域的研究。并在重要领域为非洲妇女提供参与学术研究与发展的机会，鼓励妇女利用创新能力进行跨学科合作，增加女性进入决策层的可能性以及促进妇女学生对知识的追求。此外该校还集中师资开办各类职业培训项目，如艾滋病防治技术培训班等，培养了大量技术和管理人才，为津巴布韦女性走向社会、成功就业做出了巨大贡献。

非洲女子大学的创办与发展不仅仅是为女性提供受教育和培训的机会，更重要的是对女性权利的维护和宣扬，让整个非洲社会认识到男女教育平等的重要性，对促进其他领域的性别平等问题起到了十分积极的作用。同时，也为女性走出家庭，在主流社会中担当更为重要的社会角色提供可能，并为后代子女的教育创造了更好的家庭环境。力求培养具有关怀心和责任感的妇女，为促进和平、人权以及民主做出贡献。

图17-8
2012年非洲女子大学承办世界大学女校长非洲分论坛

## 三、促进女性发展：非洲女子大学校长何珀·萨德扎教授

何珀·萨德扎教授（Hope Cynthia Sadza）是非洲女子大学的创建者之一，也是该校现任副校长。作为非洲女性的杰出代表，萨德扎教授以开放、独到的眼光开办了非洲唯一一所专门面向成年女性的大学。从某种程度上说，非洲女子大学创办的意义高于津巴布韦其他高校，也高于一般的女子大学。因为在津巴布韦长达90年的殖民统治史里，种族歧视一直伴随左右，黑人女性承受着更为不公的性别歧视，导致黑人女性的地位处于社会最底层。即使津巴布韦独立政府为扭转本国女性不公平处境做了很多努力，但是相比男性，女性在受教育机会、就业选择、个人发展前景等诸多方面都存在明显差距。这种现实问题鞭策着萨德扎教授不得不思考津巴布韦女性的未来。为了改变这种现状，萨德扎教授携同朱惠琼教授经过无数次的访谈与调研，最后决定开办一所特色女子大学。

图17-9 非洲女子大学副校长 何珀·萨德扎教授

图17-10 2012非洲女子大学承办世界大学女校长非洲分论坛合影

萨德扎教授认为，这所针对成年女性创办的大学，对那些因结婚生子、照顾家庭而失去教育机会的妇女而言，是接受再教育的契机，也为改善男女不平等问题做出了最直接有效的回应。但是在学校创办初期，萨德扎等人的办学理念并没有得到广泛的认可与支持，来自各方的质疑声不断："你的意思是，你真的想创办一所大学，还是仅仅是一所护校？""你知道什么样的人能创办大学吗？"每当面对这些疑惑时，萨德扎与朱教授都坚定地回答："是的，我们要创建一所大学，而这种大学正是被我们这群人所创建的。"可喜的是非洲女子大学在2004年顺利得到了该国国会的认可，但是创办初期十分艰难。因为招生难且经费有限，所以萨德扎教授与朱教授不得不捐出自己的私人物品，除了钱，还包括车辆、家具、家庭电脑以及书籍等。

图17-11
非洲女子大学副校长萨德扎与师生参加津巴布韦艺术节

非洲女子大学经过近十年的发展已经初具规模，回顾过去的十年，萨德扎教授对自身致力于非洲女性教育事业的体会颇深。她认为，创办一所大学或者学院需要创新精神以及一份企业型的竞争意识，当大学变成公民学习知识、转化知识为自身能力的一个重要基地时，它就成为了个人能力与国家发展之间的重要纽带。然而一旦决心开办大学，就必须信念坚定，勇往直前，任何满足于半途而废的思想都应该杜绝，一个成功的大学应该使学生具备终生学习的能力，这样她们的事业才会发展得更为长久。

萨德扎教授的这份执着与卓有远见的办学理念，使得如今的非洲女子大学在津巴布韦，甚至整个非洲，都象征着智慧、独立、勇敢。这种独特的气质也无不与萨德扎教授本人所具备的品质与经历有关。这位出身于哈拉雷的非洲黑人妇女已年近古稀，在成为非洲女子大学的副校长之前，已担任10年津巴布韦公共服务行政长官。在大学毕业后，她先后担任过小学老师、助理会计师、人力资源部长等工作。除了丰富的工作经历，萨德扎也有相当不错的教育背景。她曾留学美国，获得密苏里大学的商学学士学位以及公共管理专业的硕士学位，最后在津巴布韦大学获得博士学位。其实，在萨德扎教授童年接受早期教育时，就遭受到了性别歧视与偏见带来的困扰与阻碍，但正是这种不公平的待遇激发了她奋发向上的斗志，也促使她在女性教育领域取得了巨大成就。

## 四、发展综述：喜忧参半，志在未来

高等教育作为社会现代化发展的关键力量，其重要性不言而喻。要在经济、文化、政治上取得国际关注与尊敬，必须拥有先进成熟的高等教育系统，这是未来取得成功的关键。对于非洲女子大学而言，学校目前仍面临着教师资源流失与教学器材匮乏的双重困境。资金的缺乏，使得津巴布韦的教师每月平均工资仅有150美元。待遇降低导致了优秀教师的流失，相比南非等国约合978美元的月平均工资，大部分数学和英语教师都选择到博茨瓦纳和南非施展才华。[①]而在教学器材方面，该校也比较匮乏。中国曾于2006年向非洲女子大学赠送了一批教学用品，包括5台先进的电子计算机，12台缝纫机，一部焊接机和一些建筑工程器械。这些都是该校实施教学计划和实验室建设所急需的物品。[②]另外，非洲女子大学以及非洲的其他大学都希望能有更多的交换生计划，让非洲的女大学生能去教育发达国家接受更为系统和优质

① 马欣茹编译：《津巴布韦教师待遇低流失严重》，《中国教育报》2009年9月8日。

② 参见http：//news.sina.com.cn/c/2006-12-04/085911693265.shtml。

的教育。

近两年，津巴布韦经济逐渐得到恢复，但资金缺少依旧是阻碍教育发展的主要问题。以津巴布韦高等教育委员会为例，2010年高等教育委员会预算为510万美元，但只得到450万美元（仅占财政预算总额的9.74%）。如2008年奇诺伊科技大学（Chinhoyi University of Technology）98%的资金都来自政府拨款，只有2%来自学费。[①]公立大学尚且面临如此严峻的资金短缺问题，私利高校的情况更不容乐观。另一方面，除津巴布韦大学外，其余高校都是2000年后成立，教学质量上不去。而日渐增多的学生数量，对创办高质量、多元化高等教育的呼声却越来越突出。但国库预算针对高等教育的急剧减少，师资短缺，基础设施落后，互联网资源有限等现实困境，又使得本身薄弱的高等教育不得不面临更大的压力与挑战。

1. 津巴布韦女性接受教育的意义与启示

在非洲整体高等教育都得不到足够重视的前提下，女性接受高等教育更加困难，但意义却反而更加重大。从微观上说，妇女知识水平的提高能提高生产率，改善卫生和营养环境，降低儿童和产妇死亡率以及降低生育率。更重要的是直接影响下一代的智力发展与人格培养。母亲在子女幼年时期的启蒙教育作用非常重要，激发儿童学习兴趣，教育儿童为人的基本准则，以及进行更为深入的学习辅导等，都考验着每个母亲接受教育的程度与自身眼界的高低。从宏观来看，女性受教育程度直接影响到这一群体的社会地位以及社会价值的实现，只有通过教育掌握知识，女性才能真正走出家庭，逐渐在社会各个领域发出自己的声音而获得他人的尊重，实现不仅仅是母亲，还有作为一个公民的社会价值。也只有当越来越多的非洲女性接受良好的高等教育后，才能为社会做出更多贡献，才能让更多的人意识到女性教育的重要性与必要性，最后才有更多对女性教育事业发展的关注与资助。正如1993年的“瓦加杜古宣言”里强调的那样，对女孩的教育有助于提高生活质量和促进国家发展。然而，非洲女子教育真正办得有声有

① “Towards a Common Future: Higher Education in the SADC Region Regional Country Profiles”.2009:23.

色，还需要一个较为漫长的时间，也需要社会各界以及国际相关机构的大力扶持。不过，我们可以看到独立后的津巴布韦女子教育已经在自身原有的基础上发生了质的飞跃。万事开头难，但愿最艰难的部分已经度过，留给津巴布韦教育工作者及社会各界热心人士的就是一份坚定的信念与继续努力的决心。

津巴布韦女子高等教育经过30多年的发展，积累了丰富的经验与教训，虽然我国在社会背景、经济条件、人文因素和历史传统上都与非洲存在很大差异，但是我们仍可从中获得某些有益启示。首先，在对待国际交流的态度上，整个非洲似乎仍然保留着殖民时期带来的惯性。姑且不论其合作方式是积极或消极，非洲女子大学直接面向世界的态度颇值得学习。我国高等教育与国际接轨的步伐也刚起步不久，但优秀的国际资源往往被一流高校占有，其他二三流以及层次更低的职业学校能从先进的国际交流中受益的甚少。其次，要警惕急功近利的教育思维。我国目前的各大高校，为了适应社会需求增添了不少新型专业，比如，各类小语种、房地产、风水学等，并开设多种自费性大专、本科班。但就毕业生就业情况来看，高校学生很难找到一份称心如意的工作。而且本科生与专科生之比大于1，也就是说专科生少于本科生数量，这与我国社会经济结构不相符合。由此，一方面导致人才浪费，因为本科生不愿屈尊去做低于他“身份”的工作；另一方面，能真正满足社会需求的人才却不足。这种严峻的现状促使我们不得不考虑其内在隐患，如文凭贬值、教育贬值等。应依据我国国情，追求高等教育的多层次化。

2. 非洲女子教育面临的新挑战

妇女问题不仅关系到社会的男女平等，还关乎整个社会的持续发展和人力资源管理等各方面，这已成为全球共识。当作为社会发展基础的教育在非洲仍普遍存在性别差异时，女子大学的举办一定程度上提高了女性接受高等教育的比例。为了增加高等学校的女生人数，女子大学采取诸多措施，进行了不懈的努力。自1992年以来，莫桑比克的女大学生比例逐年提高。1990到1996年间，男女性别之比依然很高（在2.79和3.06之间），但到1998年和1999年，这一比例降到2.45和2.59。1999年，私立高校女生的平均注册率为43%，而公立高校的女生注册率仅占25%。多数坦桑尼亚高校也采取各种措施增加女生人数，女生占注册学生的比例已经达到25%到30%之间。在乌干达，大学给予了女生优先权。因为有了奖励分，注册女生的比例上升到了34%。[①]在津巴布韦，为了增加女大学生的人数，大学也采取了降低入学条件的措施。在非洲公立高等教育中，自然科学领域的女生人数一直低于男生。比如在肯尼亚，女生占公立大学注册学生总数的30%，但在工程和技术性专业，女生所占的比例只有10%。不过，在一些非洲国家，确实也存在一些例外。在毛里求斯，学生注册总人数或多或少地体现了平等的性别分布（47%的女性），但不同的学院之间男女生注册人数的比例是不同的，工程学院里是男生占优势（76%），但社会科学与人文学院里则是女生占优势（68%）。在突尼斯，注册女生的比例由1987年至1988年的21.1%增至1999年至2000年的50.4%，现在这一比例达到51.9%。这是大学阶段的女生人数第一次超过了男生。[②]

当女子教育获得有目共睹的成绩时，也面临随之产生的新问题与挑战，归纳起来主要体现在三方面：

（1）高校女教师的数量令人担忧

在非洲大学中，女教师占教师总人数的比例比女生占学生总人数的比例更少。在几内亚，1000名教师中只有25名女教师，仅占4%。在埃塞俄比亚，2228名教师中只有137人（6%）是女性。在刚果、尼日利亚和赞比亚，大学女教师都不超过教师总数的15%。在乌干达，仅有20%的女教师拥有学术职位。当然在少数国家，这一比例稍高。摩洛哥、突尼斯和南非的高校女教师分别占本国总教师数的24%、33%和36%。在高级教师和高水平教师中，以及某些特定的学术领域，女教

① Musisi, N.B. "A Reflection on and Taking Stock of Innovations at Makerere University" .Apaper presented at the Ford Foundation conference on Innovations in African Higher Education, October 1–3.2001.

② "Task Force on Higher Education and Society" .Higher Education in Developing Countries: Peril and Promise.Washington, D.C.: World Bank.2000.

师的代表性严重不足。比如，在1997年，南非90%的教授、78%的副教授、67%的高级讲师是男性，而身处较低级职位的男性仅占47%。总之，男女教师比例失调，以及女性教师地位不平等是非洲高等教育的普遍现象。这种差别随着教育层次的提高越来越大。这一差别在教师的等级问题上表现得尤为严重，有时也表现在不同的学术领域和学科之间。

（2）“被分流”导致女学生面临新的不公平

相对于男性来说，大多数非洲国家的女性在教育中一直处境不利，而且教育层次越高，处境越不利，导致这种现象的一个很重要的原因是女生的学习成绩比男生差，最后能毕业并通过中学和大学入学考试的比例低。与此同时，在中等教育和高等教育的教育分流中，还存在性别的“水平分离”，也就是说男女生分别集中在某些学科和专业里，以至于这些学科成为男性主导的学科或女性主导的学科。比如，在教育、人文和艺术、卫生与福利这些专业领域中，女生的比例一般远远超过男生，而科学、工程制造和建筑则是男生占主导。

（3）核心领域缺少女性声音

在撒哈拉以南，非洲女性的政治参与率最高值也仅达到19%（1996年）。在经济领域里，该地区的女性参与率也仅占37.8%，其余绝大多数女性的职责还只是从事家庭事务。在农业生产方面，非洲80%的农业劳动者是妇女，但是只有69%的妇女接受了农业技术的培训，而男性在此项的比例则达到97%。更糟糕的是，只有7%的技术推广人员是女性。然而，颇具讽刺意味的是，农业部门对食物的安全需求，在很大程度上把希望寄托于妇女。

即使如此艰难，非洲女子大学犹如沙漠中的铿锵玫瑰一般，顽强而又个性鲜明地生长着。纵然数量很少，也缺乏肥沃的土壤与宽松的环境供它们枝繁叶茂，但它们仍似涓涓细流般为这片古老而神秘的大地，源源不断地给予新鲜的血液与更加多元的声音。已经取得的成果固然可喜，但非洲教育者仍然需要长期保持谨慎乐观的态度。既或是有非洲女子大学、柯瑞瑞女子科技大学、阿法海德女子大学等专为培养高级女性知识分子而存在的高校作为先锋与典范，但非洲女性受教育的现状仍需要女性自身、非洲教育工作者，社会各界有识之士以及国际相关机构的共同努力。希望再过半个世纪，非洲的女子教育能够和欧美等国的教育水平媲美，为非洲大陆培养出一批批绚丽的沙漠玫瑰。

# 第十八章 秘鲁女子大学教育：培育职业女性的摇篮

秘鲁的高等教育事业在拉丁美洲位属翘楚，可与巴西、阿根廷、墨西哥等教育大国比肩。然而，受社会传统规范的约束，秘鲁女性的高等教育却没有得到同等的发展，该国的女性直到20世纪初才获得接受高等教育的机会。经过百年的洗礼，尤其是自20世纪60年代秘鲁高等教育体制改革后，秘鲁女性高等教育才获得社会的普遍认可。如今，通过社会各方面的努力，秘鲁女子大学在20世纪中期开始彰显魅力，积极鼓励并支持女性进入非传统行业学习并就业，这也使其成为培养高素质职业女性的摇篮。但是，面对受教育层次普遍偏低的现状，秘鲁女性高等教育发展之路仍待继续开拓。本章从秘鲁女性教育、职业与家庭关系入手，探寻并反思秘鲁女性高等教育及该国唯一一所女子大学，圣心女子大学的发展轨迹、成绩及面临的挑战。

## 一、背景与历史概述：秘鲁女性教育的开端与挑战

在21世纪初的头十年里，秘鲁是拉丁美洲经济发展最快的国家之一。2009年，秘鲁经济增长率高达9.8%，成为南美经济崛起的新星，但贫穷并未远离这片土地。根据2010年秘鲁国家统计和信息协会公布的信息，秘鲁贫困人口占其总人口的比例的30.8%，农村贫困人口比例达

61%。由于秘鲁支柱性产业的发展主要依靠矿业、机械化农业等资本密集型行业以及低报酬的非正式生产领域，发展模式仍处于粗放式增长阶段，国家经济总量虽然增长迅速，但国民贫困程度却并未得到相应的改善。

为摆脱贫困的命运和改善家庭经济状况，秘鲁女性纷纷走出家庭，投身社会实践。但由于社会传统观念、教育体制缺陷等因素的制约，秘鲁女性教育的市场回报率始终差强人意。在秘鲁，工作女性的比例占到61%，仅次于巴拉圭、哥伦比亚及玻利维亚等其他拉美国家。然而，同等教育程度的男性，在其他条件相同的情况下，工作报酬却要比女性高出28%。秘鲁女性在全国专业技术职位中所占的比例达到了44%，但她们却很少出现在秘鲁主要商业领域，女性在农业与矿业中分别占11%与9%，在私有和公共领域担任高级管理职位的比例只有12%和19%。①尽管秘鲁女性积极追求受教育的机会，但是秘鲁国内的工作报酬在性别上的差别仍然很大，尤其是在教育程度最高的群体中，女性与男性的工作报酬差距远高于其他教育层次。

回顾秘鲁女子高等教育的发展历程，自女性教育从男性专制中解放出来，并随着教育体制改革获得发展，一路上漫漫征程，坎坷不平。现今，女性高等教育不仅获得了社会认可，女性亦已步入工、商、法律、建筑、医学等专业领域。其中，秘鲁唯一的一所女子大学——圣心女子大学，以培养职业女性为目标，在推动女性高等教育发展以及提高女性领导力和影响力方面做出了卓越贡献。

### 1. 男性专制下缺失的女性教育

自印加帝国时期起，秘鲁国内各种社会团体均由男性统治，而教育只为帝王与贵族的后代独享。在妇女群体中，仅有0.1%被挑选出来，接受宫廷、祭祀用度（包括食物、饮用以及纺布）准备的训练。女性教育的缺失状况一直持续到16世纪西班牙殖民时期。1726 年，女性教育首次被人提及，人们开始思考女性更为丰富的社会角色内涵。1822年，南美洲北部地区民族独立战争领导人圣马丁与玻利瓦尔提出女性

① 参见OECD.Gender, Institutions and Development Database.2006。

应享有与男性接受教育的同等权利。1825年，在秘鲁的首都利马以及库斯科两大城市出现了第一批为女子提供教育的学校，但由于当时师资缺乏，以及家庭对女性接受教育的消极观念根深蒂固，没有对女性教育起到实质性的推动作用。尽管如此，这些学校的出现成为秘鲁女校最初的雏形。

早期的秘鲁大学沿袭了西班牙萨拉曼卡大学的办学宗旨——男性专制，并且只为上层社会少数人群提供特权教育。秘鲁拥有拉丁美洲最老的大学之一——圣马尔科斯大学（创立于1551年）。但直到1855年，秘鲁公共教育部门才首次在其相关法律中明确承认妇女接受教育的权利。其中，Teresa Conzales de Fanning 与 Elvira Garciay Garcia两位女士在推进这一项条款设立的过程中起到了至关重要的作用。

19世纪中期，时任秘鲁总统由于对其妹妹Manuel Prado在圣心教会接受到的良好教育非常满意，十分赏识教会在女性教育方面的成绩，故邀请教会来到秘鲁推广女性教育。在教会修女 Purroy带领下，第一批圣心教会修女来到秘鲁进行女性教育的推广。1876年，第一所面向女性的教师培训学校成立，填补了秘鲁长久以来女性教育领域的空白。其中，圣心教会的修女承担了组织与管理该所学校的职责。

1901年，秘鲁在教育法中承认了女性进入大学接受教育的权利。1908年，秘鲁妇女申请获得大学学位的权益得到法律保护。但是，当时所有女性在教育方面取得的成绩，均只适用于主流特权阶级的年轻女士。实际上，受益于初、中、高等教育的女性仅占秘鲁女性人口的10%，大部分女性仍被排除在受教育范围之外。

2. 在教育体制改革中起步的女性教育

直到1919年，秘鲁大学的办学体制一直秉持罗马教皇训谕的办学宗旨。秘鲁首都利马市的圣马科斯大学，被称为秘鲁第一大学和最古老南美大学，就是秘鲁根据罗马教皇训谕创办的第一所大学。20世纪初，秘鲁现代化进程的开始以及阿根廷科尔多瓦1918年学生运动给秘鲁大学办学目标与功能带来了彻底的改变。在60年代以前，拉美国家的高等教育机构单一（绝大多数为大学），专业设置狭窄（偏重于医学、法律、宗教法规等），既不能满足社会经济发展对多规格、多层次人才的需要，也不能适应现代高等教育的发展趋势。60年代以来，随着国家社会经济的发展和产业结构的调整，不少国家进行了高等教育的结构改革，以适应地方和国家经济发展的需要。

自1960年起，秘鲁开始采取行动积极发展教育系统建设，其间扩建了大量校舍并竭力提高教学质量。截止到1987年，秘鲁共有46所大学，其中32所位于首都利马以外的其他城市。改革过程中，高等教育资源从集中到分散的变化以及全国范围内的教育质量与数量的提高使得女性的受教育比例快速上升，在乡村地区取得的效果尤为明显。1960年，男性在大学学生中的比率是女性的一倍，到1981年妇女在大学招生中所占比率已上升到42%。

秘鲁在1968年至1975年期间经历着激进的社会变革，中产阶级妇女由于受到女性运动的巨大影响，形成了拉丁美洲当时领军的女性草根群体和组织。但是大学内部似乎并未受到过多影响，女性学生仍然保持着传统的专业选择模式，女性在大学政治活动中仍然充当第二性角色，她们一般不会担任大学学生会和团体的领导职位，却常常出现在需要体现忠诚与责任感的财务管理位置上。此外，女性接受高等教育的数量增长并不意味着专业分布结构的变化，学习产科学、社会服务以及护士等专业的女性学生比率分别高达98%，学习心理学和教育学的女性比率分别为64%和55%。相比之下，选择工程专业的女性所占比率就非常低，矿业2%，城市工程8%，石油工程10%。①

在大学教职行列中，随着60年代教育系统的高速发展，尽管教师的选拔背景相较以前呈现平民化趋势，但男性教师的数量仍占据82%的主导地位，而女性在终身教职中教授与副教授仅占9%和14%。②其次，在所从事的专业领域方面，如社会学、历史学、人类学等批判性别差异偏见与愚昧的学科，往往与女性教师绝缘。秘鲁大学女性教职数量的薄弱不可避免地导致在课程设置与学术活动中女性问题探讨的减少。在大学教职中男性主导的氛围中，女性学者虽然拥有性别意识，但很容易在相关议题的提出上逐渐倾向于沉默。教授中女性意识淡薄

① Nelly P.Stromquist, Feminist reflections on the Peruvian university politics.1988.

② Nelly P.Stromquist, Feminist reflections on the Peruvian university politics.1988.

的连锁反应使期望从事性别相关研究的学生很难得到导师的支持，最终导致女性研究难以成为大学主流知识领域。

3. 艰难前行的女性高等教育与职业发展

虽然上世纪的后50年秘鲁一直致力于提高初等、中等和高等教育，但是由于该国教育投入回报低，使得接受教育的机会成本相对较高，女性进入大学的比例没有显著增加。①在70–80年代，大学生中女性所占比例甚至有所降低。这一现象主要源于秘鲁上世纪中期的经济危机，当时国家GDP缩减，导致大学毕业生难以找到符合期望的工作。女性在追求更高层次的教育机会时，市场可以提供的工作及酬劳远低于期望值，导致当时秘鲁成为拉丁美洲高知阶层男女报酬差距最大的国家。另外，经济危机时期，家庭收入的降低使得父母在资助儿子还是女儿进入大学的选择上，容易回到传统观念中对于女性的歧视，使得该时期女性进入大学的比例降低。

早在1991年世界银行关于“秘鲁女性教育、就业以及家庭福利”的调查报告中就指出：在57%参与到经济活动的秘鲁妇女中，10%为工薪阶层，30%以务农为生，15%以其他方式谋生；妇女选择以何种方式就业与任何地方一样取决于其受教育程度，在秘鲁城镇区域赚取薪酬的妇女有14%，而乡村地区的妇女只有4%；从男女所赚取报酬对家庭收入的贡献来说，如果将女性从事个体经营所获收入计算在内，城市家庭女性的收入比例上升为27%，而农村女性收入所占比例高达47%。②在这一时期，虽然超过半数的秘鲁女性参与到经济生产活动中，但是通过教育获取报酬的女性所占比例甚小。

到2004年，世界银行关于秘鲁经济发展的报告中指出，秘鲁是世界上非正式生产领域所占比率最高的国家之一，55%的男性与65%的女性在非正式生产领域就业。③ 对于在秘鲁从事个体经营的广泛女性群体来说，她们主要集中于劳动密集型行业，如零售或者纺织业。相对

① “Peru Poverty Assessment”.World Bank.2005.

② Dagsvik, Aaberge. “Household Production”.Time allocation and Welfare in Peru.1991.

③ “Peru: Microeconomic Constraints to Growth: The Evidence from the Manufacturing Sector.” World Bank.2004.

于男性企业家来说，虽然秘鲁的资本市场并未设置针对女性的歧视性障碍，且秘鲁女性个体经营者比率远比男性高，但是由于该群体教育层次偏低、资本运作经验与知识的缺乏，创业的低回报及高失败率成为目前秘鲁女性创业的特征。

## 二、发展模式与理念：女性意识先导，专业知识培育

秘鲁是美洲文明古国，也是拉丁美洲地区高等教育事业发达的国家之一。从1975年开始，各届政府均把国家预算的23%以上拨作教育经费。在政府的支持下，国立大学从20世纪60年代的8所增加到90年代的27所，大学生人数翻了三番。但由于经济总量不大，各大学经费被摊薄，人均经费仅为60年代的1/3，各公立大学全面陷入经费危机。秘鲁国家教育部的解决办法是，一方面大力鼓励发展私立大学，经济、贸易、法律、医学等专业由私立大学举办；另一方面集中经费保证公立大学举办工程、技术、能源、采矿、农业、文化、历史等专业，以确保国家经济、科技与文化的发展与传承。

近年来，秘鲁私立大学也迅速发展到19所，包括始建于1551年拉丁美洲历史最悠久的国立圣马科斯大学、国立圣保罗大学以及天主教大学、利马大学等私立大学，占全国高校的41%之多。在众多私立大学中，创办于20世纪60年代的圣心女子大学推崇思想自由、倡导追求真

图18-1
圣心女子大学活动中心

理，在秘鲁女性高等教育领域树立了先进的女性意识典范。

1. 办学理念：女性意识培养与职业发展的教育先锋

在秘鲁高等教育中，由圣心教会创立并资助的圣心女子大学是唯一一所女子大学。秘鲁圣心女子大学除了要求学生完成一般大学的教学目标外，还强调女性意识与职业发展的全面培育，这也成为其独特的办学目标。学校不仅向女生提供良好的教学环境和恰当的学术课程，还努力通过天主教教育帮助她们更好地发掘自身才能，通过宣传基督教教义，创建一个更为公平、团结和包容力强的社会。

图18-2 圣心女子大学校徽

圣心女子大学是一个具有法律实体的私人非盈利组织，在学术、经济、管理和行政上实行自治。1962年12月24日秘鲁最高法院颁布第71号法令，秘鲁圣心女子大学正式成立，其创始人是12位圣心会教徒，分别担任校长、教学和管理等职务。1963年4月15日，秘鲁圣心女子大学正式开始运营，设有文学院、经济学院和教育学院。今天圣心女子大学共有6个学院，分别为建筑学院，教育学学院，工程、营养和管理学学院，法律学院，心理学和人文科学学院，翻译与传播学学院；研究生学院包

图18-3 圣心女子大学礼堂

括教育、心理学和哲学硕士项目，以及教育学和心理学的博士项目。

2. 办学特色：以基督精神为指导，以服务社会为宗旨

圣心女子大学的创立者为西方基督教修女，办学原则亦肯定基督教价值观，倡导追寻真理，服务社会；实行教学多元化，倡导思想、言论和学术自由；严禁一切暴力、不忍让、歧视和依赖行为。在该原则基础上，圣心女子大学将教学目标设定为以培养拥有基督教信仰、同时具备专业知识、独立意识以及社会责任感的现代女性为宗旨。该大学在学生培养方面，强调促进女性的全面发展，使学生有能力做出自由公正的选择，并具有高度的责任感，深化学生对目前秘鲁现状的认识，增强团结、责任和融合意识，旨在为国家培养具有良好道德素质和学术能力的专业人才，引导她们实现女性价值。

在秘鲁圣心女子大学50周年校庆中，校长埃尔加加西亚（Elga Garcia）女士致辞指出，学校将其校园内的树木选为秘鲁圣心大学精神的标志，树木的根部深入土壤，树木的分枝、花朵和果实充满力量、朝气蓬勃、色彩丰富，富有变化又坚定不移。该致辞蕴含了圣心女子大学作为秘鲁女性高等教育中的先导地位，扎根于秘鲁社会的土壤中，以注重多样化专业培养、女性职业发展与社会价值的办学理念，为社会培育女性人才。埃尔加·加西亚女士特别提到，圣心女子大学以学生工作优先，为了满足当今职业女性日益增长的大学教育需求，该大学在三个专业招收拥有工作经验的女性，分别是心理学、笔译和口译以及国际商务管理。

图18-4 圣心女子大学校园

图18-5 圣心女子大学入学教育

秘鲁圣心女子大学始终坚持自己的教学目标，保持学校的创新动力，加强学校在“女子大学”中的领导地位，以应对国内和国际环境的深刻变化。在这些变化中，最突出的是知识加速增加，信息和传播管理新技术的发展和承认并尊重秘鲁文化与种族的多样性。伴随着国际市场的开放程度和竞争力不断加强，秘鲁市场专业化程度不断提高，因此该校在专业设置上特别强调关注工作市场的需求。

3. 学科体系：发展优势学科

圣心女子大学自创立以来，秉承最初创立时的初衷：“努力使学生得到全面的培养，使她们具有扎实的科学、人文、基督教知识素养和技术水平，成为有头脑、有能力的职业人，不断探索真理的人和在秘鲁与拉美最紧迫问题的解决中推动改变和创新的人”[①]。在对女性高等教育的高标准要求下，圣心女子大学设立的优势学院包括：兼具本土与国际意识的建筑学院；引领国际贸易的国际工商管理学院；服务于本土的教育学院等。

建筑学院

圣心女子大学于1965年1月18日获得批准成立建筑学院，目前已成为拉丁美洲最负盛名的建筑学院之一。其优势包括基督教道德的模范，拥有高学历、高知识水平的教学师资队伍基础，以及按照全球化的要求不断地更新设备和基础设施；以求创造认真、道德的当代公共机构形象；通过科学技术研究和职业道德，以及向社会输送有责任心的老师和学生，来促进社会融合、深化民族认同的形成。

① 参见http://www.unife.edu.pe/。

图18-6 圣心女子大学建筑系

建筑学课程为五年，其目标是在道德和人文主义的基础上，培养出能创造出精神和经济财富、具有进取精神、自我超越精神和追求成功的职业精神的优秀建筑师。该学院认为，这样的建筑师能认识到科技的力量和种族知识，并使用现代文明中最先进的手段，在建筑和城市规划上，推动国家的可持续发展。

圣心女子大学建筑学院毕业生在国际上享有一流的职业和个人修养、富有创新力以及与时俱进等美誉。该院的毕业生能根据具体的职业特点在建筑和城市设计、风景设计、工程管理和监督、历史遗迹的保存和修复、建筑和城市规划方案的管理和咨询、公共机构和私人机构的技术顾问、城市和区域规划的多学科参与等领域就业。

教育学院

教育学院坚信教育是一种社会权利、责任和必需品，它的重要性在当今社会日益凸显。得益于教育，人类才能不断成长，社会才能更加融合。国家需要一个以爱、团结和相互体谅为基础的教育，需要一个可以实现人类尊严和促进社会发展、提高社会福利的教育。教育科学学院致力于培养具有鲜明时代感和高度专业竞争力的教育学专业的女性，在促进她们个人成长的同时，强调领导社会进步与和谐一体化的理念。教育学院学生毕业后可以成为幼儿教师、小学教师和特殊教育教师。

法律学院

法律学院的建立旨在为多元文化的社会培养具有博爱精神的女性律师。她们能够捍卫并推动社会生活中的文化融合；使自由、互爱与捍卫真理、互助、正义与和平的价值观长存；尊重人权，推动社会民主与自由发展，全心地参与到国家政治生活中。该校的法律学院有一批一流的教师队伍，他们在国家的公共生活中声名远扬。该院的毕业生也在各种不同的法律领域工作，既有公共部门，也有私营部门；既有律师、法律顾问或者法官，也可根据各自的兴趣，发展成谈判、调解和仲裁方面的专家。该专业的就业方向包括：立法会议员，教师，外交官，业务经理，谈判、调解和仲裁方面的专家，公共管理部门的公务员，银行和其他私营部门的职员。

工程、营养和管理学院

工程、营养和管理学院于1987年4月启动系统工程学专业。学院以促进国家发展、培养系统工程学领先专业人才为己任，培养学生使用科技与信息等管理系统。1997年，工程、营养和管理学院着手实施《营养健康与饮食学术计划》，旨在培养营养和饮食过程的专业人才。

图18-7　圣心女子大学管理学系

2008年，学院开设国际工商管理学术专业，希望培养具有领导力及进取心的女性，使她们具备充足的知识、技巧和能力以建立和经营公司和组织机构，并且在管理上具有战略性远见。该专业包括10个学期的学习，其中，4个学期是综合学习，内容包括综合教育、价值论等理论前沿学习，其余6个学期包括管理学、经济学、会计、金融、市场营销、逻辑学、人力资源学、企业培训和国际贸易等专业课程学习。

该学院跨专业的办学目标旨在培养具有良好学术水平和竞争力的女性，学院学生不仅要拥有获取和使用科学和技术知识的能力，还应具有团队工作的价值观。学院还配备先进的基础设施，包括多媒体投影仪和电脑的教室，拥有尖端技术的实验室。同时，学院还同技术领先的公司结成战略联盟，向学生提供工作资助金，帮助学生进行专业实习，获得更好的工作职位。

**心理学学院**

在心理学学院，心理学与人文学科系并重。该系专业学习时间为12个学期。前4个学期是综合学习，中间6个学期是专业学习，最后2个学期是工作前的强化实践。该专业毕业生的就业范围包括：临床领域，医院、门诊部和个人诊所等医疗机构；教育领域，包括幼儿园、中学、学院和大学等；工业领域：各种组织、公司尤其是咨询公司；社会领域，向非政府组织和私人机构提供心理支持。

图18-8　圣心女子大学刊物《社区心理学》

**笔译、口译和传播学院**

圣心女子大学的笔译和口译专业于1968正式招生，旨在培养具有坚实人文、伦理和社会语言学基础的学生。该专业毕业生在西班牙语、英语和法语三门语言的学习中，掌握良好的语言交际能力、翻译理论与实践能力，可以在译文中体现原文的风格、语境和涵义。笔译、口译和传播学方向目前已与本国和外国语言机构签署了学生互换协议，其中与日本大阪外国语大学签订的协议规定两个学校的学生可以互派到对方学校学习一年。

## 三、促进女性发展：楷模彰显领导力

在秘鲁众多孜孜不倦努力工作的女性中，涌现出一批受过高等教育，活跃于国际贸易、教育等领域的佼佼者。

1. 秘鲁女性就业及创业的选择

根据2010年世界银行所发布的《加勒比海以及拉丁地区女性职业选择报告》，秘鲁拥有中等和高等教育的就业女性在1986年至2001年期间，从68%攀升至81%。然而，其中大约三分之一的女性所在的行业局限于商业、教育与健康等男性比例少于20%的领域。世界银行2009年报告称，秘鲁就业女性中一半从事非正式工作，而选择创业的秘鲁女性企业家中，64%属于雇员少于10个的个体经营者。[①]

如果将选择创业的动机分为主动与被动，其中主动创业的动机包括市场机会成熟、对职业自由度的追求等，而被动创业的动机包括就业市场上职位缺乏以及家庭的需求。那么对于秘鲁女性来说，后者常常是促使她们进入创业领域的主要原因。在秘鲁，由于市场对于女性高等教育的回报比率相对男性较低，所以越来越多的秘鲁知识女性会为了获得高于市场水平的经济回报而选择创业。

在世界银行《2008秘鲁微型企业调查》中，女性创业多选择贸易、服务与生产行业等对工作场所、时间要求宽松，不需要专业技能和较高教育背景等的商业领域，并且所创建的企业往往具有雇员少、固定资产价值低以及收益微薄等特点。对于大多数女性创业者来说，导致其企业规模停留于起步状态的原因，除了劳动力素质低下、市场不稳定、法律不完善等客观条件，还包括家庭责任、社会观念等因素。

另外，企业家的个人能力素质，包括接受相关培训的经历、融入商业、技术网络的机会、运营能力等也是决定企业规模的重要因素。在推动企业成长的企业家中，资本运作能力是企业家推动企业成长的重中之重。根据世界银行《2008年秘鲁微型企业调查》，女性领导的企业与男性领导的企业申请贷款的比率差别不大，并且女性企业领导者并未比男性企业领导者感觉更难以获得贷款。但是，女性领导的企业申请贷款的频率较低、贷款额较低，并且更容易依赖于民间借贷，例如家庭、朋友等。虽然秘鲁女性在选择创业时面临社会观念约束、家庭责任限制与自身素质缺乏等挑战，但是许多成功的女性企业家还是脱

---

① “Genderstats database”.World Bank.2009.

颖而出。其中，弗罗娜·雷亚特吉（Flora Reategui）是其中的佼佼者。她在大学毕业后所创立的珠宝设计公司——阿然娜（Aranza Loyas）是秘鲁最大的珠宝商之一。该公司所使用的珠宝设计材料均产自秘鲁，其设计的珠宝受到墨西哥、智利和西班牙等市场的欢迎。当秘鲁政府寻求扩展国际贸易的渠道时，阿然娜（Aranza）曾一度通过在国际珠宝界的影响力推介秘鲁，同时在发展该品牌的同时为国内妇女创造了大量的就业机会，雷亚特吉（Reategui）也成为女性企业家们纷纷效仿的典范。回顾雷亚特吉（Reategui）的创业史，充分展示了女性作为成功企业家所应具备的各种出色品质，例如坚持、进取以及因势利导等，并最终证明女性在充分挖掘自身潜力后，同样有能力创建具有市场影响力以及生意网络的优秀企业。

2. *秘鲁女性的教育生涯*

长期以来，秘鲁教育领域的行政管理职位都被男性垄断。教育领域对女性的歧视主要表现在：作为同样拥有潜力的候选人，男性往往成为优先候选人；即使在女性候选人的资质被公认优于男性候选人时，也常常由于性别等原因而被拒绝。不过，随着近年来女性的比重逐步提高，教育领域的管理层面中女性的作用逐渐得到发挥。

20世纪70年代，接受过大学教育的女性比例大大提升，秘鲁女性也开始进入高等教育领域任职。据联合国教科文组织的1993年《在高等教育管理中的女性》报告显示，自1970年秘鲁出现第一位女大学教职以后的15年间，在这一领域任职的女性数量仅仅增加了2位。至90年代，在秘鲁高等教育管理层次任职的700人中，仅有一位女性，既伊尔莎·沃斯基博士（Dr.Ilse Wisowsky）。她于1980年进入利马大学领导层。同时期，无论是历史悠久的著名国立大学圣马科斯大学、利马天主教大学，或是20世纪初为培养工程师和农学家而建立的专科学校，还是60年代以来出现的近30所公、私立大学，都不曾有女性出现在学校的管理岗位上。

值得关注的是，在彰显女性领导力方面，独树一帜、引领前沿的正是圣心女子大学。该大学明文规定管理层中必须包含一位来自圣心教会并拥有教育学博士的女性，这一规定使得多名修女先后担任该大学

图18-9 埃尔加女士接受表彰

管理职务。其中出任圣心女子大学校长的埃尔加·加西亚·阿斯特就是教育领域女性领导的代表人物之一。2009年，埃尔加女士获得秘鲁卡涅特省奇尔卡市授予的“杰出主人公”称号，同时奇尔卡市市长巴勃罗·那尔达·基罗斯先生向她亲自颁发了“奇尔卡市钥匙”，以感谢她在担任秘鲁圣心女子学院校长期间为培养秘鲁女性青年做出的不懈努力，以及她为帮助奇卡尔市发展做出的杰出贡献。

随着高等教育在女性中普及程度的提高，虽然女性担任大学教师甚至进入管理层的几率越来越大，但是在社会制度、观念层面仍然存在诸多阻碍因素。一方面，秘鲁社会制度设置中仍然缺乏鼓励女性出任教育领域管理职位的明文规定。秘鲁1983年颁布的《秘鲁大学法》中并没有明确规定只要满足学术以及相关职务要求，无论男女均有权担任大学中任何级别的职务。另一方面，秘鲁社会仍将独立、进取、主导、力量与勇气看作男性的专有名词，而这些特点是担任领导岗位者的必备素质，因此在秘鲁传统观念中普遍认同在担任领导职位上男性优于女性的社会逻辑。

## 四、回顾与展望：立足现在，献策未来

虽然秘鲁高等教育系统在过去半个世纪获得了诸多成就，但是该国女性的高等教育发展之路却颇为坎坷。究其原因，一方面，由于社会市场环境对女性受教育所提供的经济回报不高，使得父母认为女性即使受过教育后依然在就业市场上不具备竞争力。另一方面，传统观念对于女性职业范围的限制导致女性受教育具有局限性。

在秘鲁不容乐观的女性高等教育发展历程中，圣心女子大学在该领域影响深远，不仅开设教育学、文学等传统专业，还为女性进入商界、法学界以及建筑界打开了一扇窗户。但是，面对秘鲁目前女性高等

教育普及程度偏低、市场回报不积极以及女性领导意识缺乏等问题，圣心女子大学的教育方针虽然立意高远，秘鲁众多女性也积极进入社会各类生产领域，但女性高等教育在秘鲁仍是兼具挑战与发展潜力的领域。因此，笔者在探讨秘鲁女性高等教育体系发展轨迹以及圣心女子大学在其中的先导地位的同时，也总结了秘鲁各界对秘鲁女性高等教育的发展问题的几点期许。

1. 地方教育赋权

近年来，秘鲁地方政府对本地资源高效配置展现了一定的民主作风，但在地方教育资源使用的赋权方面还有待改善。基于地方特定教育背景的权利下放将便于教育资源得到合理利用。例如，地方应拥有制定具有地域特色课程的权利。秘鲁大学中工程、医学等专业中女性学生数量无法与男性相提并论，这可能是源于女性进入相应劳动力市场获得的市场回报远低于男性。因此，有一种建议认为，应鼓励女性进入非传统专业领域，在地方教育赋权前提下，积极结合地域特色，发展特色专业，将教育与就业积极对接，以提高女性进入新领域的积极性与可能性。

2. 鼓励性政策

虽然60年代以来，秘鲁所进行的改革广泛提高了教育系统的质量与覆盖的范围，但是高等教育在性别上的差异仍然突出。特别在偏远地区，男女入学比例差距明显。一般来说，社会对于女性受教育后所从事职业的回报普遍期望较低，家庭一般会更看重女性的外貌与名声，往往倾向于让男性后代接受教育。虽然秘鲁女性普遍教育层次较低，然而她们投身经济生产活动的比例却超过半数。知识与经验的缺乏导致生产效率低下，成为秘鲁女性职业发展的桎梏。面对秘鲁众多从事正式与非正式工作的女性，建立专门的高等教育奖学金制度以及有工作经验女性的特殊教育项目，对促进女性进入职业发展的更高层次会带来长远的积极效应。

3. 信贷知识传播

对于在秘鲁从事个体经营的广大女性群体来说，她们主要集中于知识含量低的劳动密集型行业，例如零售业或者纺织业。对于大量工作在非正式生产领域的女性来说，那些能够贴近实际、提升生产规模与效率的信贷知识等专业培训更具吸引力。更多女性亦可通过此类教育项目，提高经济、社会地位，扩展市场机会，逐步蜕变为实干、专业的知识女性。因此，在此类教育项目中加入信贷知识内容，对于提升女性的生产效率显得尤为重要。

4. 女性领导力培训

虽然秘鲁社会目前已涌现出一些优秀的女性领导人，但在整个社会风气的重压下，为女性树立行为楷模意义深远。首先，通过树立楷模与女性新形象可以鼓励并引导女性发展；其次，设置旨在培养管理与领导能力的中心、项目或会议，便于传播实践女性领导力的经验与知识。例如，将在高等教育机构任管理职务的女性教育家作为典范，正面激励女性教师，并以此吸引更多有能力的女性进入教育领域管理层，以提高女性在教育领域的领导力。为进一步扩大女性领导力的社会影响范围，大学的公关部门也可将在领导位置上表现出色的女性通过发布会或者研讨会的形式向社会推介。

## 五、结　语

秘鲁，这个曾经绚烂无比的印加帝国，在经历了殖民、军政时期的洗礼后，于20世纪70年代进入民主制度下的发展阶段。同时期，秘鲁进行了大刀阔斧的教育体制改革，为今天国民受教育程度的显著提高铺平了道路。但是，秘鲁女性的高等教育之路却坎坷不平，充满了挑战与困难。由于历史与社会的原因，该国女性长期局限于家庭内。现在，她们积极寻求获得高等教育的机会，在摆脱贫困、实现自我的道路上不懈努力，在各种社会角色的转换中呈现出熠熠光彩。例如，前秘鲁商业旅游部部长梅塞德斯·阿劳斯（Mercedes Aráoz），她从利马太平洋大学毕业后，就成为了该国杰出的经济学家和政治家，并曾作为秘鲁人民党第一位女性代表竞争总统候选人。

但是，秘鲁女性高等教育目前所面临的挑战不容忽视。首先，社会观念与家庭责任仍然是女性获得高等教育机会以及进入非传统工作领域的主要障碍；其次，劳动力市场对于高等教育层次的女性所提供的工作报酬远低于男性，从而限制了女性走入更广泛的职场；此外，女性及其领导力方面的研究与引导仍是该国高等教育中的短板。

图18-10　秘鲁商业旅游部部长梅塞德斯·阿劳斯（右三）与圣心女子大学校长埃尔加女士（右四）合影

在面临诸多挑战的背景下，秘鲁圣心女子大学遵循女性教育宗旨，不仅面向女性开设管理、建筑等各类专业，还曾邀请前秘鲁商业旅游部部长梅塞德斯·阿劳斯来访，为女学生树立学习楷模。圣心女子大学以培养目标清晰、自我实现知识女性为目标，其毕业生遍布秘鲁教育、商业等社会主要领域，成为秘鲁女性高等教育中的引导人和开拓者。

**参考文献：**

[1] Dagsvik Aaberge. “Household Production, Time Allocation and Welfare in Peru” .1991.
[2] World Bank. “Woman's Work, Education, and Family Welfare in Peru.” 1991.
[3] JAMES E. “The Public/Private Division of Responsibility for Education.” 1987.
[4] Nelly P.Stromquist. “Feminist Reflections on the Peruvian University Politics.” 1988.
[5] World Bank. “Microeconomic Constraints to Growth: The Evidence from the Manufacturing Sector.” 2004.
[6] World Bank. “Peru Poverty Assessment.” 2005.
[7] OECD.Gender, “Institutions and Development Database.” 2006.
[8] Nopo Hugo. “The Gender Wage Gap in Peru 1986–2000：Evidence from a Matching Comparisons Approach.” 2009.
[9] World Bank, “Genderstats Database.” 2009.

# 第十九章　美国女校联盟

大多数美国女子学院出现于19世纪末，那时人们接受高等教育的机会还相当有限，且为数不多的大学只向男性学生开放，女性受高等教育的机会十分渺茫。传统男权拒绝向渴望独立与自主的女性敞开大门，因此当时的一批开明人士不得不在传统名校之外另辟蹊径，由此，女子学院应运而生。当时女性高等教育一度迎来了春天，最多时女子学院已发展至300多所。

随着社会的发展，美国民权运动、妇女解放运动的深入以及高等教育规模的扩张，从20世纪70年代开始男女同校逐渐成为普遍现象，传统上只向男生开放的大学也纷纷向女生敞开了大门。女校不得不与主流的学院和大学共同竞争生源和教育经费，这造成女子学院数量锐减。目前，美国的高等教育机构已达4000余所，而其中的女子学院仅剩65所左右。尽管如此，留存下来的女子学院基本都调整了策略，明确了更加精英化的定位，成为培养美国各领域杰出女性的大本营。20世纪70年代出现的"美国女校联盟"，正意欲加强女校之间的联系，保存美国高等教育中这一道独特的风景。

## 一、成立背景与理念

"美国女校联盟"（Women's College Coalition）成立于1972年。这一时期适逢美国社会处于变革之中，社会的人口分布特点和技术产业结构发生了深刻的变革，民权运动、妇女解放运动如火如荼。起源于20世纪60年代的民权运动对促进女性进入高等教育领域产生了深远的影响。当时美国社会中的女性是一个弱势群体，在处境上与当时的少数族裔有颇多相似之处，女性领袖也在为少数族裔争取民权的运动中发挥了相当大的作用。作为斗争的成果，女性在70年代争取到了与男性一道接受高等教育的机会。

从此高等教育界发生了深刻的变化，从前一些只向男性开放的学院和大学也开始招收女性学生。截至20世纪70年代末，女性大学生的数量已经超过男性大学生，而今天女性大学生已经达到了57%，成为了大学生的主体。“美国女校联盟”即成立于这一时期，它吸收了各种两年制和四年制、公立和私立、宗教性和非宗教性的院校参加。在多年的发展历程中，“联盟”带领各会员院校积极参加跨校研究，探索女子院校在21世纪承担的角色，并且在《美国国家学生参与系列报告》、哈德威克（Hardwick Day）教育政策分析公司对女子大学、学院毕业生和校友的高等教育满意度研究、美国大学与学院联合会（Association of American Colleges and Universities）、美国私立学院与大学联合会（National Association of Independent Colleges and Universities）等机构的研究数据的基础上，代表美国女子院校向潜在的学生、家长、政策制订人、媒体和社会大众，宣传女子教育的重要作用及其社会效益。

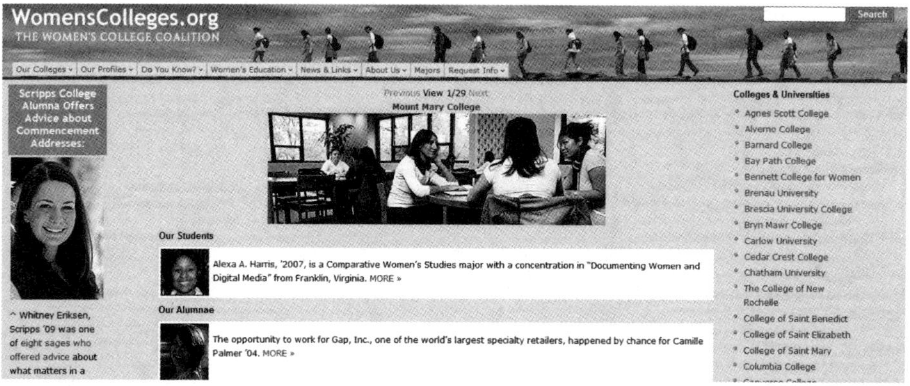


图19-1　美国女校联盟网站[①]

---

① 参见 http://womenscolleges.org/。

虽然20世纪70年代对提升美国女性的社会地位、实现接受高等教育的权利等具有里程碑式的意义，大多数人的观念中已能接受性别平等，但是仍有很多深层的社会矛盾并没有得到彻底解决。现在，有机会获得高等教育的女性越来越多，她们的年龄构成、种族构成、社会阶层、学术准备程度与参与度等各方面情况也变得越来越多样化，但是她们走出校园后的境遇却大不相同。“美国女校联盟”认为有必要对这种情况进行概括、总结和反思，不仅关注女性进入高等教育的渠道是否通畅，更关注女性离开大学后进入社会、进入家庭、进入社区的渠道是否公平通畅。

## 二、联盟院校及组织结构

目前“美国女校联盟”共有会员学校53所，分布于美国的24个州。会员学校包括曼荷莲女子学院（Mount kldyoke）、史密斯女子学院（Smith Lolleye）、巴纳德女子学院（Barnard College）、布林茅尔女子学院（Bryn Mawr College）、拉德克里夫女子学院（Radcliffe College）、瓦萨尔女子学院（Vassar College）和韦尔斯利女子学院（Wellesley College）等7所知名女子学院，也称“七姐妹”院校。

巴纳德女子学院是一所建立于1889年的女子文理学院，从1900年起并入哥伦比亚大学。该校虽隶属于哥大本科，但仍然保有相当大的独立性，可以自主招生，自主管理，有自己的董事会、行政以及募捐班底。该学院坐落于繁华的纽约市，与哥大校园比街相邻。巴纳德女子学院建立之时，周边的常春藤大学都还是男校，不招女生，因此其建设初衷便是为女性提供高质量的教育。“巴纳德”这一校名来自当时美国一位著名的数学家兼教育家弗莱德里克·奥古斯汀·波特尔·巴纳德（Frederick Augustus Porter Barnard）。他曾在1864年至1889年担任哥伦比亚大学的校长，在其任期内，这位具有远见卓识的改革者大力倡导女性参与高等教育，特别主张男女同校学习。为了纪念他对推动女性高等教育做出的贡献，巴纳德女子学院即以他的名字命名成立。但是这所学院真正的发展却大多要归功于安妮·梅耶尔（Annie Nathan

Meyer)。她曾经是一名作家，也是哥伦比亚大学的学生，但是对哥大当时偏向男生的教育相当不满，转而参与到巴纳德学院的建设中来，最后成为该学院院长。

图19-2 巴纳德学院历史悠久的主建筑[①]

目前，巴纳德学院开设的课程涉及非洲研究、美国研究、人类学、建筑、艺术史、中亚和中东的文化、天文等，它还是较早倡导生物科学、化学、比较文学、计算机科学、环境科学的女子学院。它拥有长期曲折的发展历史，悠久的文化积淀，是美国的最佳文理学院之一。从这所学校毕业的女学生大多成为了商界、艺术界、政界和科学领域的成功人士。

布林茅尔女子学院位于美国宾夕法尼亚州，1885年建校。“Bryn Mawr”在威尔士语里意为“高大的山丘”，她不仅是“七姐妹”中的一员，而且与周边的斯沃斯摩尔学院（Swarthmore College）和哈福尔福德学院（Harverford College）结成了三校联盟，还与临近的宾夕法尼亚大学分享教学资源，周边的知识文化资源相当丰富。

走进布林茅尔学院，就像走入了一幅田园风光画。这所坐落在宾

① 参见http://upload.wikimedia.org/。

夕法尼亚州东部的女子学院，校园之美只能用“幽雅”二字形容。用学校自己的话说：校园就像一个小巧玲珑的法国式花园。哥特式的建筑在建成时就领一时之风骚，据说在当时掀起了一股校园“哥特式”建筑的热潮。而今，经过历史的沉淀，每座建筑都看上去古色古香。虽然时光使校园变成了古迹，但是这里的女生的思想却永远是超前的。她们基本上在高中时就学习成绩优异，追求完美，她们渴望未来进入职场，并获得社会的认可与赞誉。有人甚至调侃说，这所学院给女生如此之多的选择，连最保守的女生都会成为一个女权主义者。

尽管布林茅尔在名义上是一所女校，但是学校并不隔绝女生与异性的交往，事实上，布林茅尔与周边的几所男女同校的学校结成了联盟校，该校女生的社交面相当广泛。以一英里之外的哈福尔福德学院为例，他们是“兄妹学校”，两个学院允许学生们互相自由选课，在布林茅尔的校园内也经常能见到哈福尔福德学院的男生。如果这两所学院还没有学生想上的课，那么她们还可以选择免费的公共汽车，去稍远一点的斯沃斯摩尔学院或者是宾夕法尼亚大学选课。布林茅尔学院也承认这两所大学的学分。

布林茅尔学院的学习生活紧张，但学生的大部分压力其实都来自对自身的严格要求。有时，学生甚至会半开玩笑地自称为“殉道者”（Mawrters）。这是因为布林茅尔学习生活艰苦。在自然科学、英语、艺术史、考古学和外语专业的学习负担尤其繁重。不管学习哪个专业，学生们的必修课都很多，包括三门人文课程，两个学期的英语写作、社会科学和科学实验课，还有一学期的“数量课程”——数学、电脑，或是统计。除此之外，每个学生都必须上八个学期的体育课，而所有新生都必须修读一门写作课。学生们普遍反映，学校里的课程很难，没有人能随便蒙混过关。

布林茅尔有个沿袭了近一个世纪的传统——“灯笼节”。每到10月份，高年级学生代表会把点燃的灯笼传给她们的新生师妹。据说，这个仪式最开始是为了向智慧之神雅典娜致敬。学生们穿着庄严的黑色长袍，在傍晚时分聚集在校园的中心。高年级女生们在献灯笼时要唱希

图19-3　布林茅尔女子学院的毕业季①

腊歌曲，新生们在接受这份礼物时也需回唱。然后新生们沿着学校庭院跑一圈，再把灯笼放在宿舍房间门外。过去传说灯笼第一个灭的女生就会第一个嫁出去。现在，因为学生中更提倡现代女性的独立，因此灯笼就被赋予了新的含义：谁的灯笼第一个灭，谁就可以第一个获得博士学位②。

拉德克里夫女子学院位于马萨诸塞州的坎布里奇，也是“七姐妹”院校中的一员，同时也与哈佛大学有密切的合作关系。从1963年起，拉德克里夫女子学院开始与哈佛大学共同颁发联合学位证书。到1977年，两校正式签署了合并协议，将拉德克里夫女子学院并入哈佛大学，该合并在1999年正式完成。现在，拉德克里夫在哈佛大学承担着学院的功能，并被重新命名为“拉德克里夫高级研究院”③。

事实上，从拉德克里夫女子学院筹建的日子起，她就和哈佛大学有着千丝万缕的联系。最初，她是由能够进入哈佛大学接受教育，又不满其男权至上传统的女生在1879年筹建的，当时只是一个私立的向女性开放的课程学校。“拉德克里夫”一名是为了纪念该

① 参见http：//www.brynmawr.edu/。

② 参见http：//www.douban.com/group/topic/3273231/。

③ 参见http：//www.wikipedia.org/wiki/Radcliffe_College。

校的第一位女性捐款人安娜·拉德克里夫·毛尔森(Ann Radcliffe Mowlson)。后来,艾达·康敏斯托克(Ada Comstock)成为了该校的首任校长。她在明尼苏达大学和史密斯女子学院接受过完备的高等教育,视野开阔,积极倡导女性高等教育,还通过积极协调,在拉德克里夫女子学院和波士顿女性教育协会之间建立起了稳固的合作关系。后来通过该协会,拉德克里夫开始筹到了用于女子教育的经费。该学院希望以此使哈佛大学看到女子教育的光明前景,投资女性教育事业,但是却并没有得到哈佛的回应。[①]因此,拉德克里夫只能自力更生,谋求发展。这段岁月尤其艰难。在一本记录当时发展历史的著作中,我们还可以看到这样的记录:"学校的校舍就是当时的一栋私家住宅,所有家当都堆在两个简陋的房间里,必要时洗手间就得充当临时的物理课实验室。有的女学生还带着孩子来上课,孩子哭闹起来妈妈就要一边哄着孩子一边上课。无论是老师还是学生都要将就这样简陋的物质条件。"[②]

1896年,坎布里奇的《环球报》(the Globe)以"拉德克里夫毕业的甜蜜女郎"为题,报道了该校一次毕业典礼的盛况。在学校的大剧院中,华冠丽服,气氛热烈,不仅拉德克里夫的校长向毕业生们表达了美好的祝愿,就连时任哈佛校长的著名高等教育思想家埃利奥特也被请来致辞。埃利奥特盛赞了拉德克里夫的教学成就,称从这里以优异成绩顺利毕业的学生甚至比哈佛还多。"虽然人们还不能确定女性是否拥有担任领袖的创造力和先锋精神,但如果能让她们像男性那样世代接受教育,她们也许会拥有这些品质。"[③]

---

① Sally Schwager, "Taking up the Challenge: The Origins of Radcliffe, " in Yards and Gates: Gender in Harvard and Radcliffe History.ed.Laurel Thatcher Ulrich (New York: Palgrave Macmillan, 2004), p.92–103.

② Crawford, Mary Caroline."The College Girl of America", Boston: L.C.p.99–100.

③ Sweet Girls."They Graduate in Shoals at Radcliffe.Commencement Exercises at Sanders Theatre.Galleries Filled with Fair Friends and Students.Handsome Mrs. Agassiz Made Fine address.Pres Eliot Commends the Work of the New Institution." The Boston Daily Globe, June 24, 1896.

图19-4　拉德克里夫女子学院雪后景致[①]

二战期间，因物资匮乏，美国大学经费紧张。为了资源共享，节约开支，1943年哈佛才第一次与拉德克里夫女子学院签署合约，允许其女性学生到哈佛大学修读课程，由此翻开了两校联合教学的篇章。自此以后，两校的合作日益紧密起来，1963年，甚至开始授予有两校校长共同签名的联合学位。1970年，两校开始尝试合并，最初只是实验性地交换学生宿舍，让部分拉德克里夫的学生住到哈佛大学，后者的部分学生住到拉德克里夫学院。1977年两校正式签署合作协议，由哈佛大学接管所有拉德克里夫的女学生，拉德克里夫仍在名义上保留其学籍。由此，拉德克里夫不再主要致力于女子教育，开始发展从前只是处于次要地位的目标——学术研究。尽管如此，这一时期学生的毕业证书仍然由两校联合授予。直到1999年，拉德克里夫完全并入哈佛大学，成为了哈佛麾下的高级研究所，每年向发展潜力突出的年轻学者提供各种研究资助[②]。虽然如此，拉德克里夫的斯莱辛格图书馆

① 参见http://www.radcliffe.harvard.edu.

② "Radcliffe: Merged and Ready".Harvard Magazine, Nov/Dec.1999.

(Schlesinger Library)仍然收集着大量的与女性及女性史相关的手稿和档案，拥有目前全美同类图书馆中规模最大的馆藏。

最后，我们来谈一谈韦尔斯斯利女子学院。国内许多人知道美国著名女校韦尔斯利，是从看朱丽亚·罗伯茨的电影《蒙娜丽莎的微笑》开始的。翻看学院历史不难发现，这里走出了太多独具风采的女人。希拉里·克林顿、美国前国务卿奥尔布赖特、美国第一位女宇航员帕梅拉·梅尔罗伊、女电影编剧兼导演诺拉·埃夫龙（所编著名电影《当哈里与萨莉相遇时》、导演电影《西雅图不眠之夜》）等均出自该学院。该学院1989届的毕业生中有32%投身银行和财经行业，另一些人则成为了美国大企业的总经理（其中包括美国通用汽车公司的女总裁）等。此外，这所女子学院还与中国有着某种不解之缘。曾在中国政坛叱咤一时的宋氏三姐妹、中国近现代“文坛祖母”冰心，均系该校毕业生。

韦尔斯利女子学院坐落于马萨诸塞州，距波士顿13英里的韦尔斯利镇，环境清幽，景色宜人。该校由当地乡绅杜兰德（Durants）夫妇于1870年注册成立，1875年正式招收第一批学生。当时考虑到传统和女学生的安全，整个大学坐落于一栋150米长，5层楼高的砖木混合式建筑内。从教学到住宿都在这一栋楼内。这种奇特的设计在当时的美国是独一无二的。大家给这个建筑起了个名字叫“文埋学院大楼（College Hall）”（美国大学的教学建筑一般都以著名学者的名字命名，因此College Hall 的名字就十分别致）。

这种学院宿舍合一的独特建筑一直维持了将近40年。1914年，韦尔斯利的化学实验室起了大火，学院损失惨重，重要的图书，研究资料烧毁殆尽，文理学院大楼也付之一炬。人们开始意识到把宿舍和学术设施放在一起的危险。此后，韦尔斯利女子学院开始着力配备一整套现代化的教学设施。

现在，韦尔斯利女子学院俨然是美国最富有的高等教育机构之一，2005年底校友捐款超过12亿美元，近一半的学生能获得奖学金。2002年，奖学金总额已达到4.72亿美元，居全美之首。在学术上，该学院与麻省理工学院合作密切，已建立多个联合学位课程。它也仍然是一所高选拔性的精英学府。2004年时，拥有在校生2300名，都是从应届高中毕业生的前5%中选拔出来的，个个都是精英中的精英。学生在这里接受高水平的教育，将来就是各行各业的翘楚。学院的目标是培养"成熟而又成功的女性"。今天，在韦尔斯利就读的不再是昔日珠光宝气的窈窕淑女，而是身穿牛仔裤大毛衣，朝气蓬勃、自信坚强的现代女性。

图19-5　韦尔斯利女子学院校园一角①

这里的经济、政治、英语和艺术史是学生们最喜欢的专业。近56%的教师都是女性。有些系尽管很小，只有几位教授，但是学生与教授相处融洽。学院60%的班级学生都在20人以下，学生很容易与教授建立起亲密的私人友谊。这里的教授重视教学，上课时间非常灵活，有时甚至可以视学生的方便而定。为确保教学质量，学生每年都要给教师打分，结果在很大程度上决定教师的去留。与其他女子学院相同，在韦尔斯利男性和女性的地位是颠倒的：姑娘们是万事的主宰，少数几个男工友只管烧饭、洗衣、清扫等一些勤杂事务。校园网也为姑娘们畅所欲言提供了平台，大家经常可以在校内BBS上看到各自的言论。韦尔斯利学院的姑娘们还热衷于篮球、足球、橄榄球等体育活动，各种团

① 参见http: //en.wikipedia.org/ Wellesley_College_Tower_Court.jpg。

体锦标赛的冠军均被韦尔斯利的姑娘们一一囊括，这在美国已成为一大特色①。

以上述几所女子学院为领头羊，“美国女校联盟”克服重重阻力，不断向前发展。目前该联盟的主要组织结构与领导包括②：

主席：苏珊·列侬（Susan E.Lennon），康涅狄格州“美国女校联盟”执行董事

主席：卡洛尔·穆妮（Carol Ann Mooney），印第安纳州圣玛丽女子学院校长

副主席：伊丽莎白·吉斯（Elizabeth Kiss），佐治亚州安妮·斯科特女子学院校长

秘书：伊丽莎白·弗雷明（Elizabeth Fleming），南卡罗莱纳州康沃斯女子学院校长

卡门·安巴尔（Carmen Ambar），宾夕法尼亚州西德尔·克莱斯特女子学院校长

威廉·德瑞克（William Drake），肯塔基州半途女子学院校长

玛丽·弥汉恩（Mary Meehan），威斯康星州阿尔沃诺女子学院校长

财务主管：南希·格雷（Nancy Oliver Gray），弗吉尼亚州赫林斯女子大学校长

玛丽安·碧妮格尔（MaryAnn Baenninger），新墨西哥州圣本尼迪克特女子学院校长

罗斯玛丽·杰弗瑞（Sr.Rosemary Jeffries），新泽西乔治亚·柯尔特女子大学校长

## 三、活动领域与组织诉求

### 1. 激发女性学生的学习热情

“美国女校联盟”一直以来积极促进对女子高等教育的调查与研究，努力提高教育质量，不断激发女性学生受教育的热情。在该联盟的

---

① 参见http://web.wellesley.edu/web。

② 参见http://www.womenscolleges.org/about/our-board。

大力协助下，美国印第安纳大学教育学院将其著名的《美国全国学生受教育积极性调查》(the National Survey of Student Engagement)进一步扩展，针对美国女校进行了调查。2004年的数据结果显示，在对学生个性和学校类型等因素进行研究后，女子学院的学生比男女同校的学生学习更加认真，感受到的学业压力也更大。特别值得注意的是，女子学院的高年级学生比男女同校的高年级学生更乐于深入地思考、全面地观察，洞察不是显而易见的原理与规律。

两类大学最显著的差异体现在学生对多样性的宽容态度上。与男女同校生相比，女子学院的学生认为她们的校园环境更加鼓励学生了解不同的民族与人群，并支持她们与这些人群交往。

但是女子学院也有一些劣势。虽然与男女同校的学生相比，女校的学生在低年级更容易感受到同学的关心，但是随着年级升高，同学之间的关心程度却在下降。到高年级时，女校同学间的关心程度开始低于男女同校的学生。

从学术成就方面看，女校学生每个学期都会取得更大的进步。特别值得注意的是，女校学生在发掘自身潜力、开阔学术视野、运用量化的方法分析解释问题、通过自身努力为社会做贡献的意识等几个方面的收获和进步均大于男女同校的学生。另外，根据通常的经验，从外校转入大学求学的学生受教育的积极性往往没有一开始就考入该校的学生高。但是对女子学院的研究又一次打破了这一规律。数据研究表明，转校到女子学院学习的学生与其他学生一样积极学习，没有任何消极的倾向，甚至在某些情况下学习热情更高。在研究访谈中，有些女子学院高年级的转校生表示，女子学院的课程难度更大，因此投入学习的精力也更多。而另一些通过转学进入女校的低年级学生则认为她们能够更好地融入新环境，并且更加全面地掌握知识。

上述研究结果，印证了此前同类的其他研究。它们一致表明，就读于女子学院的学生会参与更多学术性强的活动，参与频率高且取得的学习效果更好。更重要的是，女子学院的学生参与有意义的学习活动，要比其他院校中的女性学生多。事实上在各类数据研究中，女子学院学生的得分都要高于平均水平。他们取得的学术成就也要高于其他院校的学生。

数据调查的结果证实了很多学生的话，那就是女子学院确实营造了一种浓厚的学术氛围，鼓励女性学生最大限度地发挥她们的潜能，在课堂内外积极参与各种学校的活动。无论是低年级的学生还是高年级的学生，都认为在女子学院学习的课程难度很大，获得良好的成绩要付出很多艰辛。这表明，美国的女子学院普遍没有将女学生视为“温室里的花朵”，而是将她们视为与男生具有同等潜能的人来培育。

图19-6 女子学院教师在指导学生进行科学实验①

这种现象也表明，女子学院的学习气氛更加浓厚，学生们将大部分精力都花在了学习上。学生普遍感受到了学习的压力，为了达到教师的要求和班级的平均水平要付出更多努力，并且越是到高年级，学习的压力越大。女子学院向来以高水平的教学和高质量的学习成果著称，上述研究成果也更加证实了这一点。

研究人员认为女子学院的突出优势在于：

- 在教授和高级行政管理人员中有很多成功女性的典范，她们学术功底扎实、事业有成，能够为学生起到积极的示范效应；
- 能够为学生提供更多参与大学管理的机会，使她们拥有领导经验；

① 参见http：//www.wellesley.edu/。

- 使女性学生有机会学习传统上被男生占领的学术领域，如数学、科学与工程学等[①]。

同时，2004年的《美国全国学生受教育积极性调查》(the National Survey of Student Engagement)显示，在女子学院中学生与教师的交往更加频繁。女子学院中教师的闲暇更多，且更乐于与学生交往。与男女同校的学生相比，她们在课外有更多与学术人员交流的机会。

这一研究发现也回应了早先一些学者对女子学院的观察。他们认为，女子学院人才辈出的重要原因正在于学生和教师之间密切的个人交往。这使学生有更多的机会接触教师，了解他们比较成熟的思想，开阔眼界并提高思考问题的水平。在这样的交往中，学生会自然而然地获得更多建议，得到教师的鼓励，并且在现实的层面上得到更多申请奖学金、工作或实习以及参与研究的机会。它们对所有女性学生的进步都具有十分积极的影响，特别是对从事自然科学、数学和工程学的女生而言尤其重要。学习这类专业的女性学生在男女同校的大学中往往会感到挫败，因为她们无法在人生选择的关键时刻找到同性别的角色偶像。另外，在男女同校的大学中教授的性别敏感程度比较低，常常意识不到女性学生的心理诉求，有时甚至轻视女生，认为她们天生就不该选择理工类专业。

通过为学生和教师搭建沟通的平台，促进其间交往，女子学院为女性学生提供了大量心理与学术上的支持，这对促进女性进入那些传统上被男性主导的领域尤其重要。例如，研究者发现在以斯威特布莱尔女子学院(Sweet Briar College)为代表的一批女子学院中，60%左右的本科生大学毕业后都会继续学习，而且有相当一部分在硕士阶段进入了科学研究领域。

研究结果还显示，在女子学院中，无论是低年级的学生还是高年级的学生，在课堂上的表现都更加活跃，在课堂和课外更加积极地参与团队活动，并且与男女同校的女生相比，更愿意帮助新生与陌生的同学。正如此前很多研究所示，女子学院为很多女性创造了得天独厚的

---

① 参见http://www.womenscolleges.org。

学习机会。因为没有男生，很多在男女同校环境下由男生承担的工作在女校要由女生承担，如在学生会中担任负责人、组织课外学习小组、协助学校图书馆的建设、并担任临时图书管理员和技术指导，组织课堂讨论等。

《美国全国学生受教育积极性调查》的研究结果也进一步印证了此前的研究成果，即男女同校的学校课堂状况不仅不能促进反而会降低女性学生参与课堂活动的积极性，而女子学院更能够营造促进女性学生参与课堂提问、思考问题，并且展现自身个性与想法的课堂气氛。同时，这一研究结果还表明，女子学院的文化氛围更加鼓励女性学生了解自我、了解他人。与其他类型的高等学府相比，女子学院学生独立学习的效率更高，完成团队工作的效率也较高。这些都对女性未来的个人成长和职业发展至关重要，决定着她们今后是否能走上领导岗位。这也在一定程度上揭示出为什么女子学院的毕业生成为领导的比例要高于其他类型的大学。同时，在女子学院能够熟练掌握量化研究方法、理解量化信息的学生人数要普遍高于男女同校的学生。更重要的是，女子学院的女性学生感到她们的学校非常重视培育学生的多元文化观，并且努力创造条件让学生与来自不同社会阶层、不同种族与社会环境的人接触，丰富她们的人生经历。

总体来讲，已有研究文献表明，人类社会中的组织受众多因素影响，其中最主要的因素之一就是性别。近20年来女子学院的支持者认为，作为一种社会机构，女子学院为女性学生提供了并且仍将提供丰富的精神营养。在这种独特的学术环境下，她们的思维水平不断得到提升，职业和人生发展不断受到重视。可以说，女子学院是美国高等教育中不可或缺的一种院校类型，为女性学生提供了其他高等教育机构无法替代的人生经历。它们一方面挑战学生的极限，另一方面又在积极地帮助她们成长。在很多方面，这类学院可谓其他大学的典范。

2. 帮助女性学生选择适合的大学

上一所称心的大学是人生中一个重大的决定，在中国如此，在美国亦然。所不同的是，在中国目前学生们还没有太多的选择，但是在美国学生们因为选择很多而不得不学会问很多问题。

为了帮助女性学生决定是否要来女子学院就读，并选择一所适合的学校，美国女校联盟根据研究，得出了影响学生本科生活体验的五组重要的指标：

- 学术难度

是否愿意为了提高自身能力接受教师布置的有难度的作业；

是否愿意每周为完成家庭作业而花去很多时间；

是否愿意在完成作业时表达自己的观点并有所创新；

是否愿意进行大量的阅读与写作；

是否愿意以量化的形式分析问题。

图19-7　成员女子学院为学生创造的优越学习条件[1]

① 参见http: //en.wikipedia.org/wiki/ Wellesley_College_Clapp_Library.jpg。

- 自主学习

是否经常在课外思考课上学习到的内容;

是否愿意在课堂上与课堂下参与同学间的讨论,以团队形式完成作业;

是否愿意经常参与课堂演讲;

是否愿意参与社区服务;

是否愿意参与短期的课外实习。

- 学生与教师的交往

希望在教师的带领下参与研究活动;

希望大学有各种措施促进学生和教师间的接触和交往;

希望教师能够迅速批改作业,并给出反馈意见。

- 多样的文化环境

希望在多样的文化环境下生活,了解其他人的看法;

希望在学习成果中体现由这种多样性带来的思考;

希望尽量了解来自不同国家的文化,并有机会与来自这些国家的同学交往。

- 校园环境

对校园环境非常重视,希望学校能够对学生特别是新生提供更多支持性的服务;

希望有机会在学校中承担组织、领导工作。

"美国女校联盟"认为,如果学生对上述问题的回答都是非常肯定的,那么到联盟麾下的女子学院就读便是非常适合的选择。

事实上,经过研究,"美国女校联盟"的组织者发现上一所什么样的大学,是一个影响人的一生的决定[①]。这所学府不仅决定着学生在校园内的体验,还在很大程度上决定着学生毕业后的人生体验。因此,选择大学的过程变得非常重要。在这个复杂的过程中,学生和家长要考虑很多问题。学生需要选择一所最能激发学习热情的大学,一所

① 参见http://www.womenscolleges.org/perspective/college-search。

能够实现学术和个人理想的大学。要选出这样一所大学，不仅需要学生和家长参考很多有关大学的可以量化的、有形的指标，还要考虑很多难以量化的、无形的因素。学生需要了解今日的自己，同时也需要明白明日的自己。她应清楚自己未来的学术目标、个人目标和职业目标。可以说，一个学生越了解自己、越了解自己的兴趣所在、天赋和需要，就越有可能选择一所合适的好大学，帮助实现自身的价值，指引人生的旅程，这对年轻的女性来说尤其重要。

虽然女性学生及家长在选择大学时会考虑学术声誉、社会声望、地理位置、大学规模、学费和奖学金等种种因素，但是有一些因素是他们很少考虑的，那就是女孩子在这里是否能够受到真正的教育，她们受教育的效果是否同男生一样好，女孩子在大学里是否能够充分发挥优势、展现自己的个性。

美国印第安纳大学著名的学生受教育积极性系列调查的主持人——茱莉亚·肯吉认为："女性学生接受教育的积极性与迫切程度往往高于男性。她们上大学的比例要高于男性，并且往往不会中途辍学。"[①]但是这种接受教育的热切期望，以及甘愿为学业付出的勤奋精神，往往会因为女性学生在男女同校环境中遭遇某些不公而受到严重打击。这些性别歧视虽然称不上严重，但是它们却会对女性的自尊与自信产生严重影响。而在女子学院，上述情况发生的可能性就会大大降低，这类学院在激发女性受教育的热情、为其提供高质量的课程方面要胜出很多。

为了让未来的女性学生及其家长认识到女子学院不可替代的优势，"美国女校联盟"非常重视利用各种公共关系的渠道进行相关知识的普及与宣传。在她们的网站上、会议中，以及各种宣传品中，都有对女子教育及各盟校的宣传与介绍，以此鼓励年轻女性不断进行人生选择，通过受教育改变命运。

---

① 参见http://www.womenscolleges.org/perspective/college-search。

## 四、结　语

经过岁月的洗礼，美国的女子学院一度繁荣，后又急剧萎缩乃至一大部分悄然消失。但是在不断地摸索与重新定位后，留存下来的女子学院已成为研究女性发展、鼓励女性进取、促进女性学习的重镇，源源不断地为美国社会输送了大批女性精英。今时今日，美国早已跨过急速变革的时期，社会结构相对成熟稳定。可以想见，作为社会中的一类教育组织，女子学院的规模亦不会发生突然变化。它们既不太可能大幅增长，亦不至于完全消失。它们会少而精地继续存在，成为美国高等教育发展史上瑰丽的一笔。昔日，它们记录着被传统思想认为是柔弱、愚钝的“第二性”，曾如何倔强地争取通过知识改变命运；今天，它们更是现代女性凭借努力、学识与天赋进入精英阶层的阶梯。而“美国女校联盟”则无疑会继续增进姊妹院校间的交流、分享各种发展资源、推进大量样本的研究，使女子学院作为一个整体，共同完成好历史的使命。

# 第二十章　全球女性教育联盟

尽管当代女子学院的数量在缩减，但对女性进行高等教育，使其在社会上立足的需要却从未消失过。因此，2003年“全球女性教育联盟”正式成立，它由美国历史最悠久的两所女子学院——曼荷莲女子学院（Mount Holyoke College）和史密斯女子学院（Smith College）联合发起，旨在将世界各地的女子学院的领导人以及女子教育界的领军人物联系在一起，彼此分享先进的教育经验，收集、传递女子教育的相关数据，促进各地院校之间建立交流与交换项目，在世界范围内宣传女子教育的重要性。通过联盟的平台，来自五大洲的40所女子高等教育机构联系在了一起[①]，一道在上述领域通力合作，宣传女子教育的重要作用，并不断开拓探讨新的教育领域，切磋女子大学如何在21世纪的新环境下获得新生。可以说，“全球女性教育联盟”的重要使命就是在全球范围内继续提升女性的社会地位。

## 一、成立背景与理念

“全球女性教育联盟”（Women's Education Worldwide）由美

① Joanne V.Creighton. “ Women's Education Worldwide: the Unfinished Agenda”. June 1.2011.

国历史最悠久的两所女子学院——曼荷莲女子学院（Mount Holyoke College）和史密斯女子学院（Smith College）联合发起。曼荷莲女子学院是一所小型的精英式私立学院，位于美国麻省西部的小镇，周边风景秀丽、宁静怡人。其创始人玛丽·劳茵（Mary Lyon）女士是美国杰出的女性教育家，美国邮局曾经使用她的头像印制邮票以示敬仰。在该校的学术阵容中不乏知名作家、画家、作曲家，很多人都在各自的专业领域内取得了非凡的成就。在浓郁的学术氛围的浸染下，曼荷莲的校友在毕业后成为各领域中的佼佼者。其中包括美国著名女诗人艾米丽·迪金森（Emily Dickenson）、第一位进入白宫的女性阁员弗朗西斯·珀金斯（Frances Perkins）、第一位华裔女性劳工部部长赵小兰（Elaine Zhao），还有些校友毕业后成为了女州长、著名女诗人、风靡全球的卡通剧《芝麻街》的制作人、普利策新闻奖的得主、奥斯卡获奖影片的制作人等，可谓人才辈出。这所古老的女子学院校园设备完善，师资力量突出。学院共设44个科系，以人文、政经及艺术最为著名。全校学生仅2000名左右，平均每十名学生就拥有一位教授。

图20-1 曼荷莲女子学院校园风景[①]

① 参见www.blog.sina.com.cn/mingxialiuxue。

"全球女性教育联盟"的另一所发起院校——史密斯女子学院，位于马萨诸塞州的北安普顿市，也是一所精英型私立女子学院。它建成于130年前。据说，是因为当时新英格兰的女权运动者深刻体会到女子社会地位低于男性之苦，而在长期的斗争中，发现恰恰因为女子的教育水平弱于男性而进一步导致了社会地位不平等。因此，在1875年，65岁高龄的索菲亚·史密斯（Sophia Smith）女士，斥巨资买下北安普顿市的一块土地，以自己的姓氏为名建立了这所女子学院。同时，她以第一任校长的身份，与5位志同道合的教师一起，开创了史密斯女子学院的历史。该校校园占地125英亩，是美国最优美的校园之一。如今，在校生约2500人，全职教授约265位，其中96%拥有博士学位。该校虽然学生和教师人数不多，但是开设的课程逾千种，遍布50个学科领域。每班平均学生人数15人，一些高年级课程及实验室课程平均每班只有5人。在过去的十年内，学院获得了众多殊荣，其中包括20项富尔布赖特奖、13项国家科学基金奖、4项杜鲁门奖、2项梅隆奖，等等。

图20-2 史密斯女子学院运动中心[①]

① 参见http：//www.smith.edu。

在发起“全球女性教育联盟”之前，这两所历史悠久的女校已经结下了深厚的情谊。它们同是马萨诸塞州五校联盟（Five Colleges, Inc.）的成员，与另外三所男女同校的学院一道，拓展了地区间学分互认选修课程的范围、开通了图书馆馆际互借服务，并开创了学术资源校际共享、联合授予学位的局面。这两所学院也同时是美国著名的“七姐妹”女子学院联盟的成员[①]。实际上正是因为“七姐妹”每年定期召开的校长和各学院院长的见面会，才激发了创办“全球女性教育联盟”的创意。

因此，由这样两所女子高等教育的策源地发起成立“全球女性教育联盟”也就不足为奇了。“联盟”在2003年正式成立，2004年召开了第一次世界大会，其宗旨就是在世界范围内宣传女子教育的重要性，促进女子学校之间的交流与访问，收集女性教育的信息与数据、促进并推广相关研究成果，在理论与现实之间架起沟通的桥梁。

## 二、组织结构

“全球女性教育联盟”将世界各地的女子学院、其校长与各级学术领导，以及女子教育界的领军人物联系在了一起。这一组织的主要使命就是分享先进的教育经验、收集传递女子教育的相关数据、促进各地院校之间建立交流与交换项目、在世界范围内宣传女子教育的重要性。

**“全球女性教育联盟”的组织结构包括**

执行委员会（由至少七所会员校的代表组成）：

第一委员：曼荷莲女子学院代表；

第二委员：史密斯女子学院代表；

第三委员：刚刚承办过“联盟”会议的女子学院代表；

第四委员：在刚结束的会议之前承办“联盟”会议的女子学院代表；

第五委员：未来将承办“联盟”会议的女子学院代表；

第六、七或其他委员：非固定学院代表，经过各会员校提名，并最

---

① 关于“七姐妹”女子学院的情况请见本书第348页。

终由执行委员会前五位委员投票产生。执行委员会应首先考虑选拔来自美国以外的女子学院的代表，此类委员每届任期三年；

图20–3　全球女性教育联盟网站[1]

现任执行委员会名单

(1) 琳·帕斯科瑞拉（Lynn Pasquerella），曼荷莲女子学院校长；

(2) 卡洛尔·克里斯特（Carol T.Christ），史密斯女子学院校长；

(3) 帕尔拉·博纳尔迪（Paola Bernardi），意大利努尔瓦女子学院院长；

(4) 霍福德·里德（Howard Reed），迪拜女子学院院长；

(5) 简·威廉森（Jane Williamson），悉尼大学女子学院院长；

(6) 米娜科什·高皮纳什（Meenakshi Gopinath），印度德里大学女子学院院长；

(7) 卡洛琳·达卢拉（Caroline Ndarua），肯尼亚柯瑞瑞女子科技大学副校长；

(8) 钱焕琦，中国南京师范大学金陵女子学院院长。

---

① 参见http://www.womenseducationworldwide.org/。

## 三、活动领域与组织诉求

### 1. 造就杰出的女性领导人才

尽管当代女子学院的数量在缩减，但是她们仍然在培养各领域杰出的女性领导人方面发挥着其他院校难以替代的作用。这种不可替代性来源于女性被允许并且有机会接受高等教育的历史比较短，传统上男权占主导的学术界对女性怀有根深蒂固的歧视，这种歧视时至今日未能完全消除。例如，在19世纪末，哈佛大学校长、杰出的高等教育思想家查尔斯·埃利奥特（Charles Eliot）就曾在就职演说中公开怀疑大自然赋予女性的“心智能力”。如果说一百年前科学尚不发达，这样的怀疑尚可原谅，那么21世纪初哈佛另一位男性校长萨默斯（Laurence Summers）对女性的与前者惊人相似的论断则将传统男权对女性的歧视表露无遗。

与之对照，“全球女性教育联盟”则是向女性施教的根据地。在这里没有传统男权社会遗留给学术界的偏见与陈规。女子学院各自独特的传统、行为规范及对女性价值的崇尚，为学生们提供了丰富的精神营养，为她们树立了自信，建立了她们对促进女权运动的使命感，并且为她们进入社会工作奠定了技能基础。

女子学院的目标从来都不是将女性与社会隔绝开来，而是鼓励她们积极地介入社会，并且使她们为此做好准备。虽然目前从女子学院毕业的学生数量只占全美乃至全世界女性大学生中微不足道的一部分，但她们确实成为了各个领域的翘楚，在世界各地发挥着不可替代的重要作用。希拉里·克林顿（Hillary Clinton）、南希·帕罗西（Nancy Pelosi）、玛德琳·奥尔布赖特（Albright）、多娜·莎拉拉（Donna Shalala，注：美国前卫生部部长）等政界要人皆为女子学院的毕业生。在2006年世界500强企业供职的10位女性CEO中就有4位毕业于女子学院。

当然，在看到成就的同时，我们也应看到在目前的主流社会中，女性大多数时候仍处于弱势地位，主要领导人位置仍然由男性占据。例如，在美国财富500强企业中，女性CEO只占2%，女性董事只占14.7%；在学术界，女性大学校长只占21%；在政界，女性议员只有14%，女性参议员只有16%；美国在《性别同酬法案》通过近40年后，女性员工的工资酬劳仍然只有同级别男性的77%。

因此，在教育领域，为培养未来的女性精英人才，“全球女性教育联盟”及盟校起着重要的表率作用。针对女性研究人员在科学与工程领域短缺的情况，曼荷莲女子学院就在美国文理学院中率先开设了生命科学和物理学的博士课程。其课程水平能够与全美同类课程的最高水平相媲美，能够跻身全美前2%的行列。这不得不说是一个骄人的成就，其他拥有同类课程的学院或大学从规模上讲是曼荷莲女子学院的几倍甚至十几倍，可调配的资源更加丰富。同样，在资助优秀贫困学生接受高等教育方面，各女子院校也起到了表率作用。在2004年美国排名最靠前的30所文理学院中，传统的“七姐妹”学校中的五所（注：目前在传统的七所学校中，也只有这五所还是实际意义上独立的女子学院。其他有一所并入了哈佛大学、另一所改为了男女同校。）都接受了相当比例的贫困学生，与其他文理学院相比比例是最高的。这些学生中有很多都来自发展中国家的低收入家庭。

图20-4　联盟成员大学日常授课场景[1]

① 参见http: //www.womenseducationworldwide.org/。

通过联盟的平台，以曼荷莲和史密斯为首的美国女子学院与来自肯尼亚、苏丹、津巴布韦、沙特阿拉伯、迪拜、巴林、孟加拉国的40所女子高等教育机构一道，在上述领域提升女子教育的质量，并通过国际合作开拓探讨新的教育领域，宣传女子教育的重要作用，并继续推动着女性社会地位的提升[①]。

2. 全球化视野中女校教育再定位

纵观全球从事女性高等教育的院校，它们的历史、规模、经费状况等都差异很大，但是有一个最大的共同点，即以教育女性、提升女性的生活品质为共同使命。但是在当今社会中，高等教育的主流是男女同校，女校不得不与主流的学院和大学共同竞争生源和教育经费。以美国为例，大多数女子学院建成于19世纪末，那时人们接受高等教育的机会还相当有限，女性受教育的机会更稀缺。在目前，美国各种类型、层次的高等教育机构加在一起总共4000余所，经过20世纪70年代大张旗鼓的男女同校运动，重重压力之下，女子学院由20世纪60年代时的300多所到现在只剩下了65所，因此女性高等教育机构拥有相当大的发展空间

女子学院数量的骤减虽然并不必然表明女子学院失去了存在的价值，但至少意味着她们必须与时俱进，适当调整甚至改变生存策略。“全球女性教育联盟”的一个重要使命就是把世界各地的女校联系在一起，切磋女子大学如何重获生机、如何面对21世纪的挑战。“联盟”认为尽管教育已经有了长足的发展，但是女性教育尚未完善，从历史的角度讲，与妇女的发展史相比，妇女的教育史可是说仍然处于婴儿阶段。虽然从美国最早的女子学院出现至今已有150余年历史，但是很多困扰女性的问题至今仍然没有得到彻底解决，而全球化经济一体化的进程、现代信息技术带来的人与人之间密切的联系，都在迫使从事女子教育事业的人们重新审视自己的工作。在这样的时代，很多传统意义上的、基于民族国家、种族、宗教信仰的集体身份认同正在逐渐淡化甚至消失，对个人身份认同与生存意义的探索则正在变得越来越迫

① 参见http://www.mtholyoke.edu/news/stories/5243181。

切。就要求教育者向学生阐释全球化的意义时，应使他们认识到它的各个层面，特别是地区性事物与全球性事物之间的联系、现实的形成过程及其历史语境、不同文化与社会的发展历史及其间差异，以及跨文化理解与交往的方式及可能性等。

从女子学院走出来的学生不仅应该意识到作为女性独特的身份，还应该意识到自身作为地球上的公民所应该承担的各种责任、扮演的角色，以及面临的种种机遇与挑战。而"联盟"则为女子学院在上述各方面的交流提供了一个难得的平台。[①]

3. 为弱势女性提供教育

当今世界各国仍然存在着大量没有接受教育的女性，这些人中又以处于社会底层、少数民族的女性居多。虽然世界各地的女子大学都致力于为她们提供高等教育，并且由此催生了许多催人奋进的事例，但是通过交流，这些院校也表达了很多担忧。她们共同认为，教育者或者女子大学不应仅仅满足于在校内帮助弱势女性，她们还应走出大学，为这些女性争取更加广泛的社会权利，扫除她们进入社会工作的障碍，帮助她们更好地平衡职业生活与个人生活，并通过教育使她们对个人命运的转型做好准备。

"全球女性教育联盟"重要的成就之一，就是将分布在美洲、欧洲、大洋洲、亚洲的历史悠久的女子学院与其他刚刚建成的女子学院联合在了一起[②]，使她们有机会聚在一起分享经验，相互激励。这些新兴的女子学院基本都分布在妇女权益无法得到充分保障的国家，如沙特阿拉伯、阿联酋、巴林、肯尼亚、苏丹、津巴布韦等。通过联盟的合作平台，新兴的女子学院在交流中得到很多启发，又因为没有沉重的历史负担，她们进步迅速，涌现出了一批玛丽·劳茵（Mary Lyon）式的、杰出的当代女性教育家。这些女性以其勇敢的精神、独特的视角、敏锐的社会洞察力、成为了不畏社会强权、倡导女性教育的先锋。

以非洲撒哈拉地区为例。该地区可以说是目前世界上最贫困、最

---

① 参见http://www.mtholyoke.edu/proj/wew/links.html。

② Joanne V.Creighton. "Women's Education Worldwide: the Unfinished Agenda".June 1.2011.

落后的地方，生育率居高不下、疾病猖獗、政府效率低下、民族冲突激烈、公共设施匮乏、失业率居高不下、人民生活窘困。同时，该地区性别歧视严重，高等教育（特别是女性）入学率低，与世界25%的平均水平相比，就读大学的年轻人仅占适龄青年的5%。很多来自这一地区的会员大学都认为连绵不断的内战及相伴的社会问题，已成为阻碍女性接受高等教育的严重障碍。以撒哈拉地区最大的国家苏丹为例，其人口数量约4400万，社会发展缓慢、人民生活苦不堪言。在联合国对177个国家经济实力做的排序中，该国仅排第141位。因政府效率低下，公共服务缺失，研究者无法获得准确的数据。但据估计，该国一半以上的妇女均为文盲，更有人估计，在苏丹南部，大约有90%的妇女因为战争、性别歧视和受教育意识淡漠等原因而不会读写。在当地农村，人们认为女孩子最好的归宿不是通过教育改变命运，而是趁年轻赶快嫁人①。

尽管社会风气如此，但是在苏丹，女性受教育的愿望依然十分迫切。以其第一国立大学卡尔托姆大学（the University of Kartoum）为例。该校学生人数1.7万人，并且其中有55%是女性。同时，苏丹还拥有非洲最大、历史最为悠久、目前水平最高的私立女子大学——阿法海德女子大学（Afhad University for Women）。该大学是一所有45年历史，不以盈利为目的的私立大学。该大学初建于1907年，前身是一所非教会性质的女子学校，经过多年的发展，终于在1966年被建成为了一所女子大学。最初，她的教师仅有3人，学生23人，经过多年发展，目前该大学的本科生已超过7300人，研究生超过250人。阿法海德女子大学不仅规模不断壮大，同时致力于唤醒女性意识、促进女性崛起的培养目标也变得越来越明确。该校提出要使女性意识到她们在家庭、社区和国家中扮演的重要的、领导性的角色，并且以教育为手段使她们为承担这些角色做好准备。为了达到这一目标，阿法海德女子大学正在通过“联盟”的平台，不懈地提高课程质量，提升学生的受教育质量②。目前，该大学拥有多个研究中心，提供包括健康科学、心理与教

① 参见http：//www.ashewa.org/ashewa/。

② 参见http：//www.ahfad.org/philosophy.html。

育学、管理学、农村发展学、医药学等多个领域的五年制本科学位，在营养学、性别与发展、性别与和平研究、可持续的农村发展、商务管理、微观金融学、心理学等领域授予硕士和博士学位。其课程设置水平甚至令美国加州大学来访的人类学教授感到惊讶①。

阿法海德女子大学的核心使命是发展苏丹的女子教育，使该国女性拥有更大的个人发展空间，因此大学非常注重对家庭贫困女性的资助。该校约有70%的学生都能获得大学提供的奖学金，学校还特别注意招收来自南苏丹、达尔富尔等特别贫困地区的学生。

同样的实例还可见诸肯尼亚的柯瑞瑞女子科技大学（Kiriri Women's University of Science and Technology）。与阿法海德女子大学相比，柯瑞瑞女子科技大学的规模要小很多、历史也更短。它成立于2002年，也是一所非宗教性的私立大学。其创始者是该国的一位黑人建筑师。这位曾经位列肯尼亚富豪榜前100名的建筑师协同他的家人在1992年开设了一所女子学校，随后将其扩展为女子大学，以此继承传统的非洲文化，赋予女性重要的地位。“柯瑞瑞”在肯尼亚语中意味“摇篮”，这所大学也意欲借此为女性提供在科学与技术领域接受高等教育的机会，培养能够在这些领域担任领导角色的女性。该大学认为，这些人才不仅应谙熟理论知识，也应具备将理论应用于实践的能力，切实解决社会中存在的问题②。

众所周知，从1963年肯尼亚独立以来，虽然该国大力支持高等教育，但是学生的入学机会还是大大低于社会需求。更为严重的是，由于性别歧视，女性接受高等教育的机会非常有限。在目前公立大学中就读的5万名学生中仅有30%是女性，其中仅有12%攻读数学与科学学位。为了解决这种性别失衡，柯瑞瑞大学希望通过引入私人资金，帮助政府提高女性从事科技事业的比例。

但是这所大学毕竟根基薄弱，还有很多问题亟待解决。目前其“科学”部分的课程和组织结构还不甚完善，主要课程仍然集中在商务、计算机科学、数学与大学预科教育领域。就像很多新兴的私立大

---

① 参见http://findarticles.com/p/articles/mi_hb003/is_1_20/ai_n29046278/。

② 参见http://www.kwust.ac.ke/。

学一样，这所大学也在筹集经费的问题上面临着很多困境。目前，该大学的经费主要来源于筹建人的个人财产、慈善机构的捐助和政府贷款，学费收入十分有限。这是因为在此就读的女性学生大多负担不起哪怕是最低的学费。该大学的领导人将扩大资金来源的希望寄托于政府为提高人民受教育水平而制定的2.2万个高等教育资助名额。为了获得其中部分名额，柯瑞瑞女子科技大学需要与其他公立大学展开激烈的竞争。

同类的例子还有津巴布韦的非洲女子大学（Women's University in Africa）。该大学成立于2002年，历史也很短暂。在津巴布韦动荡的时局下，这所大学发展的艰难可想而知，它所面临的一系列问题包括：国家经济低迷、通货膨胀居高不下、就业率低下、与刚果战事不断、统治者的独裁以及严厉的国际政治制裁等。但是在津巴布韦前任教育文化部部长朱慧琼（Fay King Chun）博士与前任公共服务专员何珀·萨德扎（Hope Cynthia Sadza）教授的大力倡导下，非洲女子大学还是奇迹般地诞生了。这两位伟大的女性运用她们在政府以及公共领域服务的经验，建立了这所专门为女性服务的大学。非洲女子大学成立后，她们分别担任了大学董事会会长和大学校长，并将大量的时间和个人资源投入到这所大学的建设之中。从初创到今天，这所大学经历了迅速的成长过程。2002年仅仅有145名学生，现在学生已经超过1500人。目前，该大学的专业涵盖农业、管理学、中小企业管理、生殖健康、家政管理、社会与性别研究等。经过不懈的努力，目前非洲女子大学已经为部分学生争取到了奖学金和政府拨款。还有一些机构向大学捐献了书籍和电脑。同时，津巴布韦政府也买下了一个农场，将其捐献给了大学，以供农业系师生教学实验之用，其产出也可以补贴大学的日常开销。尽管不稳定的政治时局和恶劣的经济环境仍在不停地给非洲女子大学的生存制造着难题，但是与很多已经关门的大学相比，这所大学依然顽强地坚守着建设初衷，在预设的道路上苦苦跋涉。

这三所非洲的女子大学是非洲大陆乃至世界上发展中国家处于困境中的女子大学的缩影，其毕业生也只是所有有志于通过教育改变命运的坚强女性中很小的一个组成部分。但是她们的存在本身就是一种符号，具有深远的社会意义。她们使政府、社会和公众开始注意女性自身的价值、注意到教育在实现女性自我价值过程中所起到的不可限量的作用。同时，经由“全球女性教育联盟”的平台，这些处于闭塞地区的女校找到了分布在地球各处的姐妹院校，并通过院校之间的不断交流互相鼓舞，相互激发。她们的公共影响力正在不断扩大，在各种争取女性教育与社会权益的运动中正在发挥着越来越大的作用。这种坚持不懈的精神不仅非洲需要，世界各国为女性权益抗争的群体都同样需要。

4. 促进不同文化间的相互理解与平等交流

澳大利亚女性主义哲学家戴尔·斯宾德尔曾说，每个时代都会涌现出一批杰出的女性思想家，但常常因其是女性而被人们所忽略，最终埋葬在历史的尘埃中。女性教育的目的之一便是保存这种珍贵的历史记忆，防止女性思想家的思想光辉被掩盖。同时，女性教育更重要的作用还在于加快当今女性进步的步伐，深化女性进步运动的成果，保障当代女性在社会中的权益。

我们应该看到，在当代，随着全球一体化步伐的推进，“国际化”、“全球化”也随之成为高等教育领域的热点词汇。世界各地的大学为了追求国际化、全球化，都热衷于招聘少数民族甚至是外国的教师、招收少数民族学生或留学生，开设关于异域文化的课程，或者干脆在外国开设分校，或者与外国大学合作授予联合学位。在课程的内容上，也有一批学者认为应该开设类似于人类发展教育的课程，使学生将自己视为整个人类世界的公民，并对全人类怀有一种道德使命感。

虽然以上努力的初衷是希望帮助学生在一个国际联系日益紧密的世界中获得成功，但是我们应该看到夹杂在这股国际化潮流之中的另一股强劲的狭隘的地方主义思潮。例如，虽然欧洲在博洛尼亚进程和里斯本协议的推动下，40余个欧盟国家建立起了一个相对一致的高等教育框架，但是在该框架中仍然是英语占据着主导地位。仅以荷兰为例，目前该国有将近1500个应运而生的国际课程，全部无一例外地都是用英语教授的。同样，现在世界各地无论是进行科学研究的方式还是传授科学知识的方式，几乎已经被全盘西化了，我们很少能够看到除此以外的其他模式。

这种学术界的全盘西化同样也是女性教育关注的问题。女性教育的最终目的是惠及全世界的女性，通过知识改变她们的生活质量。因此，无论是从事女子教育的教师还是研究人员，都需要理解西方知识将非西方知识边缘化的程度、过程，并且努力去理解西方口中的“他者”。

伴随着西方文化制造的这种“他者”效应，西方学者所倡导的女性主义也受到了挑战。虽然大部分女性主义学说倡导两性平等，但是学院所提出的大部分行为原则与规范，都是由在西方自由主义文化环境下诞生的，在文化气质上与西方传统吻合。如果把这些原则拿到非西方国家中，却未必适用，甚至还可能与很多第三世界国家所倡导的文化价值观相悖。因此，人们不免要问，当出现这种情况的时候应何去何从。人们是应该更重视全球化、国际化带来的西方女性主义，还是应该尊重那些看上去显得对第三世界女性不够尊重、甚至比较压抑的少数文化或亚文化？

或许对这个问题的回答没有分析这个问题本身更具有文化意义。因为在提出这个问题的同时，西方学者就已经预设了一个所谓的“第三世界国家的女性”，并且把这个本来很多样的人群想象为了一个铁板一块的同质性的单数个体。在这样做的同时，西方女性主义实际上已经将第三世界预设为了殖民地，并且将那里女性的复杂的生活状况粗暴地简单化、单数化了①。无论提出这种预设的动机多么善良无私，这种处理方式都应随时受到检讨。其他研究者也认为②很多西方女性主义学家在移植西方理论批判非西方国家时，都没有能够考虑到这些国家的历史文化背景，没有在具体的语境下考查被研究对象，他们只是简

① Mohanty, Chandra Talpade. “Under Western Eyes: Feminist Scholarship and Colonial Discourses.” In Chandra Mohanty, Ann Russo and Lourdes Torres (Eds.), *Third World Women and the Politics of Feminism* 51–80.1991.

② Hoodfar, Homa. “The Veil in Their Minds and on Our Heads: Veiling Practices and Muslim Women,” in Lisa Lowe and David Lloyd (Eds.), *The Politics of Culture in the Shadow of Capital*, 248–279.1997.

单地认为西方需要和崇尚的必定也是这些国家需要和应该崇尚的。这种以自己的处境为他人代言的情况是相当危险的。特别是当处境优越的群体为处境不利的人群代言时，在很多情况下都会造成被代言群体处境的进一步恶化，他们受到的压迫不但没有减轻，反而被进一步加重了。这是因为，他们丧失了话语权。最后，他们自己变得不再会自己发出声音，外界得到的关于他们的信息全部变成了代言人对他们的阐释，混入了太多代言人自己的想法①。这种代言通常的结果就是制造出一个新的性别、政权、国家或者其他类型的不平等的等级秩序。

20年过去了，现在仍然有很多研究者在粗暴地承担着为女性代言、单方面制造性别文化的角色。例如，耐克公司曾经发起过一个名为“帮助女童就是帮助世界”（Save a Girl, Save the World）的活动。这个活动的初衷是制造一种女童效应，通过敦促人们投资女童教育，杜绝贫困现象。他们认为只要女童受到了教育，她们就会自然而然地获得经济自主权。虽然这个活动的初衷非常值得肯定，但是它忽略了使女性丧失经济能力的社会与政治因素，即使女童受到了教育，它们也还是会阻碍女性获得经济能力。还有一些人固执地认为女性天生就比男性更加细心与体贴，女性发挥优势的天地在于家庭。这种文化制造的效应便是使女性承担起双重的责任。她们不仅要在家庭中扮演好贤妻良母的角色，同时还要在社会中扮演好经济人的角色。这种做法不仅不会推进，反而会阻碍全球化与世界主义的进程。

这种代言人效应不仅没有改变人们对女性的传统认识，反而还进一步加深了人们的固有观念。同时，它使人们认为第三世界国家的人们是需要被“拯救”的。例如，耐克拍摄女童宣传片的方式就教育人们去想象一个生活贫苦的女童形象。在该片打出“女童”两个字时，旁边就做出了很多苍蝇的效果，它们盯着这两个字到处乱飞。该宣传片中还运用了很多在西方世界象征贫困的意象。这样的代言进一步深化了现代西方世界——落后第三世界的二元秩序。

---

① Kuchle, Spencer. “Okin, Multiculturalism and the Problem of Speaking for Others,” unpublished paper.6.

这种情况特别引起了“联盟”的注意。全球女性教育联盟的主要使命就是促进世界各地的女子学员之间的合作，但是在这一过程中“联盟”非常注意避免使西方话语占据霸权地位。因此在课程设置上，在研究、教学上，特别是在对第三世界国家女子学院的课程设置上，“联盟”非常注意督促当地院校设计、加入当地的知识体系，无论这些知识被当今全球化的世界认为是处于多么边缘的地位。联盟鼓励各女子学院在课程中反映出本地的知识内容，它们是只有当地人才会世代相传的知识，是那些为社会中没有发言权的弱势群体拥有的知识。

具有文化意义的教学不仅意味着让学生理解上述知识，还意味着教师需要采取一套与之相匹配的研究与教学方法。在这类教学中，“联盟”非常注意鼓励教师把西方组织研究、得出研究结论、生产与传递知识的方法与当地人们生产知识、传递知识的方法相结合。这是因为很多国家都迫切需要本土的知识，硬搬西方知识不能以可持续的方式解决各国自己的问题。

## 四、结　语

不同国家因其自然、历史、经济与政治条件的差异，在发展过程中存在不同的情况，因此社会中的女性也面临不同层次的挑战与机遇。在非洲，女性群体迫切需要通过接受高等教育获得生存技能，赢得经济与人格的独立。而在北美洲，女性教育的成功则更多地体现在护佑女性进入社会政治、经济、文化领域的精英集团、实现两性向社会顶层流动的机会均等。如果说这两种需求分别代表着当代世界女性发展的最低要求和最高要求，那么势不可挡的全球化又以便捷的交通与通讯手段使上述两级以及处于其中的若干级中间层次的需求有可能近距离对话。全球女性教育联盟的出现正是顺应了这种趋势，并实现了对话。

值得注意的是，对话只是开始，它孕育着女性解放与社会变革的契机，但它并不是变革本身。女性争取经济的独立、生活的自主、公平的薪酬、晋升的机会与社会决策中的话语权，既需要社会中男性群体的支持，也需要女性群体的自觉与自强。这个变革的责任只能由每个社会中的女性群体自己来承担，因为只有她们才最了解本国的国情以及身边女性的需要。而全球女性教育联盟则为这个过程提供着丰富的精神资源。

# 后　记

本书是“世界大学女校长·女子大学丛书”之一，是国内首次对全球范围内五大洲女子大学/学院展开的一次综合性研究。以不同国别、语言地区、文化及宗教背景下的女子院校发展特色及经验研究为重点，本研究通过比较研究和代表性女子大学个案分析，探讨了不同国家女子院校在现代高等教育体制发展中的价值认同及教育定位，旨在对其形成一个兼具全球视野的认知广度及地域文化解读深度的全景式透析。

在世界高等教育发展历程中，促进教育机会的性别平等及女性发展，培养女性独立及其领导力，一直都是女子院校教育的核心使命。女子院校教育作为一种专门提供给女性的男女分校式的高等教育，在不同历史时期、不同国别及文化背景下，展现出不同的发展特点及路径。虽然世界女子院校发展具有历史阶段性和地区差异性，但在现代教育体制中，在不同政治、经济、文化及宗教背景下，全球女子院校发展均面临挑战，这种挑战既有共性，也有个性，不能一概而论。然而，基于对女性个体发展的美好愿望，包括对女性作为弱势群体的赋权，以及对女性领导力的培育，女子院校教育仍具有合理性，女子院校教育发展仍有可为空间，等待着我们去理性探知与上下求索。

具体来说，本研究将国际上的女子院校按地区、国别、语言、宗教及文化等来划分研究范围，基本分为西方英语国家、欧洲非英语国家、中亚北非阿拉伯语国家、亚洲国家、非洲国家、南美洲国家等，研究对象为世界上18个国家和地区的女子院校及两大女子大学联盟组织等。在此要指出的是，作为系列丛书，本书未包含中国、日本、韩国、美国的女子学院，这四个国家的女校研究单独成册。本研究在分析这些国家和地区女性教育整体社会背景的基础上，以各国具有代表性的女子院校为个案，深入挖掘女子院校的办学理念、教育宗旨、历史沿革、办学规模、专业设置、杰出校友、办学经验、现实挑战及未来发展路径，并力求在每章结尾给予综述性的分析。此外，本书还聚焦了世界两大女子院校联盟，即“美国女校联盟”和“全球女性教育联盟”，通过研究女子院校联盟机构在推动女子院校发展中的作用及其主要活动和研究成果，进一步探求女子院校发展的大环境和历史发展脉络。

综合所开展的研究，我们发现，女子院校在完善女性自身发展、培养女性领导力等方面优势明显，有其不可否认的历史进步性。然而，随着现代高等教育的不断发展，一方面，在西方国家，女子院校在其存废之争中苦苦寻找其自身存在的合理性以证明其社会价值；另一方面，在宗教文化突出的地区以及在经济发展落后地区，女子院校在为女性提供教育机会，拓展女性职业及事业发展方面仍大有作为。

尽管女子院校发展在其地区性及发展阶段性上有所区隔，但全球女子院校均对各自办学特色与优势孜孜以求。一方面，这些院校特别关注女性教育发展实践，致力于女性研究和女性领导力培养；另一方面，女子院校均在提升其办学竞争力上不懈努力。如果说历史上乃至今天的女子院校教育主要是基于男女教育机会和社会发展不平等的结果，那么基于女性自身特点和发展诉求的女子院校将在不断探索其教育定位中通过赢得其社会价值而赢得社会认同。

近年来，我国的女子院校发展呈现出上升趋势并表现出新的特点，同时也面临在学校定位、专业设计、学生培养等方面的诸多挑战。在推动女子院校发展、探索女校在现代高等教育中的角色和功能的过程中，我们急需了解国际上女子院校发展的历程、经验、困境、策略及其具体的办学理念与模式。

目前，国内有一些学术论文及学位论文介绍并探讨了部分国家和地区女子院校的发展状况，如早期西方国家女子院校的创立和发展等。但在国内，还没有对全球女子院校发展进行的综述性研究。在我国，尽管少数学者对英语国家女子院校有一定数量的相关研究，但对于非英语国家及发展中国家女子院校发展情况的介绍基本处于空白状态。他山之石，可以攻玉。尽管因地域、文化、政治、宗教等原因，不同国家的女子院校发展路径各不相同，但万变不离其宗，探索女子院校发展的“变”与“宗”，对我国普通高等教育实践与思想的发展有着现实的参考价值及长远的思辨意义。

事实上，在女子院校研究及实践领域，关于女子教育讨论已经发生了变化，讨论的重点早已不再是女性要不要接受高等教育，而是女性应该接受什么样的教育。这不仅要反思女校课程等教学内容，而且更为重要的是，女子学校是否有单独设立的必要，成为人们议论的主题。这一讨论本身不但对女子院校发展具有进步意义，对于男女合校的高等教育如何保障女性学生获得更好的发展空间也具有反思价值，毕竟，很多国家的教育尚未实现完全的公平，社会性别歧视还在以不同的形式存在。在高等教育中，女子院校的发展，其核心还是要找到独特而有建设性的办学特色，尊崇合适自己的办学理念，而不是仅仅以性别差异为特色。

女子院校的存在，其意义不仅仅关乎女子院校自身的发展，也关乎女性自觉意识的培养、女性独立精神的高扬，让女性真正从高等教育的局外人、边缘人，成为其真正的主人、具有主体性的全面的人。

本研究前后持续三年多，涉及多个国家。由于语言上的需要，不同的章节由不同的作者来完成。各章作者如下：

第一章/英国伯恩茅斯大学博士生曾昕；

第二章/中国传媒大学外国语学院教师李新宇；

第三章/香港中文大学全球传播硕士、香港香海正觉莲社佛教正慧小学教师蒋歆；

第四章/意大利佩鲁贾外国人大学意大利语与意大利文化硕士、中国传媒大学外国语学院意大利语讲师付卓；

第五章/中国传媒大学外国语学院副教授凡保轩；

第六章/中国传媒大学传播研究院教授张艳秋，该校电视与新闻学院国际新闻学专业2011级研究生何加晋；

第七章/中国传媒大学传播研究院教授张艳秋，中央电视台新闻中心新媒体部编辑李伟；

第八章/中国传媒大学传播研究院教授张艳秋，传播研究院传播学2011级研究生王嘉培；

第九章/河南人民广播电台记者成书丽；

第十章/中国传媒大学传播研究院传播学2012级研究生左纤丽，中国国际广播电台阿拉伯语广播部翻译、记者荣寰；

第十一章/原中国国际广播电台波斯语部编辑、记者张雯雯；

第十二章/西南大学新闻传媒学院讲师廖梦夏，中国传媒大学传播研究院传播学2012级研究生左纤丽，中国传媒大学传播研究院传播学2011级研究生丁颖；

第十三章/中国国际广播电台阿拉伯语广播部记者叶欣华；

第十四章/中国传媒大学传播研究院传播学2011级研究生王嘉培，中国国际广播电台阿拉伯语广播部记者、翻译马凤雅；

第十五章/中国传媒大学传播研究院教授张艳秋，传播研究院传播学2012级研究生左纤丽，西南大学新闻传媒学院讲师廖梦夏；

第十六章/中国国际广播电台阿拉伯语广播部翻译、记者荣寰；

第十七章/中国传媒大学传播研究院教授张艳秋，西南大学新闻传媒学院讲师廖梦夏；

第十八章/中国传媒大学传播研究院讲师、博士罗雪；

第十九章/中国传媒大学外国语学院讲师、博士任玥；

第二十章/中国传媒大学外国语学院讲师、博士任玥。

各章的作者反复调研，校对文稿，付出了辛苦的努力。在此，对各位作者致以最高的敬意及深深的谢意。此外，感谢廖梦夏、左纤丽、刘杰在统稿、校对过程中所做的协助工作。最后，特别感谢刘继南校长的鼓励与信任，使我们有这样的机会走近全球女子高校，解读并反思高等教育与女性发展这一极富历史意义的课题。

在此书稿交付出版之际，我与各位作者有着同样的共鸣：在进入这一全新但又颇具现实意义的研究领域的同时，我们不仅仅收获了新发现，更获得了观察世界的新视角。当然，我们也知道，这毕竟是一次开拓性的研究，其中一定有信息疏漏与解读偏颇之处，诚恳专家、读者指正。如果我们的研究对我国女子院校发展、女性高等教育发展有所借鉴和贡献，那正是我们所期待的。

张艳秋

2014年8月

**图书在版编目(CIP)数据**

世界女子大学/张艳秋等著.—北京:中国传媒大学出版社,2014.9

ISBN 978—7—5657—0982—1

Ⅰ.①世… Ⅱ.①张… Ⅲ.①女子大学—教育研究
Ⅳ.①G776

中国版本图书馆 CIP 数据核字(2014)第 189113 号

**世界女子大学**

| | |
|---|---|
| **著　　者** | 张艳秋等 |
| **责任编辑** | 蔡开松 |
| **责任印制** | 阳金洲 |
| **封扉设计** | 创意源文化艺术 |
| **出 版 人** | 蔡　翔 |
| **出版发行** | 中国传媒大学出版社 |
| **社　　址** | 北京市朝阳区定福庄东街 1 号　邮编:100024 |
| **电　　话** | 86—10—65450528　65450532　传真:65779405 |
| **网　　址** | http://www.cucp.com.cn |
| **经　　销** | 全国新华书店 |
| **印　　刷** | 三河市东方印刷有限公司 |
| **开　　本** | 670mm×970mm　1/16 |
| **印　　张** | 25.25 |
| **字　　数** | 364 千字 |
| **版　　次** | 2014 年 9 月第 1 版　　2014 年 9 月第 1 次印刷 |
| **书　　号** | ISBN 978—7—5657—0982—1/G·0982　　**定　价**　89.00 元 |